教育部人文社会科学重点研究基地四川大学南亚研究所
教育部区域和国别研究培育基地四川大学南亚研究中心
四川大学中国西部边疆安全与发展协同创新中心
四川大学缅甸研究中心

Geo-politics and Geo-economics in World Oil & Gas Pipelines:
A Case Study of China-Myanmar Oil & Gas Pipeline

世界油气管道的地缘政治经济研究

以中缅油气管道为例

主　编◎戴永红　力　行
副主编◎秦永红　刘红朝　王俭平

时事出版社

学术委员会

（以姓氏笔画为序）

CONTENTS

目 录

绪　论

“孟中印缅经济走廊”建设与大国在缅甸的竞合博弈

“孟中印缅经济走廊”是2013年5月李克强总理访问印度时由中印两国共同倡导并提出的，目的是通过连接中印两大市场，促进经济的共同发展和繁荣。这一概念的提出是1999年孟中印缅区域合作论坛成立以来取得的最大成果，历时14年的积淀最终从“二轨”层面上升到“一轨”层面。通常而言，经济走廊是指为连接两端经济区域而中间所形成的一段狭长的经济地带。虽然关于“孟中印缅经济走廊”的概念目前还没有比较权威和统一的界定，但大致可以理解为“以昆明、曼德勒、达卡、加尔各答等沿线主要城市为依托，以公路、铁路、水路、航空、通信等交通与通讯设施为纽带，并以人流、物流、资金流和信息流为基础，通过一起打造特色城镇体系、优势产业集群、产业园区、口岸体系和边境经济合作区等，从而形成分工协作、优势互补、联动开发、共同发展的经济地带”。[①] 而要形成清晰的整体性概念必须建立在区域范围明确界定的基础上，但目前关于区域界定的问题尚未达成共识，范围还比较模糊。然而可以肯定的是，通过建设“孟中印缅经济走廊”，可以很好地

① 陈利君：“建设孟中印缅经济走廊的前景与对策”，《云南社会科学》2014年第1期，第1页。

发挥沿线地区的比较优势，充分利用各种优势资源，形成合理的产业分工和要素分配，从而降低生产成本、运输成本和交易成本，促进区域内经济的一体化发展。

第一节 “孟中印缅经济走廊”建设的必要性与各国反应

一、“一带一路”战略与“孟中印缅经济走廊”

“一带一路”是“丝绸之路经济带”和“21 世纪海上丝绸之路”的合称。其中，“丝绸之路经济带”是 2013 年 9 月 7 日习近平主席访问哈萨克斯坦时首次提出的，其目的是通过连接亚太经济圈和欧洲经济圈，促进沿线地区的经济发展和区域经济一体化。所涉范围除中国外，还涵盖了中亚、南亚、西亚、俄罗斯以及中东欧地区。相比较古丝绸之路而言，其又称作“新丝绸之路经济带”。而“21 世纪海上丝绸之路”则是 2013 年 10 月 3 日习近平主席出访东盟时在印尼首次提出的，即倡导与东盟国家共建“21 世纪海上丝绸之路”。该倡议的目标是通过连接东盟、南亚、西亚、北非以及欧洲来实现市场的有效连接，促进经济与贸易的往来，最终打造亚非欧经贸一体化平台。

“一带一路”作为国家对外开放的最新战略，是新时期下中国优化经济开放格局和提升经济对外开放层次的一大战略创新。而“孟中印缅经济走廊”与中巴经济走廊同属“一带一路”战略的重要组成部分，特别是“孟中印缅经济走廊”的建设能很好地连接中国与南亚、东南亚两大市场，有利于通过云南省加强中国与东南亚、南亚的经济关系，而促进中国与东南亚、南亚的经济联系是“一带一路”战略的目标之一。因此，开发“孟中印缅经济走廊”是孟加拉国、印度和缅甸参与中国主导的“一带一路”战略的先行内容和重要部分。

通道建设是“孟中印缅经济走廊”建设的重要组成部分和优先考虑项，是区域内进行经济合作和贸易往来的必要前提。俗话说“要得富，先修路”，由此可见通道建设的重要性。而“孟中印缅经济走廊”的通道建设并非“零基础”，其已具备一定的基础和条件。

“孟中印缅经济走廊”所涉及的区域与古代南方丝绸之路曾涉及的部分地区具有共同点。首先都是连接中印两国的线路，其次通道所起的作用更多都是经济性的，只是古南方丝绸之路的出发点是四川成都，途经云南大理、保山、腾冲进入缅甸，最后到达印度。它又名“蜀身毒道”，主要有东西两条线路，其中西线途经城市有：成都—芦山—雅安—汉源—泸沽—西昌—盐源—大姚—大理—保山—腾冲—缅甸（密支那或八莫）—印度。东线途经城市有：成都—宜宾—石门关—昭通—曲靖—昆明—楚雄—大理—保山—腾冲—缅甸（密支那或八莫）—印度。从它所经过的地方来看，都是通过云南进入缅甸，最后进入印度，与“孟中印缅经济走廊”有相似之处，加之二者又都属于经济型通道，因此“孟中印缅经济走廊”可以看作现代版的南方丝绸之路。由于古代丝绸之路给人留下的历史记忆深刻而美好，开辟“孟中印缅经济走廊”可以唤起相关国家和地区民众的历史记忆，因此比较容易获得当地民众的心理认同感，同时可以给经济走廊的开发建设提供一定的历史经验。

泛亚铁路的建设可以为“孟中印缅经济走廊”通道建设提供一定的基础，尤其是泛亚铁路的西线方案可以减少“孟中印缅经济走廊”的通道建设成本。泛亚铁路西线从新加坡开始，途经马来西亚的吉隆坡、泰国的曼谷、缅甸的仰光，穿越整个缅甸，然后从瑞丽进入云南，最终到达昆明。该线路的具体方案目前已得到落实，国内相关的路段也开始进行施工建设。未来在对“孟中印缅经济走廊”进行有关的基础设施建设时，可以考虑共用泛亚铁路西线的有关路段以减少建设成本。同时，在建设“孟中印缅经济走廊”的过程中还可以充分利用亚洲公路网的现有资源。由于亚洲公路网分布密集，线路较多，连线城市稠密，规划健全，因此“孟中印缅经济走廊”在进行道路建设时可以尽可能地考虑衔接和使用亚洲公路网的部分路段。总之，上述有关历史和现有资源在“孟中印缅经济走廊”的建设过程中起着不容忽视的促进作用，尤其是在关于走廊的通道建设方面。

其他次区域经济合作组织也可以为“孟中印缅经济走廊”的通道以及其他方面的建设提供一些借鉴经验，例如环孟加拉湾经济技术合作组织（BIMSTEC）、大湄公河次区域经济合作组织（GMS）等。它们在交通网络多样化建设、经济特区建设、产业集群建设、出口加工区建设、商业港口建设等方面都有比较成功的经验，可以提供参考。① 特别是1992 年成立的大湄公河次区域合作组织在次区域经济合作方面是比较成功的案例，而“孟中印缅经济走廊”所涉及的区域与该组织所涉及的地区又存在很多共性。

二、“孟中印缅经济走廊”建设的必要性

随着经济全球化的深入和发展，区域经济一体化呈现出方兴未艾之势。自 2008 年金融危机和欧债危机以来，西方发达国家经济进入持续低迷阶段，发展中国家的出口和投资也因此受到了一定的影响。为此，发展中国家彼此开放市场、实现经济合作不失为明智之举。而就“孟中印缅经济走廊”所涉及的两个主要大国——中国和印度来说，目前两国的主要任务依然是发展经济。中国已步入经济改革的深水区，经济转型迫在眉睫，而经济相对落后的西南地区要在这一改革洪流中避免与东、中部差距太大，必须实现向西和向南的全面对外开放格局。而印度进入莫迪时代以来，任务的重心将是发展国内经济，通过改革的手段重振印度经济。在这方面，中印拥有共同的发展目标和利益诉求，为两国间经济的深入合作提供了现实基础和新的契机，而“孟中印缅经济走廊”的建设将有助于中印形成“经济利益共同体”。因此，“孟中印缅经济走廊”的必要性突出表现在以下四个方面：

（一）战略方面

近年来，随着国际形势的急剧发展与中国的日益崛起，美国对其全

① Mustafizur Rahman, BCIM-Economic Corridor: An Emerging Opportunity, Centre for Policy Dialogue, March 15, 2014, http://cpd.org.bd/index.php/bcim-economic-corridor-an-emerging-opportunity-professor-mustafizur-rahman/.

球战略进行了重新调整和部署。2011 年 7 月，美国时任国务卿希拉里在印度首次提出“新丝绸之路”计划，并宣称其宗旨是实现“能源南下”和“商品北上”的目标。① 不难看出，美国的战略意图是通过此计划增强对该地区的地缘经济影响力和掌握地区主导权，并在中国的大西部边缘地带构建一条围堵防线，以限制和削弱中国在中亚、南亚和东南亚地区的地缘政治和地缘经济影响力。2012 年 6 月，美国时任防长帕内塔又在新加坡香格里拉会议上首次提出“亚太再平衡”战略，该战略强调美国未来的战略重心将转移至亚太地区，并加强在该区域的军事存在和问题介入。该战略的最终目标则是在亚太地区对中国形成有效遏制，以阻碍中国的迅速崛起和在该地区影响力的上升。② 与此同时，美国还向相关国家兜售跨“大西洋贸易与投资伙伴协定”（TTIP）与“跨太平洋伙伴关系协议”（TTP），以达到弱化中国对该地区地缘经济影响的目标。而“孟中印缅经济走廊”的建设将突破美国对中国的东西战略围堵，并形成一个重要的西向战略支点，同时与“一带一路”战略一道成为应对美国“新丝绸之路”计划和“亚太再平衡”战略的有效对策。

（二）政治方面

国际政治经济学理论认为，在国际体系中，政治因素与经济因素是相互影响和制约的关系。中印复杂的历史和现实因素导致两国信任严重赤字，尤其是 1962 年的中印边界冲突给印度留下了深刻的阴影，印方至今难以释怀，此后便戴着“放大镜”看待中国的一举一动，加之边界问题尚未解决，因此政治上印度对中国仍充满怀疑。建设“孟中印缅经济走廊”可以增强中印两国间的经济互动，实现合作共赢。而经济关系的进一步提升必然会加强双方政治上的往来，从而为两国间的政治互动提供某种有利的渠道和契机，双方政治交流的增多最终又有利于促进彼此

---

① Lynne M. Tracy, The United States and the New Silk Road, US Department of State, October 25, 2013, http://www.state.gov/p/sca/rls/rmks/2013/215906.htm.

② Jonathan D. Pollack, Jeffrey A. Bader, Return to the Asia Rebalance, BROOKINGS, January 23, 2014, http://www.brookings.edu/research/papers/2014/01/asia-rebalance-us-china-relationship-pollack-bader.

间的政治互信与经济合作。有印度学者曾指出，经济利益有利于区域内相关国家在发展的过程中成为利益攸关方，而不是地缘政治博弈的掮客。

（三）经济方面

“孟中印缅经济走廊”所涉及的地区都是经济比较落后的地带。例如，印度东北部地区地理上脱离于印度主体地区，加上交通基础设施落后，对外开放程度低，导致该地区经济长期贫困，民众对中央政府的离心率也越来越高。而中国所涉及的西南地区特别是云南省也是经济相对比较落后的区域，随着中国经济对外开放程度的深入和改革力度的增强，东中西部地区经济将面临新的机遇和挑战；西南地区地理位置相对闭塞，缺乏东中部地区经济发展的天然优势，要解决区域发展失衡的问题，缩小地区经济发展差距，向西和向南开放成为西南地区经济发展的必然选择。此外，孟加拉国和缅甸作为世界上最不发达的两个国家，两国的经济本身比较落后，经济发展的任务比较艰巨，发展的愿望也比较强烈。而建设“孟中印缅经济走廊”，可以带动四国沿线地区的经济发展，促进相互间的贸易往来，改变该区域长期贫困、落后和封闭的局面，为四国相关地区带来切实的经济利益，进而推动区域经济一体化进程。

（四）安全方面

“孟中印缅经济走廊”所涉及的区域大部分是安全问题比较凸显的地区，而这主要归因于边界争端、经济落后、民族构成复杂、毒品泛滥等因素。例如，缅甸东北部地区的少数武装叛乱以及毒品走私猖獗、印度东北部地区的独立倾向日益明显以及中印尚未解决的领土争端等问题，都可能一触即发。① 而“孟中印缅经济走廊”的建设可以促进当地经济的发展，让当地民众切实享受到经济发展带来的红利，从而构建利益共同体。经济的发展与往来的密切又可以增进沟通，消除误解，减少贫困导致的毒品生产和交易，促进民族间的融合与和谐发展，因此从发展经

---

① 文富德：“孟中印缅经济走廊建设的必要性分析”，《印度洋经济体研究》2014 年第 1 期，第 127 页。

济入手破解安全难题可以达到标本兼治的效果。所以从总体来看，“孟中印缅经济走廊”的建设对于维护地区安全意义重大。

三、孟中印缅各方对经济走廊建设的反应

“孟中印缅经济走廊”自2013年正式提出以来，总体上得到了各方的积极响应。虽然该倡议是中印两国共同提出的，但中国却是最积极和最活跃的推动者，并扮演了牵头者的角色。印度中央政府出于经济利益的考虑也给予了谨慎和保守的支持，而孟加拉国和缅甸则希望借助该走廊的建设促进本国经济发展，以及加强与中印两大经济体的联系。

（一）中国的态度

毫无疑问，中国是“孟中印缅经济走廊”建设的主要推动者和重要参与方。其中，中国云南学术界在此过程中扮演了关键性的角色，其通过不断的探讨和研究，致力于推动孟中印缅相关区域的经济合作。自1999年《昆明倡议》签署以来，“孟中印缅经济走廊”的提出成为其重要转折点，它标志着孟中印缅经济合作论坛已从“二轨”层面转变为“一轨”的层面，“孟中印缅经济走廊”建设已成为国家对外开放战略的重要组成部分，并上升为国家意志。2014年3月5日，李克强总理在第十二届全国人大代表会议第二次会议的政府工作报告中指出，要“抓紧规划建设丝绸之路经济带、21世纪海上丝绸之路，推进孟中印缅、中巴经济走廊建设”，“要加强和周边国家、南亚地区的经济贸易和人文交流”。[①] 中国驻孟大使李军甚至表示经济走廊的建设激动人心。2014年3月19日，李克强在会见来华出席中印战略经济对话的印方主席阿鲁瓦利亚时，就提出中印要携手推进“孟中印缅经济走廊”的建设。[②] 2014年6月10日，习近平主席在接见来访的孟加拉国总理哈西娜时表示，中方

---

① “李克强在第十二届全国人民代表大会第二次会议上做政府工作报告”，共产党员网，2014年3月5日，http：//news. 12371. cn/2014/03/05/ARTI1393988642134163. shtml。

② “李克强会见来华出席中印战略经济对话的印方主席”，中国新闻网，2014年3月19日，http：//www. chinanews. com/gn/2014/03－19/5971111. shtml。

愿推动“孟中印缅经济走廊”建设，打造利益共同体。2014 年 9 月 18 日，习近平主席访问印度时强调双方要推动“孟中印缅经济走廊”建设，共同合作构建亚洲基础设施投资银行，推动经济一体化发展和互联互通进程。[①]

（二）印度的态度

与之前在历届孟中印缅区域合作论坛中的态度有所不同的是，印度中央政府对“孟中印缅经济走廊”几乎持肯定和乐观的态度。印度政府的确意识到了经济走廊建设对于推动印度东北部地区经济发展的重要性和紧迫性；同时有助于实现印度的能源安全，减轻其对经济发展的制约作用；此外还能促进商品和人员的自由流动，以及投资和贸易的便利化。[②] 所以，印度官方对“孟中印缅经济走廊”建设也表现得较为积极。2013 年 10 月印度总理辛格访华时，中印发表了《中印战略合作伙伴关系未来发展愿景的联合声明》，其中第四条明确指出中印双方已达成共识，分别成立“孟中印缅经济走廊”工作小组，共同研究有关经济走廊建设的具体规划和措施。[③] 不容忽视的是，莫迪上台以来印度面临的主要任务是提振国内经济、改善印度基础设施、发展制造业、吸引外资等，因此对于可以促进印度国内经济发展的一切机会莫迪都将予以重视。2014 年 7 月 14 日，习近平主席在巴西出席金砖峰会时会见了印度总理莫迪，强调了推动“孟中印缅经济走廊”建设，并欢迎印度作为创始员国加入亚洲基础设施投资银行。莫迪则表示正在积极考虑加入。[④] 与印度中央政府态度有所区别的是，印度学术界对经济走廊的看法基本形成

---

① 习近平：“中印要加快推进孟中印缅经济走廊建设”，凤凰财经网，2014 年 9 月 18 日，http：//finance. ifeng. com/a/20140918/13126422_ 0. shtml。

② Saibal Dasgupta，“Plan for economic corridor linking India to China approved”，*The Times of India*，December 20，2013，http：//timesofindia. indiatimes. com/world/china/plan-for-economic-corridor-linking-India-to-China-approved/articleshow/27669821. cms.

③ “中印战略合作伙伴关系未来发展愿景的联合声明”，新华网，2013 年 10 月 23 日，http：//news. xinhuanet. com/politics/2013 - 10/23/c_ 117844273. htm。

④ “习近平会见印度总理莫迪”，新华网，2014 年 7 月 15 日，http：//news. xinhuanet. com/world/2014 - 07/15/c_ 1111610544. htm。

了相互对立的两派：反对派依然以“唱反调”的心态并以经济走廊建设影响印东北部安全为由唱衰走廊建设倡议，从客观上来讲这部分力量不容小觑；但支持派则出于经济发展的考虑力挺走廊建设，例如印度和平与冲突研究所的阿斯玛·马苏德（Asma Masood）就认为“孟中印缅经济走廊”建设将为印度提供一个更广阔的市场，并与印度的切身利益相关（比如能源安全问题），此外还可以提升中央对印度东北部地区的影响力，因此主张印度尽可能地参与“孟中印缅经济走廊”建设，克制“惧华”心态。① 而对此表现得最为积极的要数印度东北部地区，由于“孟中印缅经济走廊”建设对其实质影响最大，经济受惠最多，因此印度东北部地区从地方政府到普通民众都比较支持经济走廊的建设。

（三）缅甸的态度

从过去10多年孟中印缅地区合作论坛的发展历程来看，缅甸一直以来对促进该区域经济一体化表现出较浓厚的兴趣。历届论坛大会上，缅甸出席的官员级别都相对较高，这足以说明缅甸对参与这一区域经济合作的重视程度。在2013年第11届孟中印缅地区合作论坛会议上，缅甸大使妙敏丹就提出“降低运输成本、推动贸易便利化，将深入孟中印缅地区在贸易、投资和商业三方面合作以及提升区域内人文交流合作”。② 2013年12月19日，在第一次“孟中印缅经济走廊”四方联合工作组会议上，缅甸国家计划与经济发展部副部长杜钦山伊指出本次会议涉及诸多民生问题，例如社会公共事业发展、农业合作、减贫等，希望四方通力合作实现包容性增长。③ 缅甸仰光大学的查查森教授也曾表示，“孟中印缅经济走廊建设必定给处在经济转型中的缅甸带来经济硕果”，“缅甸能帮中国通向其他东南亚国家，也能帮助印度实现雄心，因此缅甸应发

---

① Asma Masood, “India and the BCIM: Should the ‘I’ stand up?”, *Foreign Policy Journal*, June 6, 2013.

② 杨思灵、高会平：“孟中印缅经济走廊建设问题探析”，《亚非纵横》2004年第3期，第49页。

③ 张丹、和晓莹：“孟中印缅四国建立政府机构推进合作机制”，中国日报网，2013年12月19日，http://www.chinadaily.com.cn/hqgj/jryw/2013-12-19/content_10857006.html。

挥重要角色”。[①] 而缅甸 KBZ 银行经理吴昂敏认为，孟中印缅所涉及的四国中，缅甸和孟加拉国尽管资源丰富，但是经济总量小、基础薄弱，因此建设“孟中印缅经济走廊”意义深远。[②]

（四）孟加拉国的态度

建设“孟中印缅经济走廊”的倡议得到了孟加拉国的积极支持和赞赏，这从孟加拉国的官方表态中就可以看出。孟商务部长阿哈默德就表示“参与‘孟中印缅经济走廊’建设孟加拉国将会受益匪浅”。[③] 2013 年 10 月孟外长莫尼访问中国，在与中国外长王毅的会谈中也表示，“孟加拉国将积极支持和参与‘孟中印缅经济走廊’的建设，并和中国一道努力全面提升双边关系”。[④] 2014 年 6 月 9 日孟总理哈西娜访问中国，并在中国国际问题研究所发表演讲时表示，“孟中印缅经济走廊”建设对提升区域内互联互通，帮助包括不丹、尼泊尔在内的所有国家寻求发展大有裨益，孟加拉国将全力推动和落实经济走廊的建设。[⑤] 而孟加拉国学术界对孟中印缅经济合作也表现得十分积极和乐观，认为可以借此加强与中印两大经济体的联系，从而扩大孟加拉国本国优势产品的出口。[⑥] 孟加拉国国际战略研究所和政策对话中心也积极完成相关研究报告以供外交部参考。然而，在孟国内也有极少数学者出于对缅甸罗兴亚难民问题的考虑而质疑该经济走廊，认为经济走廊的建设会增加与缅甸谈判解决该问题的难度，但这并不代表主流观点。

---

① “中印倡议共建中印缅孟经济走廊　四国心气渐高”，环球网，2013 年 5 月 24 日，http：//finance. huanqiu. com/world/2013 – 05/3965684. html。

② 吕鹏飞、李宁：“建设孟中印缅经济走廊是共赢选择”，人民网，2014 年 7 月 31 日，http：//paper. people. com. cn/rmrb/html/2014 – 07/31/nw. D110000renmrb_ 20140731_ 1 – 03. htm。

③ Rahman Jahangir，“The potential of BCIM economic corridor”，*Financial Express*，April 2，2014，http：//www. thefinancialexpress-bd. com/2014/04/02/26527.

④ “China，Bangla to push for progress on BCIM ahead of PM's visit”，*Business Standard*，October 20，2013，http：//www. business-standard. com/article/politics/china-bangla-to-push-for-progress-on-bcim-ahead-of-pm-s-visit – 113102000395_ 1. html.

⑤ “孟加拉国总理哈西娜：积极推动和落实孟中印缅经济走廊建设”，人民网，2014 年 6 月 10 日，http：//world. people. com. cn/n/2014/0610/c1002 – 25125403. html。

⑥ M. Rahman，H. Rahman，“BCIM Economic Cooperation：Prospects and Challenges”，Center for Policy Dialogue，September，2007，p. 44.

第二节 大国在缅甸的竞合博弈与中缅油气管道的建设背景

如前所述，缅甸长期以来对促进区域经济一体化表现出较浓厚的兴趣，并对中国提出的建设“一带一路”和“孟中印缅经济走廊”持积极肯定的态度。但是，极为敏感的地缘政治特征使缅甸成为中、美、印、日、欧等大国利益竞争与合作的焦点。

一、大国在缅甸的竞合博弈与中国的应对

缅甸地处海陆战略要冲，是唯一一个连接东亚、东南亚和南亚的陆上交通枢纽。它既是东亚腹地进入印度洋最便捷的交通要道，也是从陆路进入东南亚的跳板。缅甸优越的地缘位置、丰富的能源资源以及美印针对中国的遏制图谋，促使中国必须从战略高度审视对缅政策，对美、印、日、欧等大国在缅甸的利益和矛盾要有清醒的认知，同时也要加强与大国的双边及多边合作，促进共同利益的发展。而竞合博弈是指保持既竞争又合作的状态。因此，在“孟中印缅经济走廊”建设的背景下，从竞合的角度对中、美、印、日、欧等大国在缅甸的战略利益，缅甸的战略利益诉求，中国面临的挑战和机遇，尤其是中、美、印、日、欧在各个领域的双边和多边合作空间进行分析，对于我们正确理解中缅油气管道的地缘政治经济具有重大现实意义。

（一）大国在缅甸博弈的背景

2010年缅甸实行改革开放后，美缅迅速接近，印缅关系升温，缅甸自主性活力的释放牵动着地区和全球格局的走向。作为缅甸最大最强的邻国，中国在缅甸外交政策的变化中受到的冲击最大。在中国“大周边”外交中，缅甸占有重要的战略地位。美国的“亚太再平衡”战略就

是要平衡中国增长过快的影响力，通过改善美缅关系、联合印度从侧翼对中国进行包围与遏制，增大中国崛起的战略成本。缅甸改革开放后，印度“东向”战略显著加快，其不仅要搭乘亚太经济快班车，还要扩大影响以对中国进行战略牵制。缅甸将充分利用自己的战略优势，周旋于中印美三个大国之间，谋求自己的最大利益。而中国何去何从，不仅关乎自身国家利益，更关乎亚太博弈战略大局。

近年来，国内外学者对中印、中美在缅甸的利益冲突、印缅关系的改善及原因、美缅关系的变化及趋势都有深刻的剖析。刘务的《缅甸独立后的外交政策演变及中缅关系的发展》一文对中印在缅甸的利益冲突（地缘政治、地区稳定、安全和经济文化影响等方面）有较为详细的讨论，[①] 认为在中印实力差距不断拉大及美日印关系暧昧的背景下，要中印在缅甸实现经济、政治、安全合作比较困难。李晨阳的《希拉里访缅与中缅关系》一文对中美在缅甸的利益冲突（集中在民主政治进程、地缘政治、国家安全、能源通道及地区一体化合作等领域）进行了论述，[②] 同时指出，在中美实力迅速接近、中国影响力不断膨胀、美国出于国力相对衰落而强力推行“亚太再平衡”的背景下，中美在缅的政治、经济、安全合作很难展开。马燕冰的《印缅关系的发展及对中国的影响》一文指出，印缅关系改善是基于共同的经济、能源、文化、政治、地缘安全的考虑，[③] 且经过20年的低谷停滞期，因而发展势头显著。国外一些学者也对此问题进行了较多前期研究，如美国学者何立仁（Ian Holliday）在《对美国缅甸政策的再思考》（Rethinking the United States' Myanmar Policy）一文中指出，美缅基于地缘政治、民主政治进程、经济合作、安全战略的考虑应当迅速接近，[④] 且双边关系近半个世纪的低位运行也为大幅度发展留下了极大的空间。美国史汀生中心的孙芸（Sun

① 刘务：“缅甸独立后的外交政策演变及中缅关系的发展”，《当代亚太》2010年第1期，第116页。

② 李晨阳：“希拉里访缅与中缅关系”，《世界知识》2011年第24期，第25页。

③ 马燕冰：“印缅关系的发展及对中国的影响”，《亚非纵横》2009年第6期，第15页。

④ Ian Holliday, “Rethinking the United States' Myanmar Policy”, *Asian Survey*, Vol. 45, No. 4 (July/August 2005), p. 617.

Yun）在2014年发表的《中美关系中的缅甸因素》（Myanmar in Sino-China Relations）一文中也认为，尽管中美两国政府认为在缅甸问题上有开展合作的必要性，但囿于两国对彼此在缅甸的核心利益缺乏基本的战略互信，因此合作将是有限的，而影响合作的摩擦因素将长期存在。[①] 英国学者杰根·哈齐（Jurgen Haacke）在《缅甸：中美地缘政治竞争的场所?》（Myanmar：Now a Site for Sino-US Geopolitical Competition?）一文中认为，中美在缅甸客观上存在地缘政治的冲突因素决定了两国在缅甸的竞争将大于合作。[②] 结合其他论著，可以认为学术界基本已达成的共识是：中印、中美在缅甸矛盾较多，中缅关系发展阻碍较大，而印美、印缅关系则发展迅速。但一个普遍的问题是，对美印在缅甸的矛盾认识不足，因而对于中美印在缅甸的合作空间这一最有潜力的前沿领域鲜有涉及。实际上，美印在缅甸的战略目标极为不同，短时期内战略举措有某种契合更多是出于对中国的忧虑和防范。但从长远看，美印在缅甸的战略矛盾也是结构性的，这只是时间问题。

（二）大国在缅甸的战略利益

中、美、印、日、欧是对缅甸影响最大的国家，在缅甸的利益诉求很大程度上决定了它们的政策取向。中印作为地缘邻国，在缅甸的战略利益更多是防御性的，而美、日作为域外大国则更具有进攻性。现阶段，美、印、日有合作共同遏制中国的利益需求，但从长远来看中、印都要警惕美日的战略野心。这构成了大国竞合博弈的基础。

1. 中国在缅甸的战略利益

首先，战略和安全上，缅甸是中国的安全屏障和战略缓冲。缅甸多面邻海，这种地理条件很可能被某些外部势力利用，对中国构成威胁——近代英国和日本就是以缅甸为基地侵略中国西南地区的。面对西

① Yun Sun，“Myanmar in Sino-China Relations”，Great Powers and the Changing Myanmar Issue Brief No. 3，June 2014，Stimson Center，USA，p. 2.

② Jurgen Haacke，“Myanmar：Now a Site for Sino-US Geopolitical Competition?” accessed October 7，2014，http：//www. lse. ac. uk/ideas/publications/reports/pdf/sr015/sr015 – seasia-haacke-. pdf.

方的封锁和制裁，缅甸也是中国突破重围的战略通道。二战期间，中国就曾通过缅甸境内的运输通道缓解日军的封锁。美日欲将缅甸打造成钉入中印之间的楔子，以挑起中印两国斗争而从中渔利，美国还在加紧构筑针对中国的“C形包围圈”。因此，保持良好的、可持续的中缅关系，才能确保中国西南边疆的稳定和安全，保证前出印度洋的通道顺畅，这对“孟中印缅经济走廊”和“两洋战略”的顺利实施至关重要。正如学者韦恩·伯特所言，“中国正通过经济和军事的扩张以加强其对于印度和东南亚的优势地位，同时获得进入印度洋的通道”。①

其次，政治上，缅甸是中国在国际舞台上的重要盟友。中缅的政治发展模式都与西方主流社会所认可的不同，客观上使得双方有所依靠。对于西方动辄以“人权”、“自由”、“民主”等问题对中国和缅甸进行攻击，中缅应互相支持，避免陷入孤立状态。此外，中缅边界上还有很多跨境杂居的少数民族，保持良好关系对于边境稳定与和谐都意义重大。2009年“果敢事件”爆发后，大量缅甸难民越界逃往中国，许多炮弹落入中国境内，这不仅给中国边民造成生命财产损失，而且极大地危及中国西南边疆的安全与稳定。缅甸也是跨境犯罪（如走私贩毒）频发的地区，同时是世界最大的毒品原产地之一，毒品犯罪屡打不绝，给中国西南边疆多民族地区的社会稳定和经济发展产生了严重的负面影响。② 只有加强中缅中央和地方政府间的合作，才能有效祛除这些社会毒瘤。

最后，经济上，缅甸是中国西南边疆繁荣的重要外部条件、能源安全的重要通道以及资源的重要供应地。中国西南腹地的繁荣需要稳定的周边环境，一个贫穷落后、混乱分裂的缅甸对西南地区的经济发展极为不利。“缅甸有两大优势是中国看重的：丰富的资源和进入印度洋的便捷通道。”③ 中国海上投送力量不足，无法保障从波斯湾到南海的海洋通

---

① Wayne Bert, “Burma, China and U. S. A”, *Pacific Affairs*, Vol. 77, No. 2 (Summer, 2004), pp. 263 – 282. 转引自姚璐：“冷战后中缅关系研究”，郑州大学2011年硕士学位论文，第24页。

② 陈利君：“现阶段中印缅关系的SWOT框架分析”，《南亚研究季刊》2012年第4期，第14页。

③ “Unrest in Kachin: China's Mixed Blessing”, *Asia Sentinel*, March 6, 2013, http://www.asiasentinel.com/politics/unrest-in-kachin-chinas-mixed-blessing/.

道安全，而中国进口的石油约80%经过马六甲海峡，形成了所谓的“马六甲困局”，因此开通从西南腹地经过缅甸直达印度洋的能源通道就成了中国能源安全的一项战略选择。2013年8月，中缅油气管道终于铺设成功。缅甸丰富的自然资源、庞大的市场规模也是中国经济发展不可或缺的重要助力，它也是中国出口产品和产业转移的重要目的地。

2. 美国在缅甸的战略利益

首先，在战略和安全上，美国试图利用缅甸对中印施行“双遏制”战略。从目前美缅的经贸关系来看，经济并非美国接近缅甸的核心考虑。以缅甸为基地，东遏中国，西遏印度，维持在印度洋的主导地位才是其战略目标。美国作为“外新月地带”的超级大国，任何控制“边缘地带”的大国都在其遏制范围之内。奥巴马政府放松对缅甸的制裁，增加政治接触，对印缅接近持默许和鼓励态度，目的就是要增加缅甸的战略选项，使之不至于过多地倾向中国，以维持亚太地区“均势”。以缅甸为跳板拉近与东盟的关系，使其配合自己遏制中国的战略，则是美国的另一层战略考虑。

其次，在政治上，美国欲改变在缅甸人民心中的形象，促进缅甸的自由与民主事业。美国制裁缅甸多年，但缅甸经济自给率较高，受影响较小，而缅甸军政独裁统治却更加稳固。缅甸改革已经开始，昂山素季在缅甸也有很大的影响力，美国想加大对缅甸内部的影响，使其向民主、自由的方向演进，并将其拉进“自由民主繁荣之弧”，完成对中国的“C形包围”。中国的政治发展模式饱受西方自由主义的诟病，而缅甸在某种程度上与中国相似，因此美国认为缅甸转向“自由民主”社会客观上将增加中国的孤立，促进中国的民主化。

最后，在经济上，美国欲打开缅甸市场，在缅甸的资源和能源上分一杯羹。美国的大企业、大财团对美国僵硬的对缅政策多有不满，认为美国政府断了他们发财的路子。缅甸人口6000多万，资源和能源丰富，中国、印度、日本等都加强了在缅甸的经济存在，这让以贸易立国的美国感到了危机。[①] 经济联系的减少必然导致美国在这一地区话语权的衰

---

① 杜兰：“美国调整对缅甸政策及制约因素”，《国际问题研究》2012年第2期，第45页。

弱，对域外大国更是如此。地区内部经贸一体化一旦形成，对美国的需求将减少。美国加大对缅的援助和投资就是要增加在缅甸的存在，使缅不要过快过多地倾向中、印、日等亚洲国家。

3. 印度在缅甸的战略利益

首先，在战略和安全上，缅甸是印度的“东大门”。印度著名战略家和外交家潘尼迦在《印度的未来和东南亚》一书中指出：保卫缅甸就是保卫印度。① 缅甸与印度有长达1400多公里的边界线，印度东北部有四个邦与缅甸接壤。印度基本的安全考虑是阻止潜在的敌人控制缅甸，威胁印度。二战时，日本就突进到缅甸，对印构成侵略威胁。在中国已和平解放西藏、巴基斯坦成为中国盟友、缅甸与中国关系密切友好和中国筹谋“珍珠链计划”的情况下，若再“失去”缅甸，印度担心将受到中国的“战略包围”。印缅关系良好，在客观上符合美国、日本拉拢印缅遏制中国的战略图谋，而印度也将从美日方面得到丰厚的回报。②

其次，在政治上，良好的印缅关系将促进印度东北各邦政治问题的解决。印度东北部各邦离心趋向较大，由于历史和地理的原因，它们与中央政府的关系比较松散。东北各邦属汉藏语系，与印度主体民族特征迥异，印度担心东北各邦的分裂势力会靠近中缅而造成分裂局面。该地区的内部安全受到轻武器泛滥、毒品犯罪以及地区分离主义极端分子的威胁，大量的反印武装力量以邻国缅甸为藏身、训练基地，加大了印度军队的围剿难度。印度迫切需要缅甸在打击跨境犯罪方面给予配合。③

最后，在经济上，缅甸是印度的重要合作伙伴，借缅甸进入东南亚和亚太以获取宝贵的资金、技术和市场是印度的另一层考虑。冷战结束后，印度就积极加强与缅甸的经贸合作。缅甸工农业落后，但能源、资源丰富，市场潜力巨大，这是印度经济发展的新动力。印度是佛教的发源地，而缅甸是典型的佛教国家，佛教曾一度被定为“国教”。双方的

① K. M. Paniker, *The Future of India and South East Asia*, Bombay: Allied Publishers, 1945, p. 43.

② 陈利君：“中印关系发展现状、问题与对策建议”，《2012—2013 南亚报告》，云南大学出版社 2014 年版，第 182 页。

③ 李益波：“印缅关系：从疏远到合作”，《东南亚研究》2006 年第 1 期，第 42 页。

宗教联系在历史上就很密切，印度境内的大量佛教寺院是东南亚佛教信徒朝拜的梦想之地，印度也想通过宗教纽带来拉动旅游业，增强印度的软实力。

4. 日本在缅甸的战略利益

首先，在战略和安全上，日本欲通过缅甸制衡中国，切断中国通向印度洋的能源大通道。如前所述，维持在印度洋上的主导地位是美国的既定战略目标，并将战略重点锁定缅甸。因此，作为美国在亚洲的主要盟国，日本安倍政府迫不及待充当马前卒，通过对缅甸的政治接触和经济渗透手段，重现第二次世界大战在战略上利用缅甸“迂回包围中国、截断国际援华物资通道”[①] 的局面，实现今天战略上制衡中国，并切断中国通向印度洋能源大通道的目的，危及中国的能源安全。

其次，在政治上，日本欲利用缅甸推行“价值观外交”，重塑在国际政治领域中对缅甸问题的发言权，以消解中国对缅甸的影响力。日本安倍政府大力推行“价值观外交”，不仅希望与“价值观”相同的国家携手合作，还希望通过经济援助的方式改变与日本社会体制完全不同的国家的“价值观”。日本据此将缅甸“作为日本迈向政治大国的试金石”，即欲通过巨额经济援助和政策交流与对话推进缅甸的“民主化”进程，从而为其确立“在东南亚的主导地位、实现政治大国奠定基础”。[②]

最后，在经济上，日本欲利用强大的经济和技术优势控制缅甸经济。为达到战略上的目的，日本政府和企业在缅甸频频出手。如日本副首相麻生太郎2013年1月到访缅甸，宣布免除缅甸5000亿日元的债务，并承诺提供500亿日元贷款，恢复了中断20多年的经济援助。[③] 与此同时，日本各财团迅速跟上，凭借强大的技术、资金实力以及强大的国家支持，

---

① 戴旭：“日本在钓鱼岛‘明修栈道’在缅甸‘暗度陈仓’”，《环球时报》2013年1月16日。

② 林锡星：“日本援助缅甸别有玄机”，http：//blog. sina. com. cn/s/blog_ 63ec24f50102epop. html（Accessed on September 16，2014）。

③ Japan Writes off debts and signs investment MOUs，Trade Bridge Consultant，Accessed on September 18，2014，http：//tradebridgeconsultants. com/news/government/japan-writes-off-debt-signs-investment-mous/.

几乎以不赢利或倒贴的竞争条件，悄无声息地大举进入缅甸经济领域攻城略地，特别是在有中国企业参与的领域，其中包括帮助缅甸在2015年建成迪罗瓦港口经济特区，在缅甸的航运、铁路、公路及航空交通等领域向缅甸提供帮助，在当地开展稀土、钨、钼等金属矿的地质勘查，将投资缅甸近海石油开发，与缅甸共同开发稀土等天然矿物资源等。其就是希望实现日本对缅甸的经济控制，进而达到截断中国通向印度洋能源大通道的战略目的。

5. 欧盟在缅甸的战略利益

首先，在安全上，虽然欧盟在缅甸没有地缘战略利益，但是出于对缅甸民主化进程和经济改革的考虑，同时也出于其在东盟和亚洲的战略考虑，欧盟近年来十分重视调整其对缅甸的政策。一方面，随着缅甸当前政治和经济改革的不断推进，一些欧盟国家正在积极寻求建立与缅甸的战略安全关系，主要是加大用于人道主义目的的防御性武器装备的出口。作为欧盟成员国的英国正在努力发展同缅甸的战略合作伙伴关系，其中包括一项2014年已经开始的缅军培训计划。此外，英国正在考虑帮助缅甸进行援助海上安全、减灾救灾、人道主义援助和航空安全等方面的培训。另一方面，欧盟认为可以将缅甸作为其扩大在东南亚和南亚地区在民主和经济发展方面影响力的中心。这不仅有助于促进欧盟与东盟之间的良性互动，[①] 还有助于欧盟制定全方位的“亚洲战略”。[②]

其次，在政治上，欧盟自1991年以来对缅甸采取长期的既“制裁”又“接触”的政策。自2010年以来，欧盟对缅甸的民主化进程采取一项全面的政治“重新接触”政策，不仅在2012年4月宣布“暂停”对缅甸政府的制裁，随后又在2013年4月决定解除所有针对缅甸的经济制裁，同时对缅甸仍保持武器禁运，希望建立涉及各个领域的对话机制，敦促缅甸实施激进的政治、经济和社会转型，并设立缅甸—欧盟办事处，建立与缅甸正常的双边关系发展长期合作伙伴关系。

---

① Song Qingrun, “EU, Myanmar in tango of tangled interests”, *Global Times*, July 25, 2013, accessed on August 30, http://www.globaltimes.cn/content/799189.shtml.

② “The EU's Limited Adjustment of Policies Towards Myanmar”, *China Daily*, 2012, accessed on September 22, 2014。

最后，在经济上，欧盟的目标是解除对缅甸的全部经济制裁，以便为欧盟扩大在缅甸的贸易和投资创造条件。2013 年 6 月，欧盟决定恢复对缅甸的普惠制；11 月，欧盟和缅甸签署多项合作文件，并共同举办中小企业决策论坛和商品政策论坛，扩大在旅游、农业和投资领域的合作，欧盟还决定提供 1.2 亿美元年度援助，以支持缅甸农村发展和国内和平进程。缅甸与欧盟的贸易从 2012 年的 4.02 亿欧元增加到 2013 年的 5.69 亿欧元，同比增长 41.5%。[①] 据缅甸官方统计，欧盟在缅甸的投资在 2012 年只有 22 亿美元，但截至 2013 年 2 月则猛增至 38 亿美元，主要投资国包括英国、法国、荷兰、奥地利、德国、丹麦和塞浦路斯等。[②]

（三）缅甸的战略利益诉求

首先，在战略和安全上，缅甸谋求最大程度的独立自主。建国后，缅甸实行的是不结盟政策和大国平衡外交，这一战略至今仍为缅甸高层所采用。缅甸不是中国的卫星国，更不可能成为美印的盟国。中缅以前有过冲突，缅甸建国后，两国关系也始终在大体平等的基础上展开。缅甸独立后，美国对其的制裁和国际舆论上的压力也很难让缅甸对美国有足够的信任。正如何立仁（Ian Holliday）教授所言，“华盛顿应当停止干涉其内政的做法，并积极配合东亚国家建设性的接触政策来建立美缅良好关系”。[③] 缅甸对于英印帝国的统治记忆犹新，并且一直抵制印度过分的战略要求。[④] 对于印度建立东印度洋舰队，缅甸也感到威胁和不适。维持中美印三国在缅甸合作局面不翻盘，才是缅甸的最大利益所在。因此，缅甸希望与世界任何一国发展良好关系，但也会防止任何一个大国在缅甸获得压倒性优势，进而主宰缅甸的内政外交。

---

① “Myanmar and the EU trade grew 41.5 percent”, Chinese Embassy in Myanmar, accessed on September 23, 2014, http://www.mofcom.gov.cn/article/i/jyjl/j/201403/20140300528881.shtml.

② “The EU will provide $ 120 million annual economic assistance to Myanmar”, accessed on September 23, 2014, http://news.sina.com.cn/w/2013-11-14/213028712405.shtml.

③ Ian Holliday, “Rethinking the United States's Myanmar Policy”, *Asian Survey*, Vol. 45, No. 4 (July/August 2005), p. 615.

④ Renaud Egreteau, “India's Ambitions in Burma: More Frustration Than Success?”, *Asian Survey*, Vol. 48, No. 6, November/December, p. 937.

其次，在政治上，缅甸希望维持与大国正常的国家关系。其一，在对华关系上，2013 年 4 月缅甸总统吴登盛在访华时说："缅方期待着同中国新一届领导集体保持交往，推进互利合作，落实好有关项目，推动缅中全面战略合作伙伴关系取得新进展。缅方愿努力推进缅北和谈进程，希望继续得到中方支持，促进边境地区安宁和发展。"① 缅甸在国际上需要中国的支持，在遭受封锁和制裁时尤其如此。2014 年 6 月 28 日，吴登盛再次访华，在会见习近平主席时指出："中国是缅甸的好邻居、好朋友、好伙伴，建交 64 年来，两国传统'胞波'情谊日益加深。缅方感谢中国长期以来给予的支持和帮助，将继续在中方核心利益和重大关切问题上支持中方。缅方愿同中方传承传统友谊，推动缅中全面战略合作伙伴关系不断向前发展。"② 其二，在对美关系上，缅甸认为响应美国改革的呼吁有利于缓和美缅关系，甚至能为缅甸重返国际社会打开方便之门。金融危机后，美国虽然有所衰落，但综合实力和国际控制力仍非他国能比，唯一超级大国对缅甸的影响仍是全方位的。其三，在对印关系上，缅甸认为配合印度打击其东北部的分裂势力有利于印缅战略关系的稳定和其他领域的合作，尤其是在印度担心中国借缅甸威胁自己的情况下。此外，利用文化和宗教上的亲缘关系加强与印度的关系，也有利于扩大缅甸在印度半岛—孟加拉湾—中南半岛地区的影响力。

最后，在经济上，缅甸谋求实现快速发展。东亚和南亚地区经济发展迅速，缅甸也希望搭乘经济快速列车以推进现代化。缅甸积极配合中缅能源通道建设，融入"孟中印缅经济走廊"中，承接中国产业转移，在不损害其国家利益的前提下欢迎中国公司到缅甸投资。吴登盛指出："缅方致力于国家改革开放和稳定发展，希望继续得到中方支持，欢迎中国公司继续参与缅甸经济建设。"③ 2013 年 5 月吴登盛访问美国时说：

---

① 赵成："习近平主席会见吴登盛总统"，人民网—人民日报，2013 年 4 月 6 日，http：//politics. people. com. cn/n/2013/0406/c1024 - 21031332. html。

② "China，Myanmar pledges friendship and cooperation，" http：//news. xinhuanet. com/english/china/2014 - 06/27/c_ 133444002. htm.

③ 丁宁："习近平同缅甸总统吴登盛会谈，支持推进缅北和谈进程"，国际在线，2013 年 4 月 5 日，http：//gb. cri. cn/27824/2013/04/05/2625s4074670. htm。

“缅方承诺继续推进政治和经济改革，推动国家团结，呼吁美方企业到缅甸投资。”[①] 适当开放美国企业和资本进入缅甸，对其经济发展和现代化建设有利。2014 年 5 月印度新一届莫迪政府上台后，其“东向”政策的经济分量定会加重，如何在印度的“东向”政策进程中得到实质性的经济利益也是缅甸的重要考量。莫迪之所以能够在大选中取胜，很大程度上得益于他在古吉拉特邦任职时对经济发展的重视，因此缅甸对莫迪政府的经济政策期待很高，寄望于印度对缅甸经济的带动作用。

（四）中国面临的挑战和机遇

如前所述，美、印、日、欧等大国是在缅甸博弈的主要参与者，其一举一动都对中国在缅甸的利益造成较大影响，可以说是既有挑战又有机遇，而中国对此必须有深刻的认识。美、印、日、欧无疑想加强各自在缅甸的战略地位，但又互相防范而不能达成充分信任的合作。缅甸一方面想借助美、印、日、欧来平衡中国的巨大影响力，但又不能彻底与中国决裂，这种既竞争又合作的局面给中国提供了巨大的机遇。

1. 中国面临的挑战

一方面，中国在缅甸的战略利益受到美、印、日、欧的联手制约。中国扩大对缅甸的影响是美印都不愿意看到的，2007 年“袈裟革命”、2009 年“果敢事件”和 2011 年“密松水电站叫停”事件背后都有美印的影子。印度要确保“东大门”的安全，防止中国借道缅甸“威胁”自己。中国修建中缅能源贸易通道在印度看来是进入其后院“印度之洋”，其对中国“珍珠链计划”的疑虑和紧张与日俱增。对中国通过“孟中印缅经济走廊”整合地区经济，美印日也颇感忧虑，因为那将显著增大地区国家对中国的向心力，二者担心该地区形成以中国为中心的一体化，对美印造成“挤出效应”。作为印度洋霸主，美国担心中国加强在印度洋的存在会侵蚀自己的利益。因此，美、印、日欲保持对中国的影响力，

① Megan Slack，“President Obama meets with U Thein Sein of Myanmar”，The White House Blog，https：//www. whitehouse. gov/blog/2013/05/20/president-obama-meets-president-thein-sein-myanmar.

有对中国能源贸易通道进行威慑以“敲打”的野心，现在中国加强能源通道安全将避免这种情况；在中巴能源通道修建在望的情况下，中国在缅甸辗转腾挪的空间增大，美、印、日在与中国的博弈中顿感砝码减少，心态复杂。

另一方面，中国也面临缅甸的对冲战略的挑战。缅甸与中美印任何一方过分接近或疏离都不利，前者有被控制之忧，后者则有被颠覆之虑。缅甸奉行大国平衡外交政策的内因是缅甸国内民族主义情绪不断上升，外因则是区域内外有关国家加大了对缅甸的争夺。① 中国在陆上和经贸上对缅有巨大影响，印度在海上和文化宗教上对缅有巨大压力，美国在政治和舆论上对缅构成极大威胁，得罪任何一方的代价都是巨大的。明智的做法是维持中、美、印各方在缅利益的平衡，利用中、美、印在缅甸的利益和分歧，谋求国家利益最大化。2010 年以来，缅甸国家领导人频频出访中、美、印三国，充分展现了成熟灵活的外交风格。这在一定程度上增加了中缅关系的复杂性，也对中国对缅外交提出了更高的要求。

2. 中国的机遇

首先，美印互相防范，缺乏信任。现阶段美国拉拢印度遏制中国，但美国的长远目标是维持亚欧大陆的均势，也不希望印度势力过分强大到主宰北印度洋的地步。印度欲主导东北印度洋局势，在安达曼—尼科巴建立海军基地，对美国在缅甸的图谋一直保持高度警惕，防止美国利用缅甸威胁印度。2012 年初，印度出炉了一份颇具影响力的题为《不结盟 2.0：印度 21 世纪外交和战略政策》的报告。报告明确指出：“印度和美国作为朋友而不是盟国，将更符合两国的各自利益，印度不会看美国的脸色而改变自己在印度洋上的既定政策。”② 印度扩大在缅甸的战略存在，也为美所忌。印度前总理尼赫鲁曾说过：“以印度今日的地位，

① 刘务：“缅甸外交政策的新调整：从对华友好到大国平衡外交”，《东南亚研究》2007 年第 2 期。

② 毛四维：“印度‘不结盟 2.0’反对联美制华”，［新加坡］《联合早报》2012 年 3 月 30 日。

要么做一个有声有色的大国，要么就销声匿迹。”[①] 印度的印度洋战略的目标是把“印度洋”（the India Ocean）变成“印度之洋”（India's Ocean），控制“从波斯湾到马六甲海峡”的国际能源贸易通道，成为海上强国。[②] 印度发展海权，利益损失最大的就是美国。[③]

其次，缅甸的利益权衡。美国改善对缅关系是出于对中国的战略遏制，而非对缅甸无私的关怀，更有和平演变缅甸政府的意图。一旦缅甸作出有违中印两国利益的举措而美国口惠而实不至，那缅甸将面临巨大的利益损失。美国的“亚太再平衡”战略政治重于经济，形式重于实质。美国对缅甸的制裁并未明显减少，还一直督促缅甸加快政治改革和改善人权状况，这增加了缅甸的尴尬和不安。美国学者坎贝尔曾说：“新的政策并不意味着美国对缅甸军政府经济和金融制裁的结束，我们与缅甸的对话只是补充而不是替代制裁体系，这种制裁体系是多年来美国对缅甸政策的核心。”[④] 美国前国务卿希拉里也指出，制裁依然是美对缅政策的重要部分，而接触成为在缅甸实现民主这一目标的工具。[⑤] 印缅关系尚不足以对中国构成极大威胁，正如英国学者玛丽·劳（Marie Lall）博士所指出的，缅甸发展与印度的关系是为了平衡中国在缅力量，但印度在发展对缅关系上行动过于迟缓，且缺乏远景规划。[⑥] 缅方任何以中国利益为代价的双边或多边关系的推进都将受到极大制约，地缘政治经济因素决定了缅甸不会从根本上改变对华政策。中缅关系即使出现波折，也不会恶化到敌对状态。中国在缅甸对外关系中一家独大的时期

① ［印］贾瓦哈拉尔·尼赫鲁著，齐文译，《印度的发现》，世界知识出版社 1958 年版，第 57 页。

② David Scott, “India's Grand Strategy for the Indian Ocean : Mahanian Vision”, Asia-Pacific Review, Vol. 13, No. 2, 2006, p. 97.

③ 张文木：《世界地缘政治中的中国国家利益分析》，山东人民出版社 2013 年版，第 25 页。

④ Kurt M. Campbell, “U. S. Policy Toward Burma”, Statement Before the House Committee on Foreign Affairs, Washington, D. C., October 21, 2009, http://www.state.gov/p/eap/rls/m/2009/10/130769.htm.

⑤ Andrew Marshall, “The Soldier and the State”, Times, October 19, 2009, p. 19.

⑥ Marie Lall, India-Myanmar Relations-Geopolitics and Energy in Light of the New Balance of Power in Asia, Working Paper of institute of South Asia Studies, National University of Singapore, No. 29, January 2, 2009, p. 29.

已经过去，但多元外交并不能撼动中国在缅甸外交中的首要战略地位。[①] 对于缅甸和美印的合作，中国应当有充分的理解和自信，要有足够的战略定力。

最后，中美印共同利益的不断拓展，为三国在缅甸的多边合作提供了机遇。战略上，中美印加强在缅甸合作有利于中美、中印新型大国关系的建设，对于地区和全球战略局势稳定意义重大，尤其是在美国推动“亚太再平衡”、中国实施“西进南向”和“两洋”战略，以及印度不断加快“东向”战略的背景下，以缅甸为合作突破口能缓和紧张局势并促进大国在各领域更多的合作。政治上，改革将促进缅甸政局稳定和社会清明，正常国家制度和法制的构建能给国际社会提供良性预期和理性规范，缅甸重返国际社会对大国有利，共同促进这一进程，中、美、印、日、欧责无旁贷。经济上，从长远来看，缅甸改革开放将释放巨大的经济活力和掀起投资建设的高潮，金融危机后大国都面临如何确保经济发展的重大命题，缅甸丰富的资源、庞大的市场规模及优越的地缘条件对各国都有巨大的吸引力，“合则两利，斗则两伤”。

（五）中国的应对措施

缅甸是通向未来的钥匙，这里的博弈将在很大程度上预示着未来国际格局的走向，世界各主要大国都显著加大了对缅甸的战略投入。中美如今在经济和战略上相互依赖，美国不会冒着和中国爆发冲突的风险全力争夺缅甸；中国是印度最大的贸易伙伴，而印度在国力上与中国相差尚远，必将采取现实的合作态度。欧盟积极将缅甸作为其加强与东盟关系的跳板，从而夯实欧盟的亚洲大战略。因此，中国在缅甸的传统影响和缅甸的利益权衡能够确保中国始终处于合作中心。在此情况下，中国应当首先夯实中缅战略伙伴关系，促进政治、经济、文化等领域的合作，为将来的竞合博弈打好基础；同时也要努力推动双边和多边合作，构筑各种类型的竞合平台，为中美印缅建设性战略合作作出应有贡献。

---

① 李晨阳：“2010 年大选之后的中缅关系：挑战与前景”，《和平与发展》2012 年第 2 期，第 36 页。

1. 落实和加强中缅战略伙伴关系

稳定良好的中缅关系是中国参与地区战略博弈的关键，也是实施“两洋”战略的基础。鉴于目前中缅微妙的政治现实，笔者认为应当构建机制化平台，打造中缅战略伙伴关系升级版，落实和加强中缅战略伙伴关系。

第一，加强政治接触密度，推动机制化建设。要确保中缅两国领导人每年能够互访，亲密频繁的政治接触能营造良好友善的合作氛围，并能就重大分歧和矛盾在高层达成共识。对比美国和其盟国间的高层接触频率，中国国家领导人访问缅甸的次数实在是太少。中国时任总理温家宝在2009年、时任军委副主席习近平在2010年各访问过一次缅甸，缅甸总统吴登盛在2012年、2013年、2014年三次访华，而后者还是在亚太战略局势巨变的情况下才发生的。这足以表明两国关系的亲密和信任尚未达到应有的高度，但至少有着好的趋势。历史和现实充分证明，领导人之间友好的私人关系会影响两国战略关系。[①] 借互访搭建对话平台并形成全面的交流沟通机制，有利于双边关系稳定发展。在国际问题尤其是东盟和南亚地区问题上，中缅应当就共同关心的话题经常交流意见，对于美国的“人权”和“政治”攻击也应当携手应对。

第二，加强经济外交，夯实战略纽带。经济外交指“主权国家元首、政府首脑、政府有关部门的官员以及专门的外交机构，围绕国际经济问题开展访问、谈判、签订条约、参加国际会议和国际经济组织等多边和双边的活动”。[②] 当今世界对经济的重视不断提高，通过经济手段达成政治目的越来越重要，属于明显的“间接路线”。缅甸的工业和农业不够发达，但潜力巨大，而中国既有充足的市场，又有先进的科技，可以很好地促进中缅合作。帮助缅甸发展工农业不仅惠及缅甸民众，经济的发展也能促进缅甸教育和社会的进步，进而促进中缅战略关系的发展。本着平等互利、合作共赢的原则，中国需要从政府、企业和个人三个层面充分尊重缅甸国家主权，处理好资源开发与环境保护的关系。

---

① 李侃如：“中美领导人个人关系能近到哪一步”，《南方周末》2013年11月3日。

② 张学斌：《经济外交》，北京大学出版社2003年版，第6页。

第三，互设研究中心，加强“第二轨道”外交，促进人文交流机制建设。由中方出资建设缅甸研究中心和中国研究中心，研究人员的配置和课题的资助有利于推动双方友好关系的发展。同时，密切与媒体合作也将促进民众理解，确保每年至少举行一次“中缅关系高峰论坛”，中缅党政商学军各界可就共同关心的话题进行讨论，这对化解矛盾、促进合作极为重要。另外，应当每年接纳1000名左右的缅甸官员、学者、学生、各邦族首领来华访问、学习，尽量到中国内陆省份，这对形成缅甸对华全面理性认知很有帮助。

第四，发挥云南桥头堡的战略作用，促进地缘经济合作。在新一轮“大周边”外交博弈中，云南极其重要，它是中国内陆腹地连接缅甸和印度洋的战略中心。硬件方面，切实加强能源、贸易通道建设，加快公路、铁路、管道等基础设施建设，为互联互通构建坚实基础。软件方面，发挥云南与缅北少数民族的亲缘关系，加强经济和文化交流，通过良性示范使他们认识到武装斗争并不能解决问题。利用边民的民族亲和性，加强缅甸的信息和资料收集，美国在这方面就做得很好。[①] 尤其是加强与缅甸部落酋长的关系建设，这对于中国在缅开展经济活动和赢得政治支持极为重要。在与缅甸中央政府保持一定默契的情况下，应加强与缅甸北部各邦的关系，这样有利于化解缅甸中央政府和地方邦的矛盾，同时也能获得战略筹码，缅甸将更加重视与中国的关系。

2. 推动双边和多边合作，促进中美印缅共同利益

双边合作与多边合作能够互相促进，但又具有一定的独立性。双边合作在灵活性、基础战略性和机构性方面更为突出，具有攻防兼备的特点；而多边合作重在协调和平衡，更多是作为一种冲突预防和集中解决问题的平台，它是地区战略稳定的底线，也是促进双边合作的黏合剂。二者应当成为中国推进缅甸战略博弈的软硬两手。

（1）加强双边合作。利用美印互相猜忌的心理及缅甸的利益权衡，分别加强与美国、印度的合作关系，促进在缅共同利益。以我为主，保

① ［美］罗伯特·卡普兰著，吴兆礼、毛悦译：《季风：印度洋及美国权力的未来》，社会科学文献出版社2013年版，第184页。

持竞合关系，使中国居于战略中心地位。在遇到危机时避免成为利益损失最大的一方。

第一，中印关系方面。印度一直担心东北各邦的独立倾向，但从长期看，经济走廊的建成有利于印度东北部的经济发展，这将缓解其分裂离心倾向，应促使印度加快推进“孟中印缅经济走廊”的建设。缅甸能源开发潜力巨大，中印同为能源需求大国，两国能源公司合作竞标可以减少“溢价”，避免给美国攻击口实，还能减轻缅甸对外国控制能源的担忧。中缅能源通道也可以建设通向印度的支线。作为缅甸最大最强的邻国，中印应为缅甸良性示范，鼓励缅甸改革开放，鼓励其走向国际社会，尤其是参与一些重要的地区和国际会议。将缅甸问题纳入中印新型大国关系的建设中，将其与中印边界问题、贸易问题挂钩通盘考虑，形成利益交叉汇合。印度为佛教发源地，中缅为佛教大国，构建中印缅佛教国际旅游专线大有可为。

第二，中美关系方面。战略上，在美国加紧实施“亚太再平衡”战略的情况下，将缅甸问题纳入中美新型大国关系建设框架，将之作为考验中美新型大国关系建设的风向标。同时，在中美战略与经济对话中就缅甸问题多进行政策沟通和交流。政治上，积极支持缅甸改革开放，并与昂山素季接触。中国是对缅甸影响最大的国家之一，应当对缅甸重返国际舞台作出最大的贡献。美国一直鼓励缅甸改革开放和改善人权，中国对此本身并无异议，差别仅在速度和力度上，中国若积极支持，将化解美国的舆论攻势。经济上，对缅甸的石油天然气和矿产资源，中国亦可拉美国一起投资，完全竞争敌对不利于长远关系的建立与发展。

第三，中国与欧盟关系方面。经济上，欧盟一直有意加强与中国的经济合作以制衡美国。尤其是在经济危机之后，欧洲经济越来越依赖中国，中国几乎已经成为欧盟的经济支柱。中国已有意利用欧盟和美国之间的政治和经济矛盾来平衡与欧盟和美国的关系。政治上，中国和欧盟鲜有冲突，欧盟一般不会干涉中国内政，并刻意保持与中国的良好外交关系。而且在某些时期，中国往往成为欧盟制衡美国的政治伙伴。军事上，中国和欧盟因为没有边界和地缘政治冲突，所以有更多的军事合作。

如在对华军售禁令实行的情况下，欧盟试图突破美国的阻挠，解除对中国的武器禁运，以获得经济发展，特别是当北京与柏林建立了“特殊关系”。[①] 由于欧盟在缅甸的战略重点是推动缅甸的民主化进程，欧盟可以将缅甸作为跳板，加强与东盟的战略关系，因此作为东盟最大的地缘地区大国，中国可以通过与欧盟合作，加快推进缅甸的政治和经济改革，因为一个繁荣和稳定的缅甸有利于中国西南地区的经济发展和社会安宁。

第四，中日关系方面。众所周知，近年来，由于安倍政府不断对历史问题和钓鱼岛问题表达错误言论和态度，中日关系降到冰点，而体现在缅甸问题上，则是中日之间的竞争比合作大得多。日本在缅甸的安全和政治利益是积极与美国合作，以加入美国主导的“遏制中国”战略，试图切断中国进入印度洋的能源通道。然而，目前中国和日本在缅甸也有共同利益。两国在提供给缅甸的官方援助、帮助缅甸摆脱西方的“孤立政策”方面拥有相似的经历和经验。此外，就缅甸目前的经济发展而言，两国具有合作的潜力。因此，中日两国需要达成合作共识，加强信息沟通，建立协调机制。这不仅有助于在未来避免企业间过度竞争，而且将提高两国在投资缅甸的运营效率。

（2）加强多边合作。利用现有双边层面的对话与合作机制，将其拓展为多边合作，加强中、美、印在缅甸利益的交汇与融合，形成利益捆绑。利益交错复杂将增加采取敌意政策的难度，各方就会理性行事，以免遭受不可承受的损失。

第一，战略层面。加强政策交流和协调，建设四国机制化合作平台。中美、中印、美印均有双边战略与对话机制，若能构建中美印多边对话合作机制并邀请缅甸加入将更好。例如每年举行一次缅甸高峰论坛，轮流在四国举办。邀请其他相关国家参与，就共同关心的缅甸问题举行磋商和协调，政商军学各界人士都可以充分交流。同时在地区和国际组织（如东亚峰会及亚太经合组织）中，领导人和各主管部门政策制定者要经常就缅甸问题交换意见。相关领域的学者和政策人

---

① “The European Union is worried about U. S. return to Asia”, *The Global Times*, March 28, 2012.

士还应当在各国进行访学活动，青年学生更应该互相交流，培养相互之间的理解和关怀。

第二，政治层面。尽管缅甸政府进行的改革开放和改善对美关系的努力还有些让人捉摸不透，也存在变数，但只要是为了稳定和发展缅甸的经济和社会，中国都应当予以欢迎和支持。持续深化的缅甸改革对中国不是威胁，中缅在各个领域的合作也将会继续推进。对缅甸的改革开放和改善人权的举措，中国应当明确立场，予以支持。中国化被动为主动，有利于改善自身形象和促进中美印三边关系发展。调解中央和地方的关系有利于缅甸的稳定与开放，这也可以成为三国潜在的合作点。临近的金三角一度是地区不稳定的根源，对于打击毒品问题，中、美、印有着共同利益。缅甸军备建设比较敏感，市场潜力巨大，中、美、印都有很多优良的技术和装备，在这方面互相斗争既不必要也不可取，相信缅甸也希望中美印合作，以满足军队各层次多元现代化建设的需要。

第三，经济层面。缅甸改革开放乃大势所趋，很难想象缅甸会倒退回过去的状态。美印一直鼓励并要求缅甸改善投资环境，放开经济控制，国企私有化，这对于中国企业在缅甸的健康发展和改善在缅甸人民心中形象至关重要，应当大力支持。开发援助方面也可以进行协调，这应该成为中美印在缅合作最大的亮点。对于缅甸的基础设施建设，中国应当改变过去不计一切代价竞标的做法。发展中国家基建将成为未来世界新的经济增长点，城市建设和全国公路、铁路网的建设都是大投资，中国虽然在基础建设方面能力巨大，但也很难全部独占。三国可以共同设立高新技术开发区，合作投资建厂，拉开产业梯度，实现互利共赢式发展。

二、中缅油气管道建设的背景

大型跨国油气管道的规划和建设是地缘政治较量的产物，特别是围绕管道主导权和资源流向的争夺，以及过境国的经济利益考虑与政治外交倾向等都是地缘政治演变的结果，直接影响了全球油气供需格局，严重冲击了传统的油气地缘格局，进而形成了新的油气地缘格局。因此，伴随大型跨国油气管道建设、开通和运营而出现的国际油气地缘格局的变化，最终都会直接或间接地推动国际地缘政治格局和国际关系的变化。[①] 跨国油气管道带来的这种变化既表现为促进区域经济和政治的发展（如增加就业和财政收入、提高国家的国际地位等），[②] 成为区域一体化的强大动力，[③] 又不可避免地为引发区域内利益相关方的冲突（如土地征用和财政收益分配冲突、域内外国家的战略利益的冲突等）。[④]

过去30多年经济的快速增长使中国从一个区域能源出口国一跃成为世界第一大能源进口国，特别是石油天然气的持续依赖进口已经引起外界对中国能源安全的日益担忧。因此，为保障持续稳定的经济发展所需的能源安全成为深化经济改革和经济转型的重要工作。学界和政界提出了许多旨在使能源来源和能源运输多元化的倡议，其中包括中国—俄罗斯东西伯利亚、中国—中亚和中国—东南亚等跨国油气管道项目，将极大地缓解中国能源运输对海上通道尤其是马六甲海峡的过分依赖。跨国油气管道在给中国带来能源进口通道多元化、能源来源多源化的同时，更带来巨大的地缘政治利益，[⑤] 极大促进了中国与周边国家和地区的睦邻友好、互利共赢关系。缅甸位于连接东南亚和南亚两大地缘板块的战略要冲，南临印度洋，北与中国云南省接壤。中国经由缅甸与印度洋沿岸各国交往由来已久。在西汉时期，中国西南地区的商人就开辟了一条纵贯川滇两省，经由缅甸到达印度、中东乃至通往欧洲各国的南方丝绸之路。第二次世界大战期间建成通车的滇缅公路，从昆明至瑞丽，出境入缅甸直至首都仰光，并与印度公路相连，成为国际援助物资进入中国

① 张良福：“跨国管道流淌的并非只是油和气，更有地缘政治新变化”，《世界知识》2013年第5期。

② Ali，Saleem H.（2010），*The Strategic Logic of Pipelines*：*Toward* “*Rational Regionalism*”，Doha：The Brookings Institution paper.

③ Sovacool，Benjamin K.（2009），Energy policy and cooperation in Southeast Asia：the history，challenges，and implications of the trans-ASEAN gas pipeline（TAGP）network，*Energy Policy*，37，June 6，pp. 2356－2367.

④ Stevens，Paul（2010），*Oil and Gas Pipelines*：*Prospects and Problems*，NBR Special Report #23，September.

⑤ John Seaman，“Energy Security，Transnational Pipelines and China's Role in Asia”，Asian Center，French Institute of International Relations，April 2010，p. 2.

的唯一战略通道。滇缅公路、驼峰航线以及中印公路组成的运输大通道，支撑着中国抗日战场所需的大量战备物资运送以及大后方的经济供应。[①]2013 年 7 月建成运营的中缅油气管道延续了历史上南方丝绸之路及滇缅公路的辉煌，在给中缅两国带来巨大地缘政治利益的同时，也将改变亚洲特别是东南亚和南亚的能源地缘战略格局。

中国与缅甸共建油气管道的动因错综复杂，既有国家层面的地缘政治经济利益和能源安全战略考量，又有地方省区市政府的利益驱动，更有中国国家石油公司之间的竞争因素等。早在 21 世纪初，国内学术界就开始讨论中国能源供应面临的挑战。2003 年以来，随着海盗猖獗和多国角力该海域，马六甲海峡变得异常敏感，对于大部分进口石油需要经过这一连接南海和安达曼海的狭长水道的中国来说，石油运输安全问题日益凸显。学者们的讨论引起了国家和政府的高度重视。胡锦涛总书记在 2003 年 11 月召开的中央经济工作会议上首次将金融和石油问题列为事关国家经济安全的大事，并表达了对中国进口石油 80% 要依赖马六甲海峡的担忧。而一些大国一直染指并试图控制马六甲海峡的航运通道，因此必须从新的战略全局高度制定新的石油能源发展战略，采取积极措施，确保国家能源安全。胡锦涛总书记的讲话旋即引起了中央政府的重视，中央政府开始积极制订计划和方案，以打破“马六甲困局”。这些计划和方案主要有：（1）在泰国地峡开凿克拉运河，将中国南海与印度洋连接；（2）在克拉运河路线下铺设水下油气管道；（3）修建亚际铁路系统将石油运往中国；（4）修建从巴基斯坦直达中国新疆的中巴输油管道；（5）修建从孟加拉国吉大港通往中国西藏的中孟输油管道。[②] 由于地势和气候等因素的影响，中巴输油管道和中孟输油管道希望渺茫，而泰国的克拉地峡方案由于没有得到相关国家的积极回应也没有任何进展。

2004 年初，云南大学国际关系学院的李晨阳、瞿建文和吴磊三位学

---

① 张良福：“跨国管道流淌的并非只是油和气，更有地缘政治新变化”，《世界知识》2013 年第 5 期。

② Bo Kong, “The Geopolitics of the Myanmar-China Oil and Gas Pipelines” in “Pipeline Politics in Asia, The Intersection of demand, Energy Markets, and Supply Routes”, NRB Special Report #23, September 23, 2010.

者在缅甸联邦政府总理钦纽访华前夕，开始就修建从缅甸实兑港到云南昆明的油气管道的可行性进行研究，建议在其他能源通道难以有所进展的情况下，考虑一个南下缅甸的战略，在中缅之间修建一条石油安全运输管道，以作为减少中国对马六甲海峡依赖的替代方案。三位云南学者完成了一份《关于修建从缅甸实兑到昆明输油管道的建议》，于 2004 年 6 月在《瞭望东方周刊》上首次刊发。报告得到了正在寻求区域经济突破的云南省委省政府的高度关注。省委书记白恩培马上对建议报告做了长篇批示，称完全赞同三位学者的建议，之后又专门听取了三位学者的当面汇报，并于当年 8 月将报告提交给国务院。该建议驳斥了修建克拉运河方案脆弱的经济和安全基础，正式建议修建中缅石油管道，并列举了五条理由：（1）中国进口石油能够绕开马六甲海峡；（2）缅甸到昆明的管道距离比从经马六甲海峡运输到广州再运至西南地区缩短了 1200 公里；（3）修建中缅管道将制约其他国家对缅甸的影响，并将缅甸作为中国的战略缓冲区；（4）中缅关系的历史、现状和未来前景能够保障管道的安全；（5）中缅管道节约费用，因为现有运营铁路 400 公里，只需修建剩余 500 公里从实兑到昆明的铁路。[①] 中缅方案得到了缅甸的积极回应，在 2005 年 7 月的第二次大湄公河次区域合作会议上，缅甸政府主动提出希望加快与中国的能源合作进程。在双方的努力下，中国国家发改委和缅甸能源部签订了中缅原油管道合作备忘录，但随后的进展却遭遇坎坷。由于缅甸国内政局不稳和西方对缅甸军政府的经济制裁，加之该项目会涉及周边复杂的地缘政治，以及与印度等国家之间的利益博弈，不少人对这一项目表示担忧。最初，虽然中国三大石油公司（中石油、中石化和中海油公司）都对此项目态度积极，但出于对政治风险和投资风险的担心，也未大力推动。直到 2006 年，项目才出现转机。2006 年 1 月，缅甸总理梭温访华，中缅双方签署了一份天然气贸易备忘录，明确提出修建一条到达中国昆明的天然气管道的计划。当年的全国“两会”上，91 名来自云南的人大代表联名提交了《云南省代表团关于修建中缅

① 李晨阳、瞿建文、吴磊：“破解‘马六甲困境’之中国方案分析”，《参考消息》2004 年 8 月 5 日。

石油管道和在云南建设石油炼化基地的建议》。2006 年 4 月，国家发改委正式批准建造从缅甸实兑到云南昆明的原油管道。2007 年，中缅输油管道项目作为“十一五”规划四大油管之一，通过了发改委的最终审议。2008 年 12 月，中国石油天然气集团公司与缅甸国家石油与天然气公司和韩国大宇国际集团公司签署三方协议，缅甸每年将向中国出口约 1133 万立方米（4 亿立方英尺）天然气，供应期限长达 30 年。此前，三大石油公司都向国家能源局提交了自己的竞争性项目方案，最终国家选定了中石油的方案，确定由中石油担任中缅油气管道的业主单位。①

2009 年 3 月 26 日，中缅两国政府签署了《关于建设中缅原油和天然气管道的政府协议》。紧接着，6 月 16 日中国石油天然气集团公司与缅甸联邦能源部正式签署《关于开发、运营和管理中缅原油管道项目的谅解备忘录》。根据协议，石油管道耗资 15 亿美元，天然气管道耗资 10.4 亿—19.5 亿美元，中石油占 50.9% 股份，负责设计、建设、运营和管理这条跨境输油管道项目，并负责在缅甸管线起点修建一座储备容量为 60 万立方米的油库和吞吐 30 万吨油轮的码头；缅方占股 7.4%，韩国占股 29.2%，印度占股 12.5%。以规范之说法，中缅油气管道的全称若按股权大小排列，应该叫“中韩印缅”油气管道。② 中缅管道将采取气、油双线并行的方式建设。其中，天然气管道输气干线全长 2806 公里，输气口径 1016 毫米，每年向中国云南和西南其他省区输送 120 亿立方米天然气（气源来自缅甸孟加拉湾由韩国大宇国际公司牵头财团经营的 A1 和 A2 区块气田）。输油管道全长约 1100 公里，初步设计一期每年将产自中东和非洲的 2000 万吨原油（每日 44 万桶）输送至中国西南地区。据专家预计，二期以后还将有望引进 4000 万—6000 万吨的原油，这一数字接近中国 2008 年原油总进口量的 1/3。③ 依据协议，中缅管道

① 王强：“中缅能源管道：破局印度洋”，《商务周刊》2009 年 5 月 25 日，http：//www.sina.com.cn。

② 鲁宁：“‘中缅’油气管道背后的四国庄家”，http：//opinion.m4.cn/2013 – 08/1210858.shtml。

③ Bo Kong，“The Geopolitics of the Myanmar-China Oil and Gas Pipelines” in “Pipeline Politics in Asia，The Intersection of demand，Energy Markets，and Supply Routes”，NRB Special Report #23，September 23，2010.

将起于缅甸西海岸的实兑港，经缅甸第二大城市曼德勒，然后从云南边城瑞丽进入中国境内，途经保山、大理、楚雄、昆明和广西南宁等城市。作为配套项目，中石油还将在云南、四川等地设立多个千万吨级别的大型炼厂。根据协议，项目于2010年6月3日开始破土动工。经过三年多的施工建设，2013年7月28日缅甸西南海岸的“瑞气田”（shwe gas project）天然气开始注入中缅油气管道天然气管线首站皎漂分输站，标志着由中国、缅甸、韩国和印度四方投资的中缅油气管道正式建成运营。专程参加仪式的缅甸副总统吴年吞表示：“中缅油气管道不仅是参与投资的四个国家互惠共赢的项目，而且将使缅甸的经济、工业化和电气化得到提高，对缅甸的长期发展具有重要意义。”① 中国国家能源局副局长张玉清也表示：“中缅天然气管道作为中、缅、韩、印四国六方精诚合作的结晶，承载着四国人民互利共赢的良好愿望，如同一条友好的纽带，把四个国家紧密联系在一起，更是把中缅传统友谊推向了新的高度。”②

① “中缅油气管道投产通气”，http：//www. yzcn. net/news/headline/2013/0729/332989. shtml。

② 同上。

第一章
世界油气管道的地缘政治经济分析

世界油气管道的产生、发展和走向与地缘政治经济形势变化息息相关，其在某种程度上也是当今国际政治经济变动深层次的因素。深入分析油气管道的地缘政治经济利益机制，有利于我们及早制定更为积极主动的战略政策。

第一节　世界油气管道的产生

世界油气管道产生的基本条件是油气资源的分布极不均衡。在此基础上，消费需求能力的差异和距离及运输成本等中间因素也促进了油气管道的产生，而国际资本的逐利属性、国际政治的权力驱动和国际经济的发展程度构成了世界油气管道的最终动力（如图 1—1 所示）。

一、世界油气资源分布不均衡

在世界政治经济体系中，地理位置的优劣和资源禀赋的多寡在很大程度上影响着一个国家的富裕和强大。自 1880 年石油成为工业能源和燃料来源以来，油气资源的探明、开采、储藏、运输、结算等都直接影响

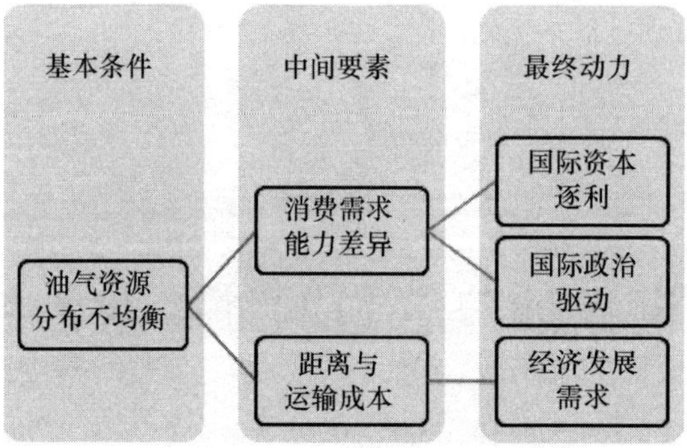

图 1—1　世界油气管道的产生

着世界战略、经济、金融和政治格局的走向，也始终是大国博弈的焦点。在世界近现代史上，因油气资源繁荣富裕兴盛者有之，因油气战略不当衰落失败者亦有之。

世界油气资源的分布具有很大的不均衡性，这是油气管道产生的原因之一，也是国富国穷的重要因素。就国家而言，全球油气资源比较集中的有沙特阿拉伯、科威特、伊朗、伊拉克、俄罗斯、美国、加拿大、墨西哥、委内瑞拉、巴西、中国、埃及、利比亚、苏丹、安哥拉、尼日利亚、哈萨克斯坦、土库曼斯坦等。这些国家成为世界油气资源储藏和开发的宠儿。

油气资源分布不均衡体现在以下三个方面：一是已探明油气储量的比重，即绝对的潜在资源总量分布；二是已经开发的比重，即现实中已经存在的油气比重；三是石油和天然气要分开计算。

（一）石油资源分布

1. 世界主要国家石油已探明储量及分布

据 2014 年国际能源署的石油储量资料显示，全球石油储藏总量为 2258. 68 亿吨，世界排名前 24 位国家的石油已探明储量及比重如表 1—1 所示：

表 1—1 世界主要国家已探明石油储量及比重核反应堆

排名	国家	石油储量（亿吨）	比重	排名	国家	石油储量（亿吨）	比重
1	委内瑞拉	406.95	18.02%	13	卡塔尔	34.43	1.52%
2	沙特阿拉伯	362.54	16.05%	14	中国	33.62	1.49%
3	加拿大	235.24	10.41%	15	巴西	20.89	0.92%
4	伊朗	215.24	9.53%	16	阿尔及利亚	16.64	0.74%
5	伊拉克	196.7	8.71%	17	墨西哥	13.38	0.59%
6	科威特	138.44	6.13%	18	安哥拉	12.29	0.54%
7	阿联酋	133.4	5.91%	19	厄瓜多尔	12.05	0.53%
8	俄罗斯	109.12	4.83%	20	阿塞拜疆	9.55	0.42%
9	利比亚	65.97	2.92%	21	印度	7.74	0.34%
10	美国	51.71	2.29%	22	苏丹	6.82	0.30%
11	尼日利亚	50.56	2.24%	23	越南	6.00	0.27%
12	哈萨克斯坦	40.92	1.81%	24	马来西亚	5.46	0.24%

数据来源：根据 International Energy Council 资料整理。

从表 1—1 可以看出，世界石油资源分布不均衡性是非常明显的。作为人口、经济、政治大国，中国的石油资源储量不足世界的 1.49%，印度则刚达到中国的 1/4，而委内瑞拉高达 18.02%，差距十分明显。中东石油富国的储藏量基本在 5% 以上，传统石油大国美国和俄罗斯则分别只有 2.29% 和 4.83%。而且，欧洲作为世界经济最发达的地区之一，竟然没有一个石油富集国。

2. 石油现阶段开采总量及分布

据国际能源署 2014 年的数据显示，全年石油开采量达到 381335 万吨，其中前 24 位国家的石油开采量及比重如表 1—2 所示：

表 1—2　世界主要国家石油开采量及比重

排名	国家	石油产量（万吨）	比重	排名	国家	石油产量（万吨）	比重
1	俄罗斯	52450	13.75%	13	巴西	10950	2.87%
2	沙特阿拉伯	49240	12.91%	14	哈萨克斯坦	8070	2.12%
3	美国	42900	11.25%	15	安哥拉	8050	2.11%
4	中国	20925	5.49%	16	挪威	7725	2.03%
5	加拿大	17650	4.63%	17	阿尔及利亚	5575	1.46%
6	伊拉克	16200	4.25%	18	哥伦比亚	4890	1.28%
7	伊朗	14040	3.68%	19	阿曼	4775	1.25%
8	科威特	13945	3.66%	20	阿塞拜疆	4257	1.12%
9	阿联酋	13890	3.64%	21	英国	3970	1.04%
10	委内瑞拉	12325	3.23%	22	印度尼西亚	3965	1.04%
11	墨西哥	12302	3.23%	23	印度	3839	1.01%
12	尼日利亚	11000	2.88%	24	卡塔尔	3565	0.93%

数据来源：根据 International Energy Council 资料整理。

从表 1—2 可以看出，石油产量比较大的国家主要集中在消费或出口量大的国家，比如俄罗斯、中国、美国、沙特阿拉伯等，前四位就占到全球石油产量的 43.4%。部分欠发达国家的石油产量也很大，主要是用于出口，如委内瑞拉、哈萨克斯坦、安哥拉、伊朗、伊拉克等。

（二）天然气资源分布

1. 天然气已探明储量分布

据国际能源署 2014 年的资料统计，全球主要国家天然气储量总量为 1971417 亿立方米，其中前 24 位国家的天然气储量及比重如表 1—3 所示：

表 1—3 世界主要国家天然气储量及比重

排名	国家	天然气储量（亿立方米）	比重	排名	国家	天然气储量（亿立方米）	比重
1	俄罗斯	477769	24.23%	13	印度尼西亚	29248	1.48%
2	伊朗	339991	17.25%	14	莫桑比克	28300	1.44%
3	卡塔尔	246659	12.51%	15	哈萨克斯坦	24055	1.22%
4	美国	95892	4.86%	16	马来西亚	23489	1.19%
5	沙特阿拉伯	83119	4.22%	17	埃及	21848	1.11%
6	土库曼斯坦	84995	4.31%	18	挪威	20477	1.04%
7	阿联酋	60873	3.09%	19	加拿大	20318	1.03%
8	委内瑞拉	55776	2.83%	20	乌兹别克斯坦	18395	0.93%
9	尼日利亚	51079	2.59%	21	科威特	17829	0.90%
10	中国	46400	2.35%	22	利比亚	15051	0.76%
11	阿尔及利亚	45012	2.28%	23	印度	14263	0.72%
12	伊拉克	31561	1.60%	24	乌克兰	11037	0.56%

数据来源：根据 International Energy Council 资料整理。

从表 1—3 可以看出，世界天然气分布比石油资源更加不均衡，天然气储量排前三位的国家占世界比重达到 53.99%，远高于石油储量前三位总和的 44.48%。中东、北美、俄罗斯、中亚仍然构成天然气储量最丰富的国家集团。中国天然气储量仅占世界储量的 2.35%，美国和俄罗斯都是典型的油气资源大国，战略优势明显。

2. 天然气现阶段开采总量分布

据国际能源署 2014 年的资料显示，全球天然气产量总额为 32876 亿立方米，其中前 24 位国家的天然气产量及比重如表 1—4 所示：

表1—4　世界主要国家天然气产量及占世界比重

排名	国家	天然气产量（亿立方米）	比重	排名	国家	天然气产量（亿立方米）	比重
1	美国	7683	23.37%	13	荷兰	645	1.96%
2	俄罗斯	6353	19.32%	14	阿联酋	560	1.70%
3	卡塔尔	2042	6.21%	15	澳大利亚	534	1.62%
4	伊朗	1579	4.80%	16	哈萨克斯坦	427	1.30%
5	加拿大	1450	4.41%	17	巴基斯坦	420	1.28%
6	中国	1281	3.90%	18	特立尼达和多巴哥	419	1.27%
7	挪威	1082	3.29%	19	泰国	418	1.27%
8	沙特阿拉伯	849	2.58%	20	埃及	357	1.09%
9	阿尔及利亚	781	2.38%	21	英国	345	1.05%
10	印度尼西亚	729	2.22%	22	印度	340	1.03%
11	墨西哥	677	2.06%	23	阿根廷	338	1.03%
12	马来西亚	53	1.99%	24	阿塞拜疆	286	0.87%

数据来源：根据International Energy Council资料整理。

从表1—4可以看出，天然气产量比较大的国家主要集中在北美、俄罗斯、中东、中亚等地区。美国和俄罗斯的天然气产量占世界总产量的42.69%，是名副其实的天然气超级大国。相比之下，经济发展强劲的中国和印度的天然气产量则明显偏小，其他产量较多的国家主要将其用于出口。

从以上分析可以看出，大国、富国一般都具有殷厚的油气资源储量，而且开采总量也居于世界前列，这是问鼎世界大国的战略基础。而且，世界油气资源主要分布在北半球，油气资源丰富的地区也常常是大国博弈的重要舞台。而正是这种分布的巨大差异，在很大程度上导致了油气管道的产生。

二、消费需求能力不平衡

油气资源分布的不均衡、经济发展阶段不同使得各国对油气的需求和自身产量存在一定缺口，这从另一方面引出了油气资源的储藏和管道运输问题。

（一）石油消费需求分析

1. 石油消费能力

根据国际能源署的资料，2014 年世界主要国家石油消费能力如表 1—5 所示：

表 1—5　世界石油消费前十位国家

排名	国家	石油消费量（万桶/日）	石油生产量（万桶/日）	石油消费增长量（万桶/日）
1	美国	1884	1059	40
2	中国	980	420	39
3	日本	446		
4	印度	330		4
5	俄罗斯	320	1030	10
6	沙特阿拉伯	281	1175	9
7	巴西	260	280	17
8	德国	240		
9	韩国	230		
10	加拿大	226	392	

数据来源：根据 International Energy Council 资料整理。

从表 1—5 可以看出，在石油消费前十位的国家中，能够实现石油自给的仅有俄罗斯、沙特阿拉伯、巴西和加拿大。而且，美国、中国、印度、巴西等国每日石油消费仍在不断增长，在石油燃料仍然是主要消费能源的时代，如果国内不能满足消费需求，石油进口将是不可避免的。

2. 石油需求和出口缺口

中国、印度、日本、欧盟等国家的石油消费缺口是非常巨大的。2014 年中国石油消费 5.19 亿吨，产量 2.1 亿吨，进口高达 3.09 亿吨，对外依存度达到 59.7%。而最新数据显示，中国已经超过美国，成为世界第一大石油进口国，石油进口量增长速度非常快。

美国在发现页岩油气后自给能力明显提高，但仍然需要每年进口石油 3.3 亿吨左右。欧盟石油日消耗量为 1250 万桶，也需要从波斯湾、北非、俄罗斯、中亚进口大量石油。日本石油进口量早就处于世界前十的位置。

这种供给和需求的压力将持续存在，无论中国、美国、俄罗斯、澳大利亚、巴西等国的页岩油气是否能够大规模开采，石油消费格局十年内都不会有大的改变。石油富集国和消费较少的国家将仍在未来 20 年内充当石油出口的主力，这也预示着石油管道的建设仍有必要。

（二）天然气消费需求分析

天然气消费主要集中在经济发达的地区，如欧盟、日本、北美等，其次是经济发展速度较快的地区，尤其是亚太地区，如中国、东南亚、印度、土耳其、巴西等。

据国际能源署最新公布的有关全球天然气市场中期前景的预测年度报告显示，到 2019 年世界天然气需求量年均增长将为 2.2%，世界天然气消费量将为 3.98×10^8 立方米。今后世界天然气消费比例在住房和商业部门将明显降低，来自发电公司方面的天然气消费却在增长，这一趋势将首先在北美洲显现出来，而后再到欧洲。中国的天然气消费量将几乎增加一倍，同时将弥补欧洲及世界其他地区天然气消费增长的减缓。

国际能源署的这份报告指出，世界天然气的年供应量将增长 2.3%，增补的供应量由进入经合组织的北美洲、南美洲、亚洲和大洋洲国家保证。今后，天然气需求的推动力将来自发展中国家。到 2019 年，发展中国家在天然气市场所占份额将比 2007 年记录的水平提高 57%。有媒体指出，经济的低迷、来自煤炭和可再生能源方面的强烈竞争以及天然气的高价格，将促使所有部门的天然气利用增长缓慢，并导致发达国家对燃料的需求量下跌。

有媒体评述称，没有进入经合组织的国家（首先是中国）将保证天然气追加需求量的85%，到2019年其天然气消费量将年均增长11%。而欧洲和苏联加盟共和国在预测期内，天然气消费的增长将为零。

近几年来，在欧洲发展生态洁净能源和煤炭价格降低的背景下，天然气在发电中的利用量几乎少了400×10^8立方米。正如国际能源署指出的，欧洲的经验表明，对电力需求的减少比预期的更为强烈。一种类型能源的增长和天然气的高价格，可以很容易使天然气需求处于长时间不旺的威胁之下。

2013—2019年，汽车运输业的天然气利用量将增加一倍，达到930×10^8立方米，其中最明显的贡献来自美国和中国。由于石油消费量的缩减，天然气在汽车发动机燃料机结构中所占的份额将从2013年的1.8%增加到2019年的3.4%。

国际能源署的报告指出，液化天然气将会成为增补天然气需求的主力，即将投产的输气管道也将起到重要作用（各国国有公司作为天然气传统供应商的主要角色将改变由澳大利亚、加拿大和美国私营公司主导的液化天然气市场）。国际能源署预计，到2019年世界市场的液化天然气将会增加40%，达到4500×10^8立方米。2019年前，所有新的液化天然气出口中的一半将来自澳大利亚，同时北美洲在全球液化天然气市场的份额将会占到约8%。

国际能源署2014年公布的报告指出，2019年前，中国的能源、工业和运输部门将保证国家天然气消费量90%的增长，中国天然气的年消费量将会达到3150×10^8立方米。中国仍将是世界天然气主要进口国，但是天然气消费量增长的一半将由本国来源的天然气供应，其中大部分为非常规的天然气。报告指出，2019年前，中国天然气开采量与2013年的1170×10^8立方米相比将提高65%，达到1930×10^8立方米。同时预计，欧洲由于天然气需求疲软和可再生能源的发展，在近五年内，天然气消费量将不会回到2010年时的高峰水平。

从以上分析可知，中国、美国、欧盟、日本将是天然气需求大国，而除了美国有北美庞大的天然气供应并可能向外出口再次成为油气双料超级大国外，中国、日本和欧盟仍将大量进口天然气。中国地处亚洲大陆中心，天然气可以通过从俄罗斯、中亚输送得到，欧盟可以从中东、高加索、俄罗斯方面获取，相比之下，日本就只能通过海运这条途径了。

三、距离及运输成本

（一）距离因素

油气资源分布的不均衡、生产和消费能力的差异使得油气管道的建设成为某些重要油气消费国家的战略必需，世界油气资源消费三大板块——欧盟、北美、中国都有庞大的油气管线建设工程。

欧盟与波斯湾、高加索、中亚、北非之间的油气运输主要通过内陆和海岸之间的管道进行，而且需要穿过一些国家，铺设的管道往往长达几千公里，如由东欧通往欧盟的油气管道就总长几万公里，是人类社会最庞大的工程之一。这也是一笔巨大的基础设施投资，需要庞大的人力、物力和安全成本，然而这已经是成本最低的能源战略投资了。

中国与哈萨克斯坦、土库曼斯坦、俄罗斯之间的油气运输也主要采取管道运输的方式进行，尽管铺设管道成本巨大，而且动辄几千公里，中国还为此建设了西气东输工程，但正是这些管道的存在保证了中国所需要的油气能够源源不断地稳定供应，从而确保国家正常的经济、社会秩序和发展不受到剧烈的波动和威胁。

美国和加拿大之间的油气管道运输也具有连接油气生产和消费地的功能，管道运输的稳定性和可靠性使得距离不再成为两国经济、战略、能源相互依赖的障碍。庞大的油气管道网络将美加两国更紧密地联系在一起。

（二）运输成本比较

管道运输是输送液体和气体的主要方式，是一种专门由生产地向市场输送石油和化学产品的运输方式，是干线运输的特殊组成部分。管道运输石油产品比水道费用高，但仍然比铁路运输便宜。大部分管道都是被其所有者用来运输自有产品的。

传统上，油气资源的运输有三种方式：海运、铁路、管道。海运因为需要大量的船舶，且并不是连续性、无间隔的运输，故而效率不高，还要经受大量海上安全风险、事故的影响。铁路运输成本更为巨大，其成本和运输量都远不能与管道相比。因此，世界各国普遍采取管道运输方式进行油气输送。

以美国为例，其成品油管道约 15 万公里，成品油管道运输占比约 58.2%，海运占比约 29.8%，公路运输占比约 6.7%，铁路运输占比约 5.2%。管道运输已成为成品油最主要的运输方式。美国天然气管网已形成输配一体化系统，有 49 万公里干线管道，压气站 1400 座，LNG 站 108 座，可向美国 48 个州的几乎任何地区输送天然气或从其输出天然气。中国成品油管道约 2 万公里，管输比例只有 20%，已建成油气管道 8 万多公里，但与发达国家相比，管网的规模和覆盖程度仍有很大差距。

美国《油气杂志》发表的研究报告表明，到 2015 年世界各地将计划建造的原油、成品油和天然气管道达到 9.6×10^4 公里，其中 62% 是天然气管道。随着天然气输出量的不断扩大和输送距离的增加，管道建设均趋向大口径、高压力、自动化等高水平方向发展。新建管道管径以 1000 毫米以上为主，最大达到 1420 毫米；压力以 10—12Mpa 为主；钢级以 X70 和 X80 为主，X100 钢级及更高钢级和钢管已处于研发和试用阶段。自动化和通信技术已成为管道系统的必要组成部分，使管道系统的自动控制和管理水平进入新阶段。

美国与加拿大、墨西哥坐拥全球最集中的油气资源，尚且需要这么巨大的管道建设投资，中国作为油气资源缺乏的大国，能源需求巨大，而且增长极为迅速，是世界上油气消费需求增加最快的国家，管道建设更是刚性需求。

四、资本的追利

不可否认的是，国际资本在油气管道的勘探、设计、建造、路线、运费上都扮演着极为重要的角色。无论是第一次世界大战前英德围绕中东石油管道和路线的激烈博弈竞争，还是英德围绕海运的海权博弈，很大程度上都有两国甚至美、法、俄等国财团和金融资本的竞争身影。

宋鸿兵在《货币战争》中就提到，欧美资本在围绕石油管道的建设方案、出资比例、路线选择、运输能力上都具有极大的战略利益。这既是国家增加战略友好关系的途径，实际上也是国家战略关系恶化的领域。

建设方案的成功和出资比例的构成涉及哪家公司主导，哪个国家发挥巨大影响力，因而会获得相对于其他国家的战略优势。这在后续建设项目和关联产业上都有巨大的经济利益。况且，跨国金融财团的母国对油气管线的控制会增加该国的战略声誉和国际博弈的资本。当今世界，对石油管道控制力最强的国家非美国、俄罗斯、欧盟莫属。美国对北美、中东的深度控制影响着欧盟、日本、中国、印度等国的战略选择，俄罗斯对东欧、中亚油气管道的控制影响着欧盟、中国的政策走向，欧盟对中东、北非、东非、西非油气管道的控制影响着这些国家的内外政策走向。

五、国际政治的推动

路线选择和运输能力与各国的战略利益密切相关。中国、俄罗斯、蒙古国之间的铁路输运轨道中，蒙古国的选择和俄罗斯一致，这就是最直接的国家利益的体现。同样的道理，俄罗斯、中亚、中国之间的油气管道路线选择也同样和国家利益密切相关。2005 年闹得沸沸扬扬的俄罗斯、中国、日本之间的油气管道安大线和安纳线之争也是明证。

俄罗斯对中亚油气管道的控制和对欧盟油气资源供应的强大影响力也是典型的例证。控制管道不仅可以影响该国国际战略走向，维护己方利益，而且可以利用这一有利条件增进对己有利的国际格局安排。自2013年开始的乌克兰危机给俄欧关系前景蒙上了一层阴影，但这仍然丝毫不能撼动俄罗斯在欧洲的战略地位。这不仅是因为俄罗斯巨大的核武库可能给欧洲带来战略威慑和潜在破坏，也在于欧盟在能源领域相比俄罗斯处于弱势。在欧盟没有将能源进口通道多元化之前，这种关系还将维持相当长一段时间。

中国与俄罗斯的关系也与之类似，俄罗斯不仅向中国提供能源，而且在很大程度上影响着中亚国家对中国油气资源的输送。尽管中国在表面上的综合国力超过俄罗斯，但俄罗斯凭借其军事优势和能源优势仍然让中国在做外交决策时必须给予其适当的尊重。所以，现在中国通过巴基斯坦和缅甸来增加油气进口的多样性，其实也是在降低依赖的风险。

第二节　世界油气管道的发展历程

油气管道的发展从时空和主导性力量维度来看，具有显著的战略意义，这对于认识其发展是非常重要的。

一、按时间和地区划分

世界油气管道的发展历程可以大致分为二战前、战后冷战时期和冷战后时期三个阶段。在二战前阶段，世界油气管道的发展集中在油气富集的中东、美国、加拿大、俄罗斯（苏联）和西欧国家；在冷战时期，世界油气管道建设拓展到东欧、墨西哥、非洲南部和澳大利亚等国家和地区；而在冷战后时期，世界油气道建设的显著特征是转向了中国、印度等新兴经济体国家（如图1—2所示）。

（一）二战前

自1865年美国建成世界上第一条油气管道以来，管道运输就在全球

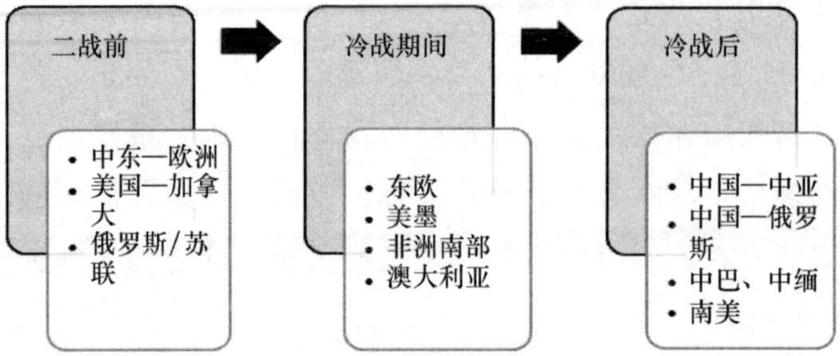

图 1—2　油气管道建设的时间和地区视角

广泛扩散。一战前，其主要集中在美加之间、中东的油田和沿海港口之间、俄罗斯帝国内部（即西伯利亚和中亚）与其欧洲部分。而在煤炭仍然占据能源消耗的主导力量的时代，油气管道无论是在数量还是里程上都显得既少又脆弱。

当时全球对油气的消费较少，只有能源技术比较先进的地区，尤其是英国、法国、美国等才大量使用。而内陆强国（如德国和俄罗斯）以及新崛起的大国（如日本和意大利）则主要还是使用煤炭，因而油气管道需求并不十分巨大，其建造仍很滞后。许多国家甚至根本没有意识到石油的巨大效率和战略作用，而且没有技术去具体开发石油的潜能。

在一战与二战之间的时期内，石油消费仍然是略显奢侈的。无论是电力供应还是军队的动力来源，煤炭都占据绝对的主导地位。中东通往英、法、意的石油管道基本上发展缓慢，美国和加拿大之间的输油管道大体可以满足基本需求，俄罗斯技术的落后和官僚的低效都限制了油气管道的巨大发展。

相比之下，世界其他地区，无论是东亚、东南亚、南亚还是非洲、拉美等，都还没有油气管道建设的需求和必要。因此，在这个时期，油气管道主要是发达国家的专属物。

（二）冷战期间

冷战期间，世界油气管道在两极体系的巨大压力下获得了强有力的发展。美国在北美的庞大管道网络初具雏形，苏联在西伯利亚、中亚、东欧的油气管道更加庞大，美苏对中东的争夺使这一地区的管道建设走向和路线之争一直处于世界油气战略的中心。欧盟处于两大强权之间，也通过各种方式构建有利于自身战略自主性的油气管道网络，并取得了不菲的成绩。

首先，美国需要巩固在北美的战略地位，为了满足经济蓬勃发展对油气的巨大需求，其通过注资、设计、干涉等方法对加拿大和墨西哥的油气管道的走向和路线实行了很大程度上的控制。作为世界头号石油消费大国和石油进口大国，美国在很长时间内都依赖北美的油气管道。同时，美国还从委内瑞拉、波斯湾、北非、尼日利亚等地区进口石油，这都要求其加大对油气管道建设的投资和控制，因而其扩散速度和范围都很大。

其次，苏联为加强华约组织的凝聚力，通过西伯利亚和中亚的庞大油气资源建设了连接整个华约组织的油气管道，不仅从利益输送的角度满足了这些国家的正常发展需求，而且从威慑的角度提醒了这些国家要尊重苏联的战略利益。此举对乌克兰、白俄罗斯、波罗的海三国、波兰的影响非常巨大，并一直持续到冷战结束。苏联对西伯利亚油气管道的建设客观上也促进了这些地区的发展，而且对中国、日本、韩国构成了很大的能源诱惑。对中亚地区的油气管道建设在冷战后更成为俄罗斯确保后苏联空间战略安全和经济利益的考量。

第三，欧盟在冷战期间得益于美国的帮助和其自身一体化的努力，也在中东地区投资、兴建了很多油气管道，波斯湾、北非、西非、东非等地都出现了英、法、德、荷、意等国的身影。其不仅要增加能源来源的可靠性和稳定性，更要增加相对于美国和苏联的独立自主性。

（三）冷战后

这一阶段油气管道发展最快的地区主要是中国。中国快速的经济发展导致了对油气能源的巨大需求，而国内的生产远远不能满足不断膨胀的工业发展需要。无论是西气东输，还是连接中亚和俄罗斯西伯利亚的油气管道建设，都是这一巨大工程的一部分。而2010年后，中国又通过

“一带一路”建设，将巴基斯坦和缅甸等国的油气管道建设纳入能源供应体系中。可以预见，中国在中东、拉美、加勒比、东非等地区的油气管道建设都将迎来很大的发展。

中国与拉美的委内瑞拉、巴西、哥伦比亚都有巨额石油协议，与北美的加拿大甚至美国在不久的将来也会达成油气合作，这都需要铺设庞大的油气管道。中国与非洲的安哥拉、阿尔及利亚、苏丹、南苏丹等国的油气合作不仅需要原有的管道支持，也需要兴建新的可以施加影响的路线方案。与俄罗斯之间的长达 30 年、额度高达 3000 亿美元的西伯利亚南缘油气管道将是未来中国缓解能源安全危机的重要组成部分。中国与中亚乌兹别克斯坦、土库曼斯坦、伊朗之间的新的石油合作协议也都在进行中。

此外，印度也在积极争取世界油气富集地区的管道设计、建设和路线方案，无论其将来发展潜力如何，都将为世界带来新的变数。

二、按主导力量划分

按主导性力量划分，则先是英国、法国、荷兰，然后是美国、苏联、欧佩克，最后是日本、澳大利亚、中国、印度。大致演变路径与各国的油气资源需求和国家实力战略地位的演化有关（如图 1—3 所示）。

图 1—3　油气管道主导权转移示意图

主导国首先需要有庞大的国内需求，或者在资本运作下对利益的追求。英、法、荷是最先发生工业革命的地区，伴随着国内经济的高速发展和工业能源对油气的需求，三国在中东、东南亚、加勒比、西非等地区先后发现了巨大的油气矿藏，并从一开始就对源头施加了很强的控制。无论是一战还是二战都没有动摇三国对油气管道的控制，它们在世界主要油气产地占据极大的股本和市场份额。后来者，像美国、德国、日本、中国、印度、澳大利亚，直到今天仍然需要给予其特别的尊重。

二战后，伴随着世界两极体系的建立，美苏相应地主导了各自势力范围的油气管道建设。美国在北美地区与加拿大、墨西哥的合作范围和深度是很显著的，而且没有其他国家制衡。苏联在西伯利亚、中亚、东欧的油气管道建设中发挥了极大的主导作用。冷战结束后，美俄继续在临近地区保持极大的影响力。

冷战后，美国凭借唯一的超级大国地位继续在中东的油气管道上发挥巨大的战略优势，直接对欧盟、日本、中国等国的油气运输施加影响，迫使后者对美国的战略利益让步。苏联解体后，俄罗斯实力衰落明显，美国通过对中亚、高加索地区的能源源头的影响，进而建设绕过俄罗斯的油气管道路线，欲获得更多的控制权。

现阶段，伴随着美国、欧盟国力的稳定，以及俄罗斯、日本的持续衰落，世界石油管道建设的主导权正慢慢转移到中国。“一带一路”建设将对中亚、中东、非洲的能源出口和管道路线走向产生巨大的影响，亚投行和金砖国家银行的潜力也不容忽视。中国政府也会借助世界能源价格的下跌加快油气管道建设朝有利于己的方向转变。相信凭借工程建设方面的能力和经验、雄厚的国力、未来超级大国的预期，中国必能在这一方面有所作为。

另一个不可忽视的国家是印度。印度庞大的人口、快速发展的经济、不断扩大的石油缺口、能源的匮乏等，都使得在油气富集地区兴建管道以纳入控制或影响成为趋势。印度地处印度洋北岸，离世界能源中心中东距离很近，尽管有巴基斯坦的陆上阻隔，但这并不能阻挡印度建设从中亚和伊朗延伸过来的油气管道项目。而且印度有英语语言优势、世界对其标榜的“最大民主国家”的光环、制衡中国的潜在力量，这为其参与世界能源博弈提供了巨大的有利条件。

第三节　世界油气管道的地缘政治经济分析

油气管道牵涉到各大战略力量的核心利益，成为各方势力争夺的焦点，各方围绕其的战略博弈，都将直接影响到世界政治经济格局的走向。

一、世界油气管道政治争端

（一）俄罗斯与美国关于东欧油气管线争端

无论是2008年的俄罗斯—波兰事件还是近年的乌克兰危机，其背后都有美俄关于东欧油气管线的博弈。作为欧盟和东欧国家的最大能源供应方，俄罗斯占到油气供应的三成。一旦因地缘政治危机切断能源供应，欧洲经济、社会、工业发展都将面临巨大的困境。美国与俄罗斯关于能源管道的博弈是深层次、不可调和的，每一次美国对俄罗斯的围堵和战略挤压都换来俄罗斯的强硬回应，并给欧洲国家带来严重灾难。

然而诡异的是，获利的也总是美国与俄罗斯。美国通过强硬的宣誓和媒体报道重申了自己作为西方自由世界领袖和保护者的地位，使得自己对于欧盟及东欧各国来说不可或缺，对自己更加依赖。俄罗斯也通过各种手段表现了自己相对于美国和欧洲的战略优势，既提醒了美国俄罗斯的战略边界，又警示了欧盟要对俄罗斯的战略利益给予充分的尊重。

（二）俄罗斯与日本、中国围绕安大线和安纳线之争

2005年中国和日本为了获得俄罗斯远东油气管道路线的有利地位，各自提出了安大线和安纳线，路线的区别在于端口在中国的大庆或者是俄罗斯太平洋港口城市纳霍德卡。若能到达大庆，那么不仅中国的石油供应能获得充足的补充，而且对俄罗斯石油出口也会获得一定的谈判筹码。若能到达纳霍德卡，那么日本、韩国的能源供应将获得很大的满足。

面对中日的博弈，俄罗斯最后作出了对其最有利的选择，仍然建设在其国内的选线，另外再建立支线到达大庆。最终的结果对日本较为有利，但中国却投入了巨大的资源和成本。俄罗斯选择控制油气管道，而且对中国的戒心和不信任仍然很强。

（三）俄罗斯与欧洲两条管线之争

俄罗斯与欧洲争论的管线主要有两条：第一条是中亚—高加索/土耳其—欧洲；第二条是俄罗斯—波罗的海—欧洲。第一条是欧洲绕过俄罗斯直接获得中亚和波斯湾的能源供应，第二条则是俄罗斯绕过东欧既有油气管道直接向欧洲供应能源。两者的主角都想通过积极的战略行动获得能源供应的自主性和影响力，而且两条管线都已经建成，但仍然不能减少俄罗斯—东欧—欧盟这条老管道的输送能力。

美国的态度至关重要，其对前一条大力支持，而且配合外交攻略。然而对后一条，美国表示出很大的异议，俄罗斯的战略灵活性也就预示着美国对俄罗斯战略筹码的减少。而且俄罗斯此举实际上也是将与东欧国家的关系置于一种更加紧张的地步，况且俄罗斯经济本身就不是很发达，这也增加了俄罗斯的经济和战略负担。

（四）俄罗斯与中国围绕中亚能源的管道之争

苏联解体后，俄罗斯通过组建独联体，继续对中亚五国施加巨大的影响，其中就有对中亚国家庞大油气管道的控制和影响。苏联时期，俄罗斯联邦与哈萨克斯坦、土库曼斯坦、乌兹别克斯坦的油气管道就是相连的，而且油气出口方向都是通过俄罗斯。然而冷战后，中国兴建了西气东输项目，不仅将新疆的油气输送到华东地区，而且将哈萨克斯坦、土库曼斯坦、乌兹别克斯坦的油气输送到国内。

中国通过上海合作组织对中亚的影响有超过俄罗斯的势头，这让俄罗斯十分惊慌。近代历史上，俄罗斯/苏联一直是中亚的主导力量，其既不想丢掉在中亚的战略优势，也不想中国过多地获取中亚的能源。俄罗斯提出欧亚联盟，联合哈萨克斯坦，其实也是在给中国警示。

（五）中国在缅甸和巴基斯坦的油气管道建设

这是近年来中国大力投资的项目。缅甸油气管道已经开通并投入运营，其战略构想是将从中东和非洲运回的石油和缅甸国内开采的天然气通过缅甸陆上通道运输到中国大西南地区，这样可以免去马六甲海峡的安全风险和海上运输的成本，节约时间，同时将这一战略资产置于缅甸的看护之下，实际上也是给予了缅甸相对中国的战略筹码，也更有利于建设相对均衡的战略关系。但近年来缅甸改革开放释放的民主获利以及美日等西方国家的外交攻势对中缅关系造成了一定的困扰。

巴基斯坦能源通道目前还处于论证和前期勘察、施工阶段，其构想是通过巴基斯坦将波斯湾的石油运到新疆，然后通过西气东输管道送到全国。考虑到中巴全面战略伙伴关系的事实和历史上稳固的战略关系，这一政策应该有很大的可靠性。但巴基斯坦国内治理的低下、经济落后的现实、恐怖主义活动高发等，也对管道的安全提出了严峻的挑战。

二、大国视角

强国始终寻求对油气管道的控制，不管其是否与自己国内的油气消费直接相关。无论是国际体系内的既定强国还是正在崛起的国家，都将全力争取对己有利的油气管道控制。这本身无关国际道德，不含任何道德色彩，而是对国家利益的追求。世界历史上，尤其是近代以来，各国对能源供应的控制始终没有放松过。

（一）战略作用

对强国来说，对与国家能源安全相关的油气管线，若能控制至关重要的油气管道，则可增强能源安全系数，在遇到冲突时更能增加战略选择的灵活度；对与自身能源安全不太相关的油气管线，施加控制则可以有效增加对其他国家和战略对手的博弈资源，进而在国际战略竞争中博取更大的优势。

大国都寻求自身能源安全，不仅建立了庞大的油气运输船队和民营商船队，确保运输的可靠，而且纷纷效仿美国建立巨大的石油战略储备，以保证战时能源供应的充足。在这方面做得最好的是美国，其不仅有世界最庞大的油气资源储备，而且对加拿大和墨西哥的能源都有影响和控制，可以说坐拥世界超级能源储备。然而美国的全球战略义务、日益庞大的能源消耗、军队巨大的消耗开支、满足盟友的能源供应、平抑经济危机对油气等资源价格的波动等使得其仍然建立了全球最大的石油储备。

中国能源需求巨大，进口量已经超过美国位居世界第一，对外依存度高达60%。然而中国战略石油储备采购战时30天的消耗远远不及美国，甚至比不上日本。无论是油气储备还是能源管道，中国都面临极大的安全不确定性。中国离油气资源较远，而且作为后来者对运输、源头资源、价格等的掌控影响都较弱，因此还有许多功课要做。

（二）各国战略及政策

美国对北美的能源管线在资金、设计、管理、路线上都具有极大的战略影响力，从源头和过程上可以确保自身的能源安全。不仅如此，美国五大油气巨头还对中东、中亚、南美、澳大利亚、非洲地区的油气管道有很大的影响力；而且配合美国的海军战略和特殊部队，能给其他国家以极大的威慑；必要时候甚至能迫使其他国家在对外政策上作出有利于美国的改变。

俄罗斯对中亚和东欧能源管道的控制由来已久，且有地缘政治的便利。苏联时期东欧的能源供应就依赖莫斯科，冷战结束后这种依赖有增无减，而且并未找到有效的能源替代。因而在历次与东欧国家的利益矛盾以及与美国的战略博弈时，俄罗斯都能以切断能源供应相威胁。中亚国家油气管线的出口方向以俄罗斯为主，俄罗斯对哈萨克斯坦、土库曼斯坦、乌兹别克斯坦发展与中国的能源合作保持警惕，不仅因为中国动了其后院的能源“奶酪”，还在于其担心中国侵蚀在其中亚的战略影响，更深层次的因素则是担心中国重新夺回中亚的主导权，后者在历史上曾长期存在。

欧盟诸国经济发达，能源需求巨大，对俄罗斯、中亚、波斯湾、北非、西非、北美等地的油气管道安全非常关注。但欧盟已经基本放弃了通过军事等强硬手段保护的方法，更多地是通过规则制定、资金奖赏、制度惩罚、文明舆论等软的方式予以影响和保护。然而英法从来没有放弃欧洲海军的建设，其同时都维持了一定的远洋海军能力。

中国和印度是未来世界的超级大国，不仅两国有这样的抱负，而且世界各国对其都有极高的战略期望。面对国内庞大的人口和快速发展的经济形势、世界油气主导力量分布的现实，中印都感到必须主导对自己至关重要的能源管线的重要性和必要性。中国和印度都提出了各自的丝绸之路计划和能源多元化战略，这都是现实的挑战。

三、对世界地缘政治经济的影响

（一）实力格局

毋庸置疑，油气管道的路线走向、主导结构、发展趋势直接影响世界战略格局。作为世界货币的稳定之锚，油气资源的多寡和控制结构与全球和地区范围的主导力量的影响强弱息息相关。掌握油气资源和管道的国家所获得的战略、金融、经济优势是非常明显的，当今能称得上世界大国的国家无一不是如此。

美、俄、欧、中等国的世界大国地位在很大程度上与其掌握和影响的油气资源和管道有关。随着中国的能源需求不断增大以及在世界主要产油区进行大规模投资和管道建设，中国能源安全系数不断提高，世界大国地位也将越发稳固。而这种实力格局的变迁也不会是顺利的，大国既不愿他国分享自己的能源利益，也不愿他国做大做强以限制本国行动自由。

未来十年，中国将崛起为仅次于美国的超级大国，对世界能源格局的冲击将会越来越大，面临的阻碍和困难也将会越来越多。能源格局的改变不仅需要强大的经济和金融实力，更需要国家军事力量、政治力量、外交能力的支持，其中国家政治治理和外交能力尤为关键。可喜的是，中国已经开始积极且有所作为的进程，相信未来还会有更大的动作。

（二）经济与金融秩序

油气是当今世界主导货币美元的锚货币，美元的强弱与油气价格、黄金价格有很大的关联。美元疲软，油气价格和黄金价格提升，美国可以转嫁经济和金融危机，转移通胀；美元走强，油气和黄金价格下降，美国又可以收回美元支持国内经济复苏。

当下中国正积极推动人民币国际化进程，2015 年 10 月，人民币已实现境外兑汇业务，这无疑是重要一步。通过上合组织和东盟两大经济缓冲地带，中国正在构建有利于自己的国际货币结算体系。届时再从侧翼突进到油气管道运输—定价—交易的核心，方能确保油气战略安全。

第二章
世界油气管道的地缘分布

自1865年美国建成世界上第一条输油管道至今，管道运输业已有100多年的历史。管道运输主要用于能源输送，除常见的用于石油、天然气、液化石油气、化工原料等的输送外，还可用于煤浆、煤层气、矿石等的运输。在全球已建成的230多万公里的管道中，输气管道占近60%，原油管道和成品油管道各占15%多，化工和其他管道不足10%。目前，世界管道总长度已超过世界铁路总里程，成为能源运输的主要方式，世界上100%的天然气、85%以上的原油运输都是通过管道输送实现的。在发达国家，成品油的远距离运输主要靠管道，并且与中东产油区之间的油品运输已全部实现了管道化。

第一节　世界油气管道的分布概况

世界油气管道主要分布在亚洲、欧洲与北美洲，非洲和拉丁美洲由于基础设施建设落后而缺乏大规模油气管道的铺设。下面即从亚洲、欧洲、北美洲三个方面来阐述当前世界油气管道的分布情况。

一、亚洲油气管道分布概况

亚洲的油气管道主要集中在中东地区和环中国地区，在地域上具有明显的特征。中东是油气的主要出口地区，需要大规模的油气管道来满足数额巨大的油气贸易。中国则是由于国家发展迅速，对能源形成巨大的需求，需要油气管道作为能源通道来保障国家的稳定发展。

中东是世界上最大的产油区和石油出口区，同时也是油气管道密布的地区。沙特在1987年建成了东起波斯湾沿岸的阿卜凯克、向西横越阿拉伯半岛后到达红海岸边的延布港、全长1200公里、管径1219毫米的大口径长输原油管道，该管道的输油量仅在1988年即达到1.1亿吨，2014年仍保持在9000多万吨，是世界上运量最大的石油管道。伊朗的阿瓦士—阿加贾里—加拉维管道尽管全长仅248公里，但其第一期工程年输量就达到7500万吨。中东地区比较重要的管道还有从伊拉克北方油田基尔库克到土耳其地中海港口城市杰伊汉的跨国石油管道。伊拉克战争前，该管道每天的输油能力高达90万桶，2003年伊拉克战争爆发后，该管道被迫关闭。2003年8月该管道短暂重启时，曾导致国际油价每桶暴跌1美元左右。

中国的能源进口主要有四大通道，基本形成了“三陆一海”的能源进口格局，分别为东北能源进口通道、西北能源进口通道、西南能源进口通道和海上能源进口通道。

中国东北能源进口通道由中俄原油管道和中俄天然气管道两部分组成。中俄原油管道2010年9月竣工，于2011年1月正式投入运行。该管道是“俄罗斯东西伯利亚—太平洋”石油管道的中国支线，起自俄罗斯斯科沃罗季诺分输站，经俄边境加林达计量站，从中国漠河入境，止于黑龙江大庆站，全长1000公里，自2011年起担负着每年向中国提供1500万吨原油的任务。中俄原油管道的建成与运行打开了中国东北部进口能源的通道，使中国在东北亚的能源角逐中占有一席之地，对未来东北部的经济发展具有深远的意义。中俄天然气管道目前还在筹划中，相信不远的将来也可以打开天然气大门。

中国西北能源进口通道由中哈原油管道和中国—中亚天然气管道组成，主要得益于哈萨克斯坦、土库曼斯坦和乌兹别克斯坦等中亚国家丰富的石油、天然气资源。中哈原油管道于2005年竣工，2006年5月正式对华输油，该管道从哈萨克斯坦里海沿岸的阿特劳出发，经过哈国的肯基亚克和阿塔苏，由中国新疆的独子山入境。它是中国首条陆上跨国运输石油管线，全长2800公里，最大输油能力达2000万吨，成为连接里海油田到中国新疆的重要能源大通道。中国—中亚天然气管道从土库曼斯坦出发，经乌兹别克斯坦和哈萨克斯坦，最终从中国新疆霍尔果斯入境，是中国第一条引进境外天然气的能源通道，全长1800多公里。该管道自2010年起实现双线通气，每年向中国输送约300亿立方米的天然气。中亚天然气管道和中国同期建设的西气东输二线相通，总长度超过1万公里，成为迄今世界上距离最长、等级最高的天然气管道，且天然气最终到达中国的珠三角、长三角地区，不仅带动了东南沿海地区的发展，同时带动了沿线地区经济的发展。中哈原油管道和中国—中亚天然气管道的建成与运行，标志着中亚及里海地区丰富的石油天然气资源开始运往中国，与此同时，这也成为中国油气进口的主要来源。

中国西南能源进口通道主要是中缅油气管道。中缅油气管道包括中缅原油管道和中缅天然气管道，起于缅甸的马德岛，经若开邦、马圭省、曼德勒省，从中国云南瑞丽入境，最终到达云南昆明，每年向中国输送2000万吨原油。中缅天然气管道也起自缅甸西海岸，途经保山、大理、楚雄、昆明、曲靖、贵州，最终到达广西南宁，天然气管道的设计能力为每年120亿立方米。该管线可以将中东和非洲的石油、缅甸近海的天然气运往昆明，比经过马六甲海峡航线缩短1200公里，不仅降低了成本，还可以破解“马六甲困局”，从而改善西南油品不足的局面，推动中国经济的发展。①

① 张敏、刘养洁：“中国能源进口通道的合理性分析”，《经济研究导刊》2015年第12期。

二、欧洲油气管道分布概况

在欧洲主要发达国家，油气运输已实现管网化。自北海油田发现后，欧洲陆续新建了一批大口径（管径在1000毫米以上）的高压力管道，管道长度已超过1万公里，目前仍是世界上油气管道建设的热点地区之一。

苏联的管道建设在20世纪发展特别快。20世纪50年代，苏联共有管道7700公里，此后以每年6000—7000公里的速度递增。20世纪下半叶，苏联在极短的时期内建成了输送天然气、原油和成品油的干线管道系统，总长度达21.5万公里，堪称20世纪世界上规模最大的管道工程。其中6条超大型输气管道系统总长合计近2万公里，管径1220—1420毫米，是当时世界上规模最大、最复杂的输气管道网络。

目前，独联体各国管道的总长度为20多万公里，其中输油管道8万多公里。20世纪60—70年代，苏联与东欧国家之间建设了友谊输油管道。该管道分一、二期工程，一期工程建成于1964年，全长5500公里，管径1020毫米；二期工程建成于1972年，全长4410多公里，管径1220毫米。友谊输油管道一、二期工程合计近1万公里，设计年总输油能力近1亿吨，是当时世界上最长的输油管道。苏联解体后，由于受多种因素影响，该管线目前的运力和运量都不大。

俄罗斯现有的石油管网总长5万多公里，由于国土辽阔，横贯俄罗斯大陆的每条输油管道的干线长度均在3500—4000公里。但由于许多输油管道都已老化或超期服役，目前俄罗斯输油管道系统的运行效率偏低，为了适应本国大规模出口原油的需要，这些管道大都需要进行大修和综合改造。

三、北美洲油气管道分布概况

美国是世界上最大的石油消费国和主要的生产国之一，石油消费的一半以上依赖进口。由于本国石油资源高度集中在墨西哥湾沿岸和阿拉斯加的北冰洋沿岸地区，为了向非产油区供应油气，美国修建了长达 29 万多公里的输油管道和 30 多万公里的输气管道，其各类管道总长度位居世界第一，也是世界上管道技术最为先进的国家。还在第二次世界大战期间的 1943 年，美国就修建了两条当时世界上最长的管道：一条是从得克萨斯州到宾夕法尼亚州的原油管道，全长 2158 公里，管径 600 毫米；另一条是从得克萨斯州到新泽西州的成品油管道，全长 2745 公里，管径 500 毫米。二战后，美国的管道运输业继续高速发展，目前其管道运输量已占到全国货运总量的 20% 以上，是世界上管道工业最发达的国家之一。

北美省际输油管道是北美地区最长的原油管道，它北起加拿大的埃德蒙顿，南到美国的布法罗，贯穿了加拿大和美国，全长 2856 公里，沿线分布着众多泵站，日输量达 3000 多万升。

1977 年，美国建成了纵贯阿拉斯加州的输油管道，这是一条在高纬度严寒地区修建的大口径管道，伸入北极圈，在当时备受世界瞩目。阿拉斯加管道北起北冰洋沿岸的普拉德霍湾（这里的石油占美国石油可开采量的 1/3），南至太平洋沿岸的瓦尔迪兹港，穿越了 3 条山脉、300 多条大小河流和近 650 公里的冻土带，全长 1287 公里，管径 1220 毫米，年输量在 4000 万吨以上，全线采用计算机控制，是当时美国最大的现代化输油管道，也是世界上最先进的管道之一。成品油管道方面，美国是世界上成品油管道起步最早和最发达的国家，在世界已建成的干线成品油管道总长中占 50% 以上。1964 年，美国建成投产了科洛尼尔成品油管道系统，该管道后来历经多次改建和扩建，至 1995 年时总长已达 8555 公里，是当时世界上最长的成品油管道。

除油气管道外，美国还拥有较大的输送煤浆的管道。1970 年建成的里梅萨煤浆管道南起亚利桑那州卡因塔露天煤矿，北至内华达州莫哈夫电厂，全长 439 公里，管径为 457 毫米和 305 毫米，年输煤量为 450 万吨，直到 2013 年依然是世界上输煤量最大的管道。

加拿大的油气管道业也十分发达。加拿大拥有总长超过 3.5 万公里的输油管道，密集的管网把落基山东麓的产油区与消费区（中央诸省和太平洋沿岸）联结起来，并与美国的管道网相连。加拿大还拥有横贯全国的泛加输气管道，总长8500公里，管径500—1000毫米，年输气量达300亿立方米，直到2009年依然是世界上最长的输气管道。①

第二节　世界油气管道的地缘特征

地缘政治自出现以来不仅一直是世界大国争论的焦点，而且是国际权力格局中的主要博弈所在。在经济发展迅速的今天，能源成为各国稳定发展的保障，自然成为争夺的中心，而油气管道的地缘政治特征自然也成为大国博弈的筹码。

一、亚洲油气管道的地缘特征

亚洲油气管道主要集中于东西两端，中东的阿拉伯地区为主要油气出产地，远东地区则是亟需能源保障的新兴经济发展体，油气管道的铺设都有明显的地缘特征。

阿拉伯国家油气资源丰富，其原油产量约占全球的35%，石油出口量占全球的50%以上，是世界石油的主要供应源地。在地中海东部水域，2013年天然气勘探成果显著，可采储量大幅增加，受益国涉及埃及、以色列、黎巴嫩、叙利亚、塞浦路斯和欧盟等。据2013年11月埃及天然气控股公司资料显示，英国石油公司（BP）在杜姆亚（Dumyat）以北75公里的海上尼罗河三角洲深水处发现巨型天然气田，预计储量可达1.2万亿立方米。此外，在黎凡特盆地（Levant Basin）也发现了巨大的天然气田，开发前景极为乐观。但是，阿拉伯地区缺乏政治、社会稳定的坚实基础。自20世纪70年代以来，阿拉伯一直面临人口、就业、宗教、种族等问题。自2010年年末以来，埃及、利比亚等国发生了政权

① 王疆戈："世界油气管道现状"，《中国石化》2004年第7期。

更迭，“阿拉伯之春”不断蔓延，其对国际能源安全和石油市场具有直接影响，是2013年国际石油供应和市场动荡因素之一，也是危及中国能源安全的因素之一。

2013年埃及持续动荡，年末穆斯林兄弟会遭禁，政治派别和解长路漫漫，全国通过、履行新宪法等程序尚待时日。埃及局势对于地中海东部海上天然气勘探开发将产生不利影响。叙利亚武装冲突持续升级，虽在俄罗斯调停下交出化学武器，使得西方顿失武装打击把柄，但动荡的局势仍将长期持续，不利于叙利亚海上石油勘探开发。巴以真正和解仍长路漫漫，以色列似无暇顾及其近海的石油开发。利比亚2011年3—9月爆发战争，石油生产能力下降，至今仍影响着2013年欧洲轻质原油的供应。由于利比亚局势动荡，中国来自利比亚的原油进口量由2010年的737万吨锐减至2011年的259万吨，降幅达到64.9%。即使掣肘于中利双边关系深层次的问题以及利比亚内部派系间的斗争，2013年利比亚对中国的石油出口仍有所恢复增长。

伊拉克是重要的油气资源国，未来石油产能可大幅度提高，但其石油出口至今仍受内在、外在区域性复杂因素的影响。在其内，什叶派和逊尼派的宗教矛盾问题、伊拉克库尔德人和阿拉伯人之间的种族矛盾问题等短期内虽可缓和，长期却难以平静。在其外，影响因素则更为复杂，包括伊朗问题、叙利亚问题以及以色列问题等。2013年，伊拉克爆炸持续不断，严重影响了石油的生产和出口。

美国是阿拉伯地区的主要影响力量。近年来，随着页岩气（油）开发在美国获得突破，美国已有能力大幅降低对中东石油的依赖，进而在一定程度上放任了中东的不稳定性。美国虽仍是阿拉伯地区局势的主导者，但政治热情似有所下降。2013年，美国国务卿克里虽多次访问中东，但仅旨在安抚盟友因美国战略重点转移而产生的不安。

中国石油供应多年来依赖中东。2012年，中国从中东地区进口原油1.44亿吨，占中国原油进口总额的53%；从整个阿拉伯地区进口的总量占中国总进口量的70%。虽然中国积极推进石油进口来源多元化，但从现实来看，短期内难有其他地区可以取代中东。因此，维护自阿拉伯地区石油进口安全就成为中国能源安全的着力点之一。伊朗在地缘政治层面是宗教大国；在经济层面实力列中东前茅；在资源层面位于扎格罗斯前陆盆地、波斯湾盆地等富油气藏带上，是世界主要油气资源国、生产和出口国，也是中东人口大国、文化古国。伊朗距中国西北地区较近，探明的原油储量为 216 亿吨，2012 年年产量 1.75 亿吨，出口 0.85 亿吨。涉及伊朗的地缘政治及军事举动将在一定程度上影响国际石油安全。

伊朗问题包括其核计划、石油出口、宗教问题等。其中，伊朗核计划背景复杂，既是伊朗大国情结的体现，也是其与西方政治较量的反映。在外部，朝核问题、印巴核争端的结果均使伊核计划受到鼓舞。在中东，伊核问题直接威胁到以色列的安全以及美国军事基地的安全。对以色列而言，一旦伊朗等国拥有核武器，中东的战略平衡将不利于以色列。因此，以色列对与其邻近的伊斯兰国家拥有核武器零容忍，对叙利亚、伊拉克的核设施曾发动“外科手术”式的打击。对于伊朗核计划，以色列也做好了包括空袭在内的多种应对准备。在政治层面，伊朗以其影响力支持叙利亚的巴沙尔政权、黎巴嫩的真主党、巴勒斯坦的哈马斯，支持沙特、巴林、伊拉克等国的伊斯兰什叶派。因此，西方对伊朗核计划态度强硬，双方矛盾难以轻易化解。2013 年年末，伊朗核问题接近于和解，主要是由于伊朗新领导人对西方持有开放、宽松的态度，奥巴马总统等应答及时、乐观，但未来仍充满变数。近年来，伊朗因核问题遭国际制裁。2012 年年末以来，中国持续减少从伊朗进口石油。2013 年中国从伊朗进口石油约 2800 万吨，2014 年中国自伊朗进口原油同比增长 28.3%，而两国原油贸易进一步增长将取决于伊核问题解决的前景。显然，当前大国之间、大国与伊朗之间的政治对话与合作是中东和平的可靠保证，是中国在伊朗石油利益的保障之一，也是中国西北地区稳定的外部条件之一。

二、美洲油气管道的地缘特征

美国本土非常规油气产量自 2008 年以来取得爆发式增长，带动了美国综合能源自给率不断提高，美国有望在15—20年内实现“能源独立”。这一变化将深刻影响全球地缘政治格局，美国的超级大国地位将得以巩固。美洲崛起为世界新的能源供应中心，同时亚洲成为新的能源消费中心，全球能源贸易流向发生逆转。美国将摆脱中东石油负担，强化与欧亚盟友的关系，战略重心更加东移，其全球战略有可能进行有限度的收缩。世界部分资源型国家将面临政局不稳定的压力，包括中国在内的新兴经济体挑战与机遇并存。美国“能源独立”给中国发展带来的机遇大于挑战，客观上有利于中国提高在国际事务中的影响力。

“能源独立”是维持美国超级大国地位的重要因素，陆上非常规油气“革命”促成了美国“能源独立”。

虽然自尼克松总统以来，美国历届政府都孜孜不倦地追求降低美国能源对外依存度，实现能源生产自给自足，达成“能源独立”，然而美国本土油气生产一直乏力，能源消费水平居高不下。2005年，美国能源对外依存度已经高达近60%。到2008年非常规油气生产出现“革命”之前，美国的石油进口量已经达到创纪录的1131万桶。

就在人们普遍认为美国“能源独立”已经遥不可及之时，美国本土油气水平压裂开采技术取得重大突破，带来了以页岩油气为代表的陆上非常规油气产量“革命式”的增长。利用这一技术，原先被视为不可能被开发的页岩层油气资源得以大量开采。美国本土油气产量自2008年开始迅猛增长。2008—2011年，美国国内天然气产量年均增长率达4.49%，仅以2011年计，天然气产量便同比增长7.81%。天然气产量的44%来源于非常规天然气。2011年美国超过俄罗斯成为世界第一大天然气生产国。从2009年起，美国扭转了石油产量下滑的势头，2012年原油产量达到650万桶/天，同比增幅13.8%，增幅创美国石油工业产生153年以来最高，产量创15年来新高。同年，美国越过石油净进口量和进口依存度双双上升的拐点，开始出现下行趋势。国际能源署（IEA）预计，到2020年美国将变为天然气的净出口国，将超过沙特阿拉伯成为世界第一大产油国，石油供应几乎可以自给自足。到2035年，美国将成为石油净出口国。美国能源信息署（EIA）预测，美国能源整体对外依存度将从 2012 年的 16% 下降到 2040 年的 4%。这意味着从产量上看，美国将在 15—20 年间实现能源供应的自给自足。

仅在产量上实现自给自足尚不能称为真正意义上的“能源独立”，能源价格也要既能够使消费者支付得起，也能够使生产商得到相应的生产激励。从长期能源价格走势来看，美国天然气价格（亨利港气价）将维持在 4—6 美元/百万英热单位区间，这一价格符合页岩气的生产边际成本，基本反映美国天然气供需情况。西得克萨斯轻质原油（WTI）价格稳定在 80—100 美元/桶区间内，80 美元/桶的下限基本可以覆盖页岩油较高的开发成本，而上限在 100 美元/桶则不会超出经济及社会的承受能力。因此，从价格上看美国“能源独立”完全是可以实现的。

首先，量大价低的油气产品助推美国工业快速发展。美国油气供需情况的 WTI 价格将长期低于反映世界其他地区油气供需情况的布伦特（Brent）价格，美国天然气价格大幅低于以日本价格为指标的亚太地区天然气价格和欧洲天然气价格水平。低廉的油气价格带动美国石化原料、化肥、农药和燃料成本大幅下降，客观上促进了美国第一产业和第二产业重振，同时也增强了美国作为制造业投资目的地的吸引力。例如，德国巴斯夫正在路易斯安那州兴建一座世界级规模的甲酸工厂，南非石油化工巨头 Sasol 也计划于 2017 年在该州投资 210 亿美元建成两家工厂。

其次，本土油气产量提高有助于降低贸易赤字。由于进口量减少和原油价格下降，截至 2013 年 12 月美国的贸易赤字已经降至 4 年来最低。美国与沙特阿拉伯和其他欧佩克国家（OPEC）的商品贸易逆差已下降到 641 亿美元。得益于制造业的振兴，美国商品和服务出口到 2013 年 11 月份已攀升至 1949 亿美元，创历史新高。

最后，石油石化工业重振将提高就业，增加政府收入。据能源咨询机构 IHSCera 估算，美国非常规油气产业在 2012 年为联邦、州和地方税收带来了总计 630 亿美元的收入，为美国国内生产总值（GDP）贡献近 2380 亿美元。预计到 2020 年，这两个数字将分别上升到 1130 亿美元和

4160 亿美元，非常规油气产业将支持近 300 万人的就业。[①]

三、欧洲油气管道的地缘特征

欧洲的油气管道主要以俄罗斯的油气管道为主，俄罗斯作为主要的油气生产大国，通过规模庞大的油气管道以实现与欧洲国家的油气贸易。目前俄罗斯在建和即将建设的油气管道有以下几条：

一是东西伯利亚—太平洋管道系统。根据能源战略和政府决议，正在建设东西伯利亚—太平洋管道系统（简称东部管道，一期工程于 2009 年完成，二期在建），将西西伯利亚和东西伯利亚的石油运往太平洋沿岸的石油终端。该管道全长 4670 公里（一期工程长 2764 公里），管径为 1067 毫米、1220 毫米，一期工程的年输油能力为 3000 万吨，全部完工后的年输油能力为 8000 万吨。2006 年 4 月 28 日东部管道系统一期工程开工建设，线路为泰舍特—乌斯季库特—基廉斯克—连斯克（萨哈共和国）—奥廖克明斯克—阿尔丹—腾达（阿穆尔州）—斯科沃罗季诺。由于专业技术干部和铺管工人的不足、技术经济论证鉴定的拖延以及一些协议还未完成等多方面原因，该工程进度滞后，远东输油管道的投产时间延至 2009 年。

二是哈利亚加—因迪加输油管道。依然处于筹备中的北极圈以北涅涅茨自治区的哈利亚加—因迪加输油管（简称北方项目），将季曼—伯朝拉生产的石油输送到因迪加的石油终端。管道设计能力为 1200 万吨，长 467 公里。完成东部管道和北方（哈利亚加—因迪加）项目可以使石油管道的运输能力增长 40%。这样，运输能力的盈余估计将为 3400—6000 万吨，不仅可使出口方向多元化，而且可以提高运输效率，从根本上增加俄罗斯石油运输公司向国外出口油气的能力。

三是布尔加斯—亚利山德鲁布利斯输油管道。为了绕过博斯普鲁斯海峡和达达尼尔海峡，进一步提高油气输送的经济效益，铺设从保加利

① “非常规油气开发的影响和启示”，中国石油新闻网，http：//dqsh. cnpc. com. cn/News/zzxw/sybk/syzs/ktkf/201312/20131218_ C394. shtml。

亚港口城市布尔加斯到希腊港口城市亚利山德鲁布利斯的输油管。管道长287公里，设计能力为3500万吨，将来或增至5000万吨。在亚利山德鲁布利斯港可以停泊30万吨级油轮。工程于2008—2011年进行。管道管理者是参加该项目的国际公司，俄罗斯方面参股51%，保加利亚和希腊各参股24.5%。管道可将俄罗斯石油运往欧洲、美洲和亚太市场，同时能输送里海地区其他国家的石油（如里海管道财团的哈萨克斯坦田吉兹油田的原油以及阿克纠宾油田的原油），通过一条管道即可实现环里海油气资源的“整合输出”，的确是一条经济有效的输油线路。

四是里海管道财团掌握的田吉兹—新罗西斯克输油管。里海管道财团由俄罗斯、哈萨克斯坦和阿曼联合组建并合资经营，俄罗斯政府参股24%，哈萨克斯坦参股19%，阿曼参股7%，其余由西方8家私营公司参股。管道财团掌握总长1580公里的田吉兹—新罗西斯克输油管，连接哈萨克斯坦西部油田与俄罗斯黑海沿岸。2007年里海管道财团输油3260万吨，2013年春季管道财团全部年输油能力达到6700万吨，其中哈萨克斯坦原油5000万吨，俄罗斯原油1700万吨。

此外，俄罗斯与欧洲国家的油气管道也在高速发展和完善当中。2011年11月8日，首个跨海直连俄罗斯与西欧大陆的天然气管道项目“北溪”（Nord Stream）正式启用。时任俄罗斯总统梅德韦杰夫表示，“北溪”开通标志着“欧盟和俄罗斯的新型伙伴关系进入全新的阶段”，“对德国乃至欧洲的能源供应安全具有特殊意义”。“北溪”天然气管道项目总投资高达110亿美元，来自俄、德、荷、法四国的企业直接参与了北溪项目建设，其中俄气持股51%，德国意昂集团和温特沙尔石油公司各持15%的股份，荷兰天然气公司和法国燃气苏伊士集团各持9%的股份。在“北溪”开通之前，俄罗斯已经与德国、意大利、希腊、匈牙利、塞尔维亚、保加利亚等国签订了供气协议或管线通过协议。2013年9月，俄罗斯与欧盟达成新协议，通过欧帕尔天然气管道向德国出口天然气，它与“北溪”天然气管道系统相连。

2011年，俄罗斯完成与土耳其的谈判，土耳其同意“南溪”管道穿越土耳其在黑海的专属经济区。2012年12月“南溪”项目正式开工，设计年输气能力为630亿立方米，耗资约160亿欧元，计划在2018年实现满负荷供气。

2009年7月，由欧盟倡导，奥地利、保加利亚、罗马尼亚、匈牙利和土耳其的能源公司出资建设的从中东向欧洲输气的管道“纳布科线”（又称土耳其—奥地利输气管线）在土耳其首都安卡拉签署建设协议。纳布科线经过土耳其、保加利亚、罗马尼亚、匈牙利，到达奥地利，计划2017年建成供气。欧洲投资银行和欧洲复兴开发银行将提供金融支持。这条管道的供气来源预计为伊拉克、埃及、土库曼斯坦和阿塞拜疆，或许还包括伊朗，其气源和线路完全绕开了俄罗斯。但是，这条线路却遭到众多置疑，例如从土库曼斯坦和阿塞拜疆向西的线路会穿越安全形势欠佳的南高加索地区，伊拉克和埃及的政局不稳，以土库曼斯坦为气源地等于支持了该国的专制统治等等。

此外，欧盟还讨论过从高加索地区穿越土耳其东部，跨越黑海，经过乌克兰的克里米亚半岛等地进入波兰的输气线路。

目前，俄罗斯主导的“南溪”项目建设势头远远超过“纳布科线”，欧盟对此并不高兴。2013年12月，欧盟委员会认为俄罗斯与奥地利、保加利亚等七国签订的“南溪”管道协议违反了欧盟法律，要求这些欧盟成员国重新审视与俄达成的协议，否则将面临欧盟的处罚。俄总理梅德韦杰夫则表示，俄与相关国家签署的是基于国际法的政府间协议，其效力高于欧盟内部法律。欧盟希望俄罗斯之外的“第三方”能加入到向“南溪”管道供气的行列，如高加索的阿塞拜疆和中亚的土库曼斯坦等国，引入竞争有利于欧盟降低对俄罗斯的能源依赖。

第三节　世界油气管道的地缘影响

当今世界消费的常规能源主要有煤炭、石油、天然气和水电，其中石油生产量、国际贸易量和消费量所占比重最大，在国际政治经济中的地位最重要，因此研究能源地缘政治时主要关注石油地缘政治，便可了解和认识世界能源地缘政治版图，构建中国能源地缘政治战略。

一、亚洲油气管道的地缘影响

研究油气管道对于地缘政治的影响，更多地是从国内、国际两个视野去分别观察，尤其是突出国内、国际之间的交互作用。

（一）中国国内价改促国际定价权

2009 年以来，随着进口 LNG 和管道气开始供应国内市场，原有以国产气成本加成方法进行定价的机制已经不能适应新形势的需要，迫切需要尽快完善天然气定价机制。中国天然气市场定价体系的改革应包括以下内容：一是以物理学原理与经济学原理为基础，建立以能量（热值）为计量单位，同能（等热值）同价为基本原则，国产气、进口气、其他替代能源之间竞争关系为纽带的市场定价机制；二是根据市场竞争原则以净回值法确定上游国产气的产品价格，根据市场监管原则以成本加成法确定中游长距离高压管输和下游城市配气的服务价格，并建立上下游价格联动机制，确保上游国产气或进口气的价值得以经下游配气企业向最终用户顺畅转移；三是鉴于向各类燃气用户（工业、城市民用、商业等）以及以城市居民为主的用户在峰谷不同时段供气的成本不同，燃气定价应科学反映调峰设施等投资的经济成本；四是在以上定价机制基本设计完善的基础上，可引入民用燃气的阶梯气价设计，根据消费强度，针对不同阶段的用量进行价格调整，引导节能。

完善的天然气定价机制不但可以实现市场的静态配置效率，使市场价格具有市场经济含义，更具有通过中国因素反馈国际市场实现谋求中国定价权的动态战略意义。2014 年 7 月，第六轮中美战略与经济对话在北京召开，其间签署的《战略石油储备合作谅解备忘录》表明，中国战略石油储备数据或将公开，这将通过积极向国际市场反馈中国信息对国际油价产生影响。这是中国谋求国际油气市场定价权的必要一步。同样，随着中国天然气定价机制的改革与完善，中国的天然气价格将包含中国天然气市场乃至中国各类能源市场方方面面的丰富信息。

未来，中国将更大规模地进口天然气进行消费，这意味着中国国内市场不仅仅是一个开放性质的市场，而且具有相当的体量。以有体量的开放市场为前提，中国因素通过具有市场经济含义的国内市场价格信号引导市场操作向国际市场反馈才具有影响国际市场的意义，才意味着中国不再是世界市场的价格接受者（Price taker），中国也才有可能获取全球市场的定价权。目前种种迹象暗示，中国在国际油气市场的被动地位已经悄然发生改变，中国影响力将逐渐加强，长期内或成国际市场主导因素，中国定价权可以理性期待。

（二）中国的崛起所形成的能源冲击

中国的崛起是21世纪全球的一个重大历史事件，必然改变世界地缘政治格局。虽然中国现阶段面临的主要任务依然是发展经济、改善民生，需要一个相对和平的国际环境特别是周边环境，不愿与大国争霸，避免与周边国家发生矛盾，但是中国的崛起还是引起许多国家的关注。优先利用全球资源进入后工业化社会的西方发达国家对中国的崛起不适应、不习惯、不接受；美国认为中国崛起将挑战其世界霸主和霸权地位；日本不愿看到中国超越自己；印度对中国的强大存有嫉妒之心。

20世纪末，唯一能同美国抗衡的苏联解体，作为当今世界唯一超级大国的美国“重返亚洲”，将全球战略重心转向亚洲，锁定中国。首先，美国在中国的周边宣示其在亚洲太平洋的利益和主导地位，鼓吹“中国威胁论”，蛊惑亚洲国家对中国崛起产生忧虑；大搞价值观外交，孤立中国；拉拢日本、韩国、澳大利亚和菲律宾等国拼凑军事联盟；在日本、韩国、澳大利亚、新加坡等国建立军事基地；利用中国与越南、菲律宾等东南亚部分国家存在南海及南海诸岛的主权争议，挑拨离间，制造矛盾和冲突，妄图将区域性及历史遗留问题国际化，借此将中国拖进无休止的纷争中，试图打乱中国发展的步伐，遏制中国崛起。其次，美国及其盟国在中国获取石油的产地、海陆通道上给中国进口石油设置障碍。

为了遏制中国，美国正在构建第一岛链、第二岛链和第三岛链，封锁中国的意图十分明显。其妄图把中国面向太平洋的通道封死，牢牢地束缚亚洲大陆的边缘。因此，冲出第一岛链、确保南海主权和马六甲海峡的航行权是中国能源地缘政治面临的严峻挑战。

二、美洲油气管道的地缘影响

美洲地区将凭借页岩油气、油砂、超深水油气等非常规油气资源崛起为新的能源供应中心。石油方面，加拿大凭借丰富的油砂资源占据石油储量全球第三的位置；委内瑞拉凭借重油与超重油资源，将取代沙特成为全球探明石油储量最大的国家；得益于深海盐下层石油勘探开发，巴西石油探明储量已经增加到美国的一半，明显多于欧佩克成员国墨西哥；加拿大与巴西的石油产量都在快速增加。天然气方面，北美储量已与中东不相上下。2020 年前，北美地区将成为世界液化天然气（LNG）主要供应地区。美国由于在把储量转化为产量方面行动迅速、效果显著，已经成为能源供应的主力。北美的石油和天然气预计将在 2020 年实现翻番，达到每日 2660 万桶。在未来全球能源版图上，以美国等美洲国家为代表的西半球非常规能源供应轴线将和东半球以沙特等中东国家为代表的传统常规能源供应轴线并驾齐驱。

美国超级大国地位的强化与全球能源格局的大变动将促使美国外交战略进行一系列的调整，以适应新的形势。

（一）美国的中东政策将减轻“石油负担”

在美国爆发非常规油气“革命”之前，从中东的石油进口量占其石油总进口量的比重就已经从 1977 年最高点时的 28% 下降到 15% 左右。换而言之，美国在中东不仅看重稳定石油进口所带来的现实经济利益，更加看重通过掌控该地区局势维护世界经济平稳发展所带来的长远经济利益，通过控制这一地缘政治“边缘地区”达成“两洋战略”，通过维持其在中东的军事存在和传统盟友关系防止极端恐怖主义势力蔓延并推行美式民主。从近几年中东局势发展来看，石油实质上已经成为伊朗等“对手”与美国周旋的武器，成为沙特等“盟友”向美国开价的筹码，其对美国在该地区的行动来说更像是“负担”而不是“动力”。

一旦实现“能源独立”，美国一方面拥有了摆脱中东石油“羁绊”的资本，另一方面也拥有了替代中东成为全球能源供应基地的实力，这在很大程度上削弱了中东国家对美的制衡能力。美国在中东地区的多重利益使其不会轻易“放弃”中东，但卸掉“石油包袱”的美国有可能在一些复杂问题上抽身让步，减少实力消耗。对于试图拿石油限产来制约美国的某些中东国家，美国只需要作出“我不再需要你”、“我可以取代你”的暗示就可形成威慑，而不需要真正提高其石油产能。对于伊朗等所谓“不听话”的国家，美国可以加强对其制裁而无需顾虑世界石油市场发生震荡，因为美国拥有可以稳定市场的投放能力。一言以蔽之，减轻“石油包袱”的美国拥有了在中东“可进可退”的能力与空间，其将在处理中东问题上更加超然、灵活、主动。

（二）美国的外交战略重心将进一步向亚太地区移动

经济方面的考量是美国“重返亚太”战略的首要动因。美国前国务卿希拉里·克林顿曾表示：“利用亚洲的增长和活力是美国经济与战略利益的核心，也是奥巴马总统确定的一项首要任务。亚洲开放的市场为美国进行投资、贸易及获取尖端技术提供了前所未有的机遇。我国国内的经济复苏将取决于美国公司的出口，以及它们开发亚洲的巨大且仍在增长的消费市场的能力。”“能源独立”将助推美国“重返亚太”的进程。亚太地区未来将是全球最大的能源消费地区，需要进口大量能源。美国能源界将会积极推动与亚太地区的能源合作，向亚洲出口能源技术及产品，抢占亚太市场，促使美国经济外交的重心更多地放在亚太地区。

其次，美国需要与亚太地区国家合作，以稳定全球能源市场。稳定的市场状态来自于稳定的供需关系。美国作为供应方，无论其自身供应量多么充足，没有需求方的合作，仅凭一己之力是无法发挥稳定市场的作用的。因此，美国将积极关注在需求方发挥决定作用的亚太地区国家，希望通过两个地区的协作达成某种“默契”，把全球能源价格稳定在美国所希望的水平上，避免能源市场出现大的波动，以能源市场的稳定来保障全球经济的稳定，进而确保美国主导的全球治理结构的稳定。

（三）美国与欧亚盟国的能源合作有深化的趋势

美国的传统盟友（如欧盟国家和日本、韩国、印度）都存在本国油气资源匮乏、能源对外依存度比较高的问题。在过去几年，欧盟与日、韩、印等国都积极仿效美国开发非常规油气，然而受制于本国的地质和技术应用条件，其开发项目并未取得理想效果，油气供应仍长期依赖进口。

对美国的欧亚盟友而言，美国是比中东、非洲更加理想的能源供应国。美国本土环境安全，能源供应低廉稳定，又是传统盟友，风险要相对低得多。欧盟及日、韩、印一直积极谋求开展与美国的能源贸易，分散油气进口来源渠道，提高自身能源安全。美国也乐见通过能源合作深化与传统盟友的关系，加深其对自己的依存度。2013 年美国商务部批准了两份向英国、两份向意大利出口海外生产原油的申请，这是多年来的首次。

（四）美国可能减少全球公共安全产品供给

“霸权稳定论”的创始人、美国学者金德尔伯格把公共产品的概念从经济学引入国际政治研究。他认为，在国际政治领域，公共产品主要有三大类：一是建立在最惠国待遇、非歧视原则和无条件互惠原则基础上的自由开放贸易制度；二是稳定的国际货币；三是国际安全的提供。在冷战结束后，美国一直承担着提供全球公共产品的主要责任，以维护其主导的国际机制的有效性与权威性。然而近年来由于受到全球金融危机重创，国内财政预算吃紧以及阿富汗和伊拉克形势持续动荡的拖累，美国开始进行全球战略收缩，减少介入海外事务的力度。

在全球化的今天，美国已经深度融入世界体系，所以“能源独立”后其不会一步跨入“孤立主义”的道路，而是可能通过减轻部分全球公共安全产品供给负担以减少实力消耗。例如，当今世界的主要海上通道都由美国军队守卫。当美国“能源独立”后，这些海上通道对于保障美国能源安全的重要性将有所降低，美国有可能将部分守卫责任转移给更需要这些通道的盟友承担。美国还有可能降低介入高加索、中东、波斯湾和阿富汗地区矛盾的力度，转而要求与上述地区有更深利益关联的盟友国家承担更多的调停维和义务。伴随着美国对全球公共安全产品投入力度降低，美国对海外美军基地的投入也将相应减少。

美国“能源独立”给世界能源格局带来了深刻的变革。美洲崛起为新的能源供应中心，而亚洲崛起为新的消费中心。贯穿整个20世纪的“以中东为供应中心，以美欧为消费中心”的能源格局将被彻底打破。“能源独立”增强了美国的综合实力，增加了美国在国际事务中的话语权与灵活性，巩固了美国的超级大国地位，“一超多强”的世界政治大格局将得以延续。美国将基于世界能源新格局对其外交战略进行调整，更加灵活地处理中东地区事务，进一步深化与欧亚传统盟友的能源合作，更加重视亚太地区在其外交战略中的地位，并获得减少全球公共安全产品供给的机会。受美国“能源独立”影响，俄罗斯和中亚国家的外部能源市场空间将受到挤压，维持国内政局稳定的压力增大；新兴经济体一方面可凭低价的原材料发展经济，另一方面也将不得不展开激烈的资源竞争。虽然美国扼制中国的战略主基调没有变，但其“能源独立”客观上将给中国发展带来更多的机遇。中国将通过与美国的能源合作提高能源供给安全性，通过填补美国留下的地缘政治“空白”以及参与全球能源治理机制提高国际话语权，打造有利于自身发展的世界能源与政治新机制。

三、欧洲油气管道的地缘影响

早在第二次世界大战刚结束的20世纪40年代中期，苏联就开始向波兰出口天然气，后来修建了向捷克斯洛伐克供气的管线，廉价的能源供应成为苏联笼络和控制东欧卫星国的重要手段。苏联从1968年开始向西欧出口天然气，这成为其赚取硬通货和分化欧美关系的工具。苏联时期修筑的燃气出口管线主要穿越当时是苏联加盟共和国的乌克兰、白俄罗斯和苏联主导下的华约成员国波兰、捷克斯洛伐克等。

东欧剧变、苏联解体后，俄罗斯天然气产量仍居世界首位，目前俄罗斯为世界最大的管道天然气出口国。但俄罗斯与波兰、波罗的海三国（爱沙尼亚、拉脱维亚、立陶宛）和乌克兰由于历史积怨和现实的领土、领海争端等原因关系不佳，因此俄罗斯提出了绕过这些国家向西欧输气的“北溪”（Nord Stream）和“南溪”（South Stream）两大管线计划。其中“北溪”从莫斯科西北方的旧管线出发，经过圣彼得堡，跨过波罗的海直抵德国。“南溪”从俄罗斯的高加索港口出发，穿越黑海，在保加利亚登陆，然后分为南北两路，北路经过塞尔维亚、匈牙利和斯洛文尼亚，向奥地利供气；南路经过希腊，跨越亚得里亚海，向意大利供气。这两大管线建成后，将承担俄罗斯天然气向西欧运输的主要任务。乌克兰等国向俄罗斯征收的天然气过境费可能大大减少，在对俄关系中讨价还价的能力也随之下降。

当前，欧盟的处境颇为尴尬而艰难，乌克兰危机使其对能源供应的焦虑达到顶点。尽管欧盟的政治、经济学家们一再夸口宣称，欧盟没有过分依赖俄罗斯的天然气，但“愿望很美好，现实很残酷”。据国际能源署的统计，欧洲的天然气需求量居世界首位，每年约为4500亿立方米，其中34%进口自俄罗斯。同时，俄罗斯90%的石油出口到欧洲，80%的原油出口到欧洲。一旦制裁俄罗斯，欧盟28个成员国的能源安全将受到前所未有的巨大威胁。加上从俄进口的天然气中40%要经过乌克兰，乌克兰的能源需求更加依赖俄罗斯，因此欧盟在对俄制裁上左右为难、犹豫不决。

尽管欧盟可以从瑞典、英国、荷兰甚至是地处北非的阿尔及利亚、叙利亚获得天然气，但它们的出口量无法满足欧盟今天的巨大需求。相关的市场调查结果表明，如果俄罗斯给欧盟“断气”，一些欧盟成员国的天然气供应仅能够维持数天，甚至连实力最强大的德国，其正常的工业生产也会受冲击。可以说，能源问题才是这场制裁博弈背后的真实核心和本质。

除了俄罗斯的天然气，美国的页岩气是欧盟外部能源市场中唯一的选项。由于页岩气革命，美国已成为全球天然气生产的主要大国之一，但其一直对天然气出口谨慎保守，希望用于缓解国内需求。中国军事专家宋晓军表示，美国石油巨头们一直希望欧盟在能源上“脱俄入美”，但美国政府则担心这样会抬高国内的页岩气价格，一直没有批准。而且，欧盟若改用美国的天然气，据业内人士预测，价格可能会比从俄罗斯进口高60%。奥巴马对此洞若观火，如果俄罗斯给欧盟“断气”，美国可以趁火打劫，从中渔利。奥巴马的态度很明确，即便是亲兄弟，美国也会明算账。对于刚刚从欧债危机中缓过劲儿，但元气尚未恢复的欧盟来说，各成员国无法承受美国的高价气。对奥巴马的模棱两可，欧盟也了然于心。欧盟已将“蓝色能源”大战略提速，向大海索取风能、潮汐能等可再生能源，其在此领域一直保持世界技术强势。与可能造成高污染的页岩气相比，“蓝色能源”低碳环保，是人类未来能源需求的最优选项，欧盟也希望借新能源革命摆脱油气管道地缘政治可能造成的影响。

第三章
缅甸油气资源的概述

缅甸位于亚洲中南半岛西北部，与中国、泰国、印度、孟加拉国和老挝五国互为陆上邻国。西南濒临印度洋，海岸线总长2655公里。国土面积约67.67万平方公里，是东南亚第二大国，生态环境良好，自然灾害较少。缅甸是东盟、WTO成员国，在东南亚国家具有一定的地位，而特殊的地理位置也使其具有重要的战略意义。缅甸是陆地上联结东南亚与南亚、中东的重要通道，也是通往印度洋的重要通道，其是孟加拉湾地区非常重要的国家，对印度洋地区的发展和安全将表现出日益关键的战略地位作用。缅甸具有丰富的石油和天然气资源，几乎所有大型油田均位于西部若开山脉与东部掸邦高原之间的地区内。该区是缅甸著名的第三纪盆地，几乎完全由第三纪岩石构成，主要为砂岩、页岩和粘土。缅甸的现代石油工业始建于1886年。1905—1942年期间，由于西部紧邻印度，运费低廉，缅甸曾是印度石油产品（主要是煤油）的主要供应国。

此外，缅甸的石油天然气、矿产、农林、渔业、旅游等资源十分丰富。缅甸是东南亚国家中仅次于印尼的第二大天然气出口国，据亚洲开发银行2014年能源评估报告显示，缅甸共有104个油气开采区块，约有1.6亿桶石油和5700万亿立方米天然气，目前日均产量约0.57亿立方米，其中分别向泰国和中国销售0.37亿立方米和0.13亿立方米。缅甸矿产资源主要有铜、铅、锌、银、金、铁、镍、红蓝宝石、玉石等，宝石和玉石在世界上享有盛誉。但另一方面，缅甸科技落后，对其资源的开发带来了负面影响。因缅甸地质勘查能力较落后，因此对整个矿藏的储量及分布情况还不完全清晰。对外政策上，缅甸开始采取一些积极的政策，允许外国公司在其国内进行开采。1994 年缅甸颁布《矿业法》，允许外国对宝石、金属、工业矿产原料、石料进行勘查、勘测和生产。

由于经济发展落后以及政治等其他方面的原因，缅甸的矿产资源还没有得到有效的开发。近些年来由于国际矿业形势的转暖和缅甸政府的优惠政策，矿业形势开始升温，特别是油气资源的勘查和开发受到国际矿业投资商的关注。由于过去在沿海大陆架上做的工作不多，所以其是缅甸油气发展最有潜力的地区。近些年来，缅甸加强了在大陆架上寻找油气的工作，并发现了一些油气田。

第一节　缅甸油气资源的储量及开发前景

一、缅甸油气资源储量及现状

缅甸位于孟加拉湾东海岸，国土面积 67.67 万平方千米，海岸线长达 2655 千米，有百余年的油气开发历史。缅甸国土面积虽小，但蕴藏着丰富的自然资源，主要包括石油、天然气、宝石、钨、锡、锑、铅、锌、铜、锰、金、银等，其中石油天然气的储量最为丰富。据 2005 年统计显示，缅甸已探明石油储量达到 32 亿桶，天然气储量达 2.46 万亿立方米。据缅甸能源部 2013 年的统计，缅甸共有 49 个陆上石油区块和 26 个近海石油区块，之前由于经济发展落后以及政治等其他方面的原因，缅甸的自然资源还没有得到有效的开发。近年来随着国际经济形势的发展及缅甸政府的优惠政策，自然资源开始得到有效利用，特别是油气资源的勘探和开发受到国际油气投资商的关注。根据 2013 年 6 月公布的缅甸新能源结构数据，缅甸已经探明的天然气储量约为 2294 亿立方米，估计煤储量为 4.9 亿吨。根据缅甸官方在 2014 年 1 月第二届海洋油气峰会上公布的数据，其石油探明储量为 1.6 亿桶，天然气探明储量约为6371亿立方米，从目前的勘探情况来看，未探明储量潜力巨大。[①]自1988年以来缅甸共发现10个油气田，其中在缅甸陆地发现7个油气田，在缅甸近海发现3个天然气田。到2010年缅甸全国有36个油田，其中内陆地区31个，海洋地区5个。巨大的油气蕴藏量成为缅甸对外经济的重要资源及手段，也使得这个小国有了明朗的发展前景。石油与天然气是缅甸除地理位置外的又一大资源优势。

缅甸的油气资源潜力可与英国的北海油田开发之前相媲美，或者说其油气资源潜力的价值相当于巴西的外汇储备。[②] 目前，缅甸石油和天然气行业面临着投资快速增长的机遇，2013—2014有16个陆上区块和20个海上区块处于开发期。2014年10月发布公告称，近期，缅甸将拍卖9个近海石油和天然气区块的勘探，2015年的投资增加。奥菲尔能源公司宣布已经签署了产品分成合同，与缅甸外交部最终确定AD—03块近海油田。俄斐95%的开发兴趣位于若开邦盆地的块，与丹瑞气田生产约1万平方公里的规模。缅甸油气领域正处于开发活跃期但油气产量不均衡油少气多。西方发达国家企业曾长期是缅甸油气开发的先锋和主力。油气一直是缅甸的支柱产业和外汇收入主要来源，也是缅甸为数不多外资敢于冒着政治风险参与的领域。虽然油气资源丰富，但是缅甸在石油的开采加工和生产技术方面都十分落后。缅甸国内所需的石油几乎全部依赖进口。2009年度，缅甸全国仅有三家炼油厂，三个天然气液化厂和一家沥青厂。[③] 缅甸具有丰富的石油和天然气资源，具有广阔的发展前景。

一直以来，经济相对落后、技术能力低、基础设施差、对外开放程度低、受到西方制裁、国内政策法规不稳定和不透明等因素阻碍了缅甸油气行业的发展，缅甸油气上游勘探开发程度极低，近2/3的油气区块

① 迟愚等：“缅甸油气勘探开发潜力及对外合作前景”，《国际石油经济》2014年第11期，第21页。

② “Join local and international industry experts at the Myanmar Oil & Gas”, Myanmar-Oil Gas, http://www.myanmar-oilgas.com/home.aspx.

③ 吴崇伯：“缅甸石油天然气产业发展与外资对缅甸油气资源的开发”，《创新》2013年第1期，第61页。

仍未勘探，因此有着不可估量的勘探前景。相对陆地来说，缅甸海上油气资源勘探程度更低，油气前景更好。缅甸技术能力差，更适合在海上开采作业，并且海上石油及天然气油质资源并不比陆上差，更具有开采价值。缅甸政府近年来也放开石油开采政策，允许国外具有先进技术的企业在海上作业，并将石油和天然气进行出售。

从2012年起，英国及日本等企业拟投资缅甸近海石油区块并已开始初期勘察。据悉，日本石油公司已经开始对缅甸近海的深海区块及浅海区块进行勘察。同时，英国天然气公司、英国石油公司、壳牌公司、国家石油公司及韩国BKB公司等也有意投资缅近海石油。估计美国公司也会对缅近海石油感兴趣。2012年年初，美国及欧洲一些国家的企业先后与缅方磋商，有意在缅甸的能源勘探领域进行投资，2月共有四家美、欧公司进行了业务接洽。由于西方国家尚未解除对缅甸的制裁，上述磋商只是“吹风”性质。另据缅甸地质科学协会一位负责人表示，一旦解除经济制裁，欧美国家势必涌入石油开采等能源领域。① 英国壳牌石油公司计划恢复在缅油气开发投资。壳牌公司于1989年10月—1993年3月间在缅甸勃固山脉地区进行内陆石油勘探，后因效果不佳而撤出缅甸。而壳牌石油正准备与泰国PTTEP石油公司合作，参与PTTEP公司在缅甸的近海深水石油区块M11（面积7278平方公里，位于伊洛瓦底江三角洲南面的莫达马海湾）的勘探开发。

总之，缅甸的油气资源储藏量十分丰富，加之特殊的地理位置，未来缅甸的油气发展前景广阔。

二、缅甸油气资源的开发前景

根据2013年6月公布的缅甸新能源结构数据，缅甸已经探明的天然气储量约为2294亿立方米，估计煤储量为4.9亿吨。目前开发的天然气有四个项目，分别为法国道达尔公司开采的2013年正在耶德那天然气项

---

① “美欧国家启动投资缅甸能源领域磋商”，中国驻缅甸大使馆经济商务参赞处，2012年3月6日，http：//mm. mofcom. gov. cn/article/ztdy/201203/20120308000243. shtml。

目、马来西亚 Patronus 公司开采的耶德贡天然气项目、韩国大宇公司开采的若开近海天然气项目及泰国 PTTEP 公司开采的莫达马近海天然气项目。截至 2013 年 11 月，正在开采的石油区块共 77 个，另准备新开采 66 个陆地及近海油田。①

由于过去在沿海大陆架上做的工作不多，所以其是缅甸油气发展最有潜力的地区。近些年来，缅甸加强了在大陆架上的油气勘探工作，并发现了一些油气田。缅甸加快了油气领域对外合作的步伐，油气产量迅速增加，并且陆续开放大量陆地和海上区块，开展国际招标，吸引了大量国际能源公司的关注。目前，包括壳牌（Shell）、道达尔（Total）、康菲（Conoco Phillips）、雪佛龙（Chevron）和埃尼（ENI）等在内的国际大石油公司已中标多个陆地和海上区块，未来这些公司将陆续加大对缅甸上游油气业务的投资，进一步证实缅甸潜在的油气资源情况，缅甸油气将进入发展的快车道。② 近年来缅甸的油气勘查有多次新的发现，这也是油气投资迅速增长的重要原因之一。新增的油气投资（包括协议投资）主要来自韩国、印度、日本、俄罗斯、澳大利亚、泰国、新加坡和中国的产业资本。其中，中国企业是一支非常重要的力量，同时也取得了突破性的进展，到 2006 年 5 月，共有 8 个项目获得批准，协议金额为 1.238 亿美元。

目前缅甸政府正在逐步推进政治经济改革，这将为油气工业的进一步发展创造良好的环境，吸引更多的资金，而这些资金的一大部分将进入各个天然气开发项目。缅甸的天然气工业及其开发项目由缅甸石油天然气公司（MOGE）主导，该公司的职责是对油气资源进行勘探开发，建设输送管道，与国际油气公司签订产量分成合同，并对合同的执行情况进行监督。这些开发项目的天然气产出有 70% 左右出口至国外市场，较早投产的亚得那、耶德贡和项目以及即将投产的扎提卡项目产出基本

---

① “缅甸探明天然气储量 8.1 万亿立方英尺”，中国驻缅甸大使馆经济商务参赞处，2013 年 11 月 5 日，http：//mm. mofcom. gov. cn/article/ztdy/201311/20131100378674. shtml。

② 迟愚等：“缅甸油气勘探开发潜力及对外合作前景”，《国际石油经济》2014 年第 11 期，第 21 页。

供应泰国，最新投产的瑞项目的天然气则主要输向中国。[①]

近些年来缅甸经济增长很快，2001—2002 年至 2005—2006 年度间，GDP 年度平均增长 12.8%，经济总量增加 1.83 倍。这也是政府实施经济体制改革，鼓励发展私人企业，积极引进外资等政策的结果。快速增长的经济加上有利的资源条件和政府的优惠政策，使得缅甸矿业投资也呈上升趋势，特别是油气资源的勘查和开发吸引了大量的国际矿业资本。据缅甸国家投资委员会的一位官员介绍，截至 2007 年 2 月，外国对缅甸石油与天然气的投资协议金额已达 30.32 亿美元，占外资总额的 21%，比 2001 年 6 月统计的 23.55 亿美元增长了 28.7%，平均每年增加 1 亿多美元。

为了加快经济建设，缅甸政府希望通过油气资源的开发带动其他行业的发展。因此在国际油气公司竞争进口缅甸天然气时，缅甸政府不仅考察公司的实力，更关注与母国的经贸关系。就中国而言，与东盟签订的多项投资贸易协议为中国企业在竞争中取胜提供了有利条件。中国与缅甸是近邻，中国石油公司于 2001 开始与缅甸进行油气上游项目的合作，虽然目前没有很好的商业发现，但在未来的一段时间可能会有突破。随着中缅油气管道的竣工投产，缅甸油气行业的发展对中国的能源战略版图具有重要的意义，两国油气领域的合作将会更加深入。[②] 虽然缅甸油气业已渐有起色，但是港口设施不全、输气终端不健全、运输业不发达、电力供应不足等问题都是影响缅甸油气业大幅发展的羁绊。

随着西方制裁的减轻、国内政治经济改革的深入和对外合作步伐的加快，未来几年缅甸将迎来油气行业发展的一波高潮，缅甸的石油和天然气产业将成为该国吸引外资的最大行业，缅甸有望成为全球油气供应的新的增长点。[③] 据缅甸投资与公司管理局统计，2013—2014 财年，共有 16 个国家对缅投资，协议投资总额约 41 亿美元；2014—2015 财年，

---

① 李妙华、朴光姬：“缅甸的天然气工业及其开发项目”，《中外能源》2014 年第 5 期，第 18 页。

② 迟愚等：“缅甸油气勘探开发潜力及对外合作前景”，《国际石油经济》2014 年第 11 期，第 22 页。

③ 迟愚：“缅甸油气开发前景”，《石油观察》2015 年 3 月 19 日，http://oilobserver.com.cn/brilliant-opinion/article/1501。

共有27个国家赴缅投资，协议投资总额约80亿美元。外国投资的主要领域为能源、石油天然气、制造业、交通及通信、矿产及房地产等。另悉，1988年以来，外国赴缅投资最多的年份是2010—2011财年，外资总额近200亿美元。截至2015年3月，外国对缅协议投资总额为540亿美元，实际到位440亿美元。累计投资排名前三的国家为中国、泰国及新加坡。①

目前，中缅油气管道已经建成运营。对于中国来说，缅甸是中国维持西南周边安全的重要合作伙伴，是东盟及区域事务的重要支持者，在贸易、投资、经济、技术合作上有着广阔的前景。② 据中国石油天然气集团公司2014年4月10日消息称，中缅天然气管道（缅甸段）当达分输站向敏建门站开阀输气。至此，包括皎漂、仁安羌、曼德勒三个分输站在内，这条管道按照合作协议所设定的四个分输站已全部投用，每年可为缅甸供应天然气4.73亿立方米。中缅天然气管道缅甸段分输站全部投入使用。③ 当达至敏建分输管线全长21公里，一期计划每年分输天然气2亿立方米，主要用户是曼德勒省敏建发电厂。由东南亚管道公司制订详细的分输作业方案，为电厂安全输气提出意见与建议。截至2015年4月，中缅天然气管道（缅甸段）已在缅甸下载天然气2亿立方米，成为当地电力供应、工业发展的能源保障，中缅天然气管道项目总耗资大约25亿美元，管道年输油能力达2200万吨。④ 另外据《全球缅甸新光报》报道，新加坡胜科公司称，他们将与缅甸电力公司签署备忘录共同开发目前缅甸最大的独立燃气电站项目。此项目金额达3亿美元，胜科公司占80%的股份。电站预计2017年建成，装机容量为225兆瓦，胜科公司负责建设和运营。⑤ 越来越多的国外公司选择与缅甸油气资源合

① “缅甸2014—2015财年吸引外资同比增长一倍”，中国驻缅甸大使馆经济商务参赞处，2015年4月24日，http：//mm. mofcom. gov. cn/article/ztdy/201504/20150400951441. shtml。

② 汪戎等：《印度洋地区发展报告（2014）：印度洋地区国际关系》，社会科学文献出版社2014年版，第13页。

③ “中缅天然气管道缅甸段分输站全部投入使用”，http：//mil. news. sina. com. cn/2015 - 04 - 11/1457827509. html。

④ 汪戎等：《印度洋地区发展报告（2014）：印度洋地区国际关系》，社会科学文献出版社2014年版，第13页。

⑤ “新加坡 Sembcorp Utilities 公司将投资缅甸最大独立燃气电站”，2015年4月29日，http：//finance. sina. com. cn/roll/20150429/105322072745. shtml。

作，只要缅甸对外开放政策适应，其未来的油气资源前景将不可估量。

第二节　缅甸油气资源的地缘分布及特征

缅甸具有丰富的油气资源，并有自己的特征。首先，缅甸的油气资源主要是近海资源，这是由它的地理位置决定的。其次，油气资源的开采主要集中在陆地上，由于技术有限，缅甸对海上油气开发相对较少。再次，缅甸油气资源中以天然气为主，石油为辅。近年来，天然气出口成为缅甸经济发展的重要推动力。

一、缅甸油气资源的地缘分布及开采

缅甸的石油天然气、矿产、农林等资源十分丰富，是东南亚国家中仅次于印度尼西亚的第二大天然气出口国。并且，缅甸有百余年的石油开采历史，1853 年仁安羌油田的石油开始出口到欧洲。

缅甸全国地势北高南低，大体可分为三部分：东部为掸邦高原，平均海拔为 1000—1200 米；西部为若开山脉，平均海拔 1800 米；中部以及南部为平原地区，其中丘陵起伏，构成海拔平均 600 米的勃固山脉。缅甸石油和天然气主要分布在若开山脉与掸邦高原之间缅甸中部沉积盆地区和沿海大陆架。该区实际是一组地壳裂谷带盆地，北起钦敦江上游，向南一直延伸到安达曼海大陆架，长约 1100 公里，宽约 200 公里，北部较窄，向南变宽。全区总面积约 25. 2 万平方公里（包括沿海大陆架 9. 5 万平方公里），主要集中在德林达依、仰光、马圭以及伊洛瓦底四个省份，出口至国外大部分的原油和天然气主要产自德林达依和伊洛瓦底两个省份。[1] 目前已发现的油气田大多在陆上，主要包括：敏巫、稍埠—辛古、仁安羌、卑谬、阿亚道、英都等。除英都油田在钦敦盆地外，其

① 根据吴崇伯："缅甸石油天然气产业发展与外资对缅甸油气资源的开发"，《创新》2013 年第 1 期，第 60、61 页整理。

他油气田均分布在敏巫盆地和伊洛瓦底盆地。敏巫盆地中的油气田集中在中部背斜带，呈线状排列，且储量都不大。其中仁安羌油田位于仰光以北的马圭省，是缅甸历史上最早发现的油田（1795 年就生产石油），为一略呈不对称延伸状的背斜构造。地质储量约 6000 万吨（20 世纪 70 年代末可采储量 3000 万吨），产油层很浅，最深 1800 米，有 50 层砂岩，每层厚 3—50 米，孔隙度达 25%，渗透率 200 毫达西。①

根据已掌握的地质资料分析，缅甸共有 17 个大小不等的沉积盆地，其中陆上 14 个，海上 3 个（见图 3—1），这些盆地共划分为 104 个区块，其中海上 51 个，陆上 53 个（见图 3—2）。② 而目前已经发现石油和天然气陆上油田或油气田 19 个，海上气田 3 个，勘探前景看好。

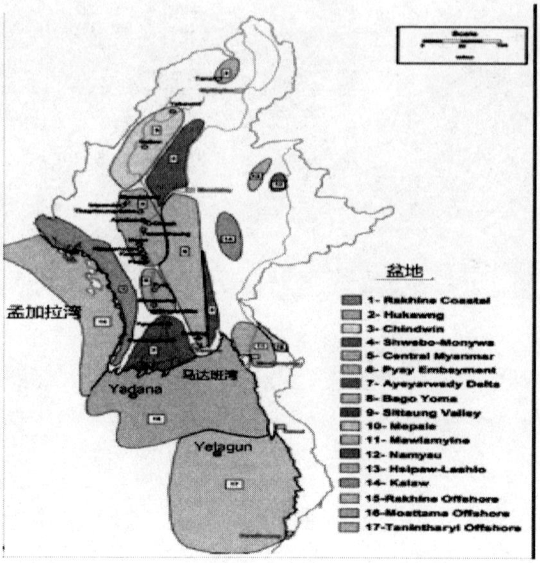

图 3—1 缅甸含油气盆地

图片来源：迟愚等："缅甸油气勘探开发潜力及对外合作前景"，《国际石油经济》2014 年第 11 期，第 22 页。

① 参见"缅甸的矿产资源分布"，http：//www. kms88. com/news/html/2010/0227/2010022710410025292. shtml。

② 迟愚等："缅甸油气勘探开发潜力及对外合作前景"，《国际石油经济》2014 年第 11 期，第 22 页。

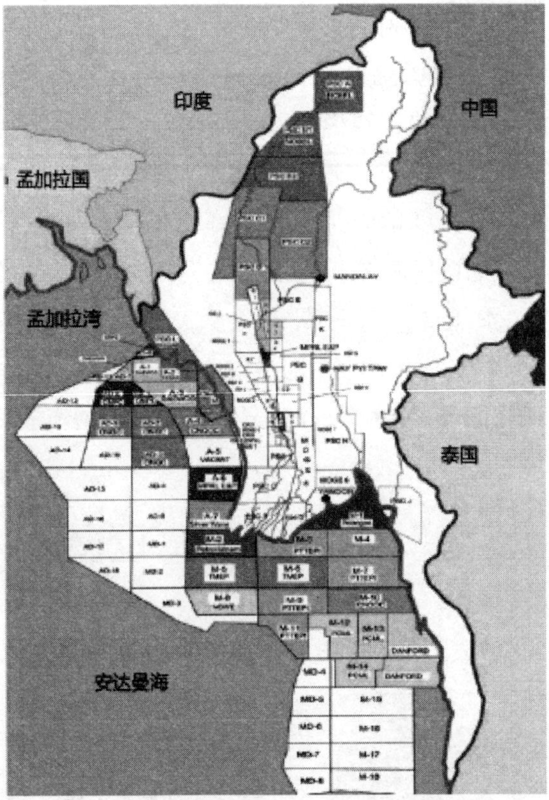

图 3—2　缅甸油气区块分布

图片来源：迟愚等："缅甸油气勘探开发潜力及对外合作前景"，《国际石油经济》2014 年第 11 期，第 22 页。

缅甸主要的天然气田为亚得那和耶德贡，已探明储量分别为 1840 亿和 906 亿立方米。韩国大宇、印度石油天然气公司、印度韦德西有限公司和印度 GAIL 有限公司在若开邦海上 A－1 区块和 A－3 区块发现了大型天然气田，预计储量达到 1614 亿—2832 亿立方米。缅甸的天然气业起步于 20 世纪 70 年代，并于 20 多年后对外资开放，在未来较长的一段时间内，缅甸的天然气产出仍将以出口为主（见表 3—1）。

表 3—1 缅甸 2007/2008—2011/2012 年天然气出口收入情况

项目	2007/2008 年	2008/2009 年	2009/2010 年	2010/2011 年	2011/2012 年
天然气出口收入（百万美元）	2282	2849	2480	2657	3047
出口总额（百万美元）	6446	7241	7139	8980	9889
天然气出口占比（%）	35.40	39.35	34.74	29.59	30.81

资料来源：根据李妙华、朴光姬："缅甸的天然气工业及其开发项目"，《中外能源》2014 年第 5 期，第 19 页整理。

由表 3—1 可以看出，缅甸的天然气出口收入总体上呈增长趋势，而天然气占出口总额的份额则一直维持在 30% 及以上，天然气产量高位增长，成为缅甸最大的出口创汇产品，也是重要的经济收入来源。

天然气是缅甸第一大出口产品，近年来缅甸天然气出口数量和创汇额都在逐步增长。据缅甸商务部发布的数据，2012—2013 财年缅甸天然气出口总额为 36.6 亿美元，2011 年、2012 年、2013 年这三年天然气出口总额超过 100 亿美元。

随着世界经济的发展，新兴经济体需要大量油气资源发展本国经济，目前缅甸天然气主要出口到中国、印度、孟加拉国、泰国等新兴经济体。据缅甸能源部首次公布的数据，2006—2007 年至 2011—2012 年，缅甸出口泰国天然气收入超过 160 亿美元。缅甸 2004 年开始通过输气管道向泰国出口耶德那的天然气，每年获得 10 亿美元。①

从缅甸油气资源的产量、进口量及探明储量来看，缅甸近几年油气资源发展很快，并尽可能多地利用油气资源获取最大化的国家利益。缅甸近年来石油与天然气的发展状况如表 3—2 和表 3—3。

---

① 吴崇伯："缅甸石油天然气产业发展与外资对缅甸油气资源的开发"，《创新》2013 年第 1 期，第 60 页。

表3—2　1998—2010年缅甸石油产量、进口量以及探明储量（单位：10万吨）

	1998	1999	2000	2001	2002	2003	2004	2005	2006	2007	2008	2009	2010	2011
产量	5.5	4.7	6.0	5.0	7.5	7.5	10.0	10.0	11.5	10.6	10.7	9.0	9.3	10
进口量	9.2	13.2	12.0	11.6	9.5	10.1	9.8	11.1	8.1	8.9	7.4	8.6	—	9.9

资料来源：刘务、贺圣达："油气资源：缅甸多边外交的新手段"，《南亚研究》2013年第3期，第17页。

表3—3　1998—2010年缅甸天然气产量、消费量、出口量以及探明储量（单位：10亿立方米）

	1998	1999	2000	2001	2002	2003	2004	2005	2006	2007	2008	2009	2010
产量	1.76	1.72	3.4	7.0	8.4	9.6	10.2	12.2	12.6	13.5	12.4	11.5	12.1
消费量	1.5	1.6	1.9	2.0	2.5	2.7	4.1	3.6	4.1	3.9	3.9	3.3	3.3
出口量	0	0.09	1.55	5.04	6.20	7.01	7.53	8.86	8.98	9.40	8.29	8.30	8.81

资料来源：刘务、贺圣达："油气资源：缅甸多边外交的新手段"，《南亚研究》2013年第3期，第17页。

从表格内容来看，缅甸的石油天然气产量逐年增多，天然气的出口量在增加，而石油的进口量在减少，两者的产量都在增加。这说明近年来缅甸油气资源产量越来越高，对外石油依赖度越来越低。油气资源的开发有利于促进缅甸经济的发展。

二、缅甸油气资源的特征

缅甸特殊的地理位置决定了其石油与天然气也具有特殊的特征。缅甸是半岛国家，其资源特征必定与海洋相关。

缅甸油气资源最显著的一个特征就是属于近海资源，这一特征主要是由缅甸的地理位置及地形特征所决定的，缅甸属于东南亚中南半岛，靠近海洋，陆地及大陆架资源丰富，利于开采。因为地形为半岛，不管是海洋油气资源还是陆地油气资源都属于近海资源。此外，缅甸的地势北高南低，地形结构呈马蹄状，东、北、西部均为高山和高原，中央为平原，从北向南一马平川。缅甸境内有三条平行的山脉，由北向南延伸，石油天然气主要分布在若开山脉与掸邦高原之间的缅甸中部沉积盆地和沿海大陆架。缅甸全国现有36个油田，其中内陆地区31个，海洋地区5个。这些油气资源虽较多分布于山脉及高原之间，好在所处自然环境并不恶劣，开采难度中等，可以通过技术设备加以解决。但由于缅甸开发石油技术落后，设备不完善，对近海资源油气开采相对陆地较弱。目前许多国家发现缅甸这一弱点，开始加大投资力度，帮助缅甸完善设备技术，加大海上石油开采力度。

缅甸油气资源的第二个特征就是油气开采主要集中于陆上，海上油气资源开发相对薄弱，勘探程度更低，油气前景更好。由于现存的地震、地质等数据资料非常有限，目前对缅甸的地质特征和地质环境等认识仍不够充分，只是粗略地划分了三个沉积盆地，即孟加拉湾的若开（Rakhine）盆地、阿达曼海的马达班（Moattama）盆地和德林达依（Tanintharyi）盆地。在这三个海上盆地中已发现10个大小不等的油气田，均在水深200米以内的浅海。① 因此，缅甸除了积极开采陆上油气外，应该投入更多的技术和资源在海洋，平衡陆上与海上的开采不均。

缅甸油气资源的第三个特征就是出口天然气多，石油少。正如前文表3—2和表3—3数据显示，天然气的出口量显著增加，并逐渐成为缅甸第一大出口产品。因邻国对能源需求量加大，近年来缅甸天然气出口数量和创汇额都在逐步增长，中国、印度、孟加拉国、泰国是缅甸天然气的主要出口地，这些新兴经济体需要大量的能源。据缅甸能源部首次公布的数据，2006—2007财年至2011—2012财年，缅甸出口泰国天然气收入超过160亿美元。缅甸2004年开始通过输气管道向泰国出口耶德那的天然气，每年获得10亿美元。② 据缅甸官方统计，截至2011年12月底，外国对缅投资累计额达404.24704亿美元。外国企业在缅石油天

① 迟愚等："缅甸油气勘探开发潜力及对外合作前景"，《国际石油经济》2014年第11期，第22、23页。

② 吴崇伯："缅甸石油天然气产业发展与外资对缅甸油气资源的开发"，《创新》2013年第1期，第60页。

然气领域投资104个项目，投资额达138.15亿美元，占外商在缅投资的34.18%。[①] 缅甸天然气出口显著增加，主要也是由于国外投资比重越来越大。截至2012年5日，缅甸已与俄罗斯、中国、新加坡、印尼、马来西亚、瑞士、印度、中国香港和英国九个国家和地区合作开发了14个内陆石油、天然气区块。[②] 缅甸的石油储藏量不低，但开采方面相对于天然气却相对较少。石油是国际市场需要的重要资源，要平衡缅甸油气开采不均，应适当加大对石油的开采，以增加缅甸外汇，促进经济发展。

缅甸油气资源的第四个特征是油气资源与国家政治休戚相关，即油气资源成为缅甸多边外交的新手段。缅甸利用丰富的油气资源并将其作为多边外交的新手段，对中国、印度、泰国等邻国以及区域外的俄罗斯等国推行以油气资源为重要内容的多边外交，并利用各国相互制衡，以保持其内政外交的独立自主。[③] 缅甸巨大的天然气出口规模为其社会经济发展提供了急需的外汇收入，庞大的天然气资源也成为其外交政策的重要筹码，缅甸作为天然气出口国的地位不断上升，并于2000年开始成为亚太地区最大的管道天然气输出国。目前，缅甸天然气主要通过管道向泰国出口，中缅油气管道建成后，中国将成为缅甸主要的天然气消费市场。缅甸除了拥有东南亚最大的天然气储量外，其重要的能源地缘地位也是其实现外交目标的手段和各国努力争夺的重要战略目标。[④] 缅甸的油气资源外交较大程度地维护了国家利益，增强了其在国际政治舞台的博弈能力，并对相关国家的对缅政策产生了有利且复杂的影响。

此外，缅甸利用油气资源地缘政治博弈来为自己获取更多的政治及经济利益。能源问题不是一个简单的经济问题，它涉及到国家基本利益和国家安全，是影响国家可持续发展及和平稳定的战略性问题，具有牵

---

① “缅甸外资总额逾400亿美元”，中国驻缅甸大使馆经济商务参赞处，2012年4月9日，http：//mm. morcom. go. cn/article/imxw/201204/20120408058938. shtml。

② “缅甸拟与国外合作开发9个内陆天然气区块”，中国驻缅甸大使馆经济商务参赞处，2012年5月23日，http：//mm. mofcom. gov. cn/article/jmxw/201205/20120508142217. shtml。

③ 刘务、贺圣达：“油气资源：缅甸多边外交的新手段”，《南亚研究》2013年第3期，第15页。

④ 根据刘务、贺圣达：“油气资源：缅甸多边外交的新手段”，《南亚研究》2013年第3期，第16、17页整理。

一发而动全身的意义，它已经不是单纯意义上的能源问题，而是凝聚了大国经济、政治等全方位的博弈内涵。①

当前缅甸油气资源博弈的局中人包括缅甸以及期望并能够在缅甸获得油气资源的国家，如泰国、印度、中国、日本等。在经济效益方面，缅甸目前是全球第十大天然气出口国，最近几年缅甸的天然气出口急剧增长，随着国际天然气价格的上涨，天然气已成为缅甸最大的单宗出口商品。一方面缅甸作为生产油气资源的国家想获取更大的利益，而另一方面能源消费国想尽可能以最低的价格获取更多的资源，这种矛盾使得缅甸利用能源消费国之间的差价选择与哪个国家合作，而消费能源国之间形成竞争、相互博弈，也希望获取最大的利益。在政治效益方面，缅甸出口油气到中、印、泰三国可以保证其政治安全。一方面，在国际上，由于以美国为首的西方国家对缅甸实施了经济制裁，加强与中、印、泰三国的贸易联系可以有所缓解经济制裁的影响；另一方面，在国内，加强与印、泰两国的联系能改变20世纪90年代过度依赖中国的局面，对周边国家实施平衡外交能有效地保证本国的政治安全。② 总的来说，缅甸周边邻国泰国、印度、中国都是能源消耗国家，各国都使出浑身解数通过发展与缅甸的政治、经济、外交关系来保证本国的能源安全。但是缅甸的油气资源毕竟是有限的，因此中、印、泰三国对缅甸油气资源的博弈合作应大于竞争。③

第三节　缅甸油气资源的发展政策

近年来，缅甸的石油和天然气不断开采和出口，带动经济发展，这离不开缅甸的油气政策。缅甸政府层面重视油气资源的开发，其政策也

---

① 孔志坚：“缅甸油气资源开发的地缘政治博弈及其对我国的影响”，《东南亚南亚研究》2009年第4期，第21页。

② 同上，第23页。

③ 同上，第24页。

进行了多次修改，不同的政府领导人采取不同的措施。特别是经济制裁解除后，缅甸油气资源得到了良好的开发。

一、缅甸油气资源的发展政策

缅甸有百余年石油开采历史，1853 年仁安羌油田的石油开始出口到欧洲，主要分布在缅甸中部和沿海地区。殖民地时期，缅甸受英国控制，石油开采也大都出口到英国及欧洲国家，这期间缅甸的油气外汇十分有限，经济发展也受到英国的压制，并没有独立的对外石油政策，受到帝国主义的压榨。

长期以来，缅甸经济落后，技术能力低，基础设施差，国内政策法规不稳定、不透明，对外开放程度低，受到西方制裁等，这些因素阻碍了缅甸油气行业的发展。缅甸一直没有专门的能源法，特别是针对石油和天然气开采的，目前缅甸唯一的能源法是缅甸核能法（The Atomic Energy Law）。1988 年缅甸军政府执政后，针对油气资源的开发颁布了一系列法规，外国公司在缅甸能源业的投资主要根据 1988 年 11 月 30 日颁布的《缅甸联邦外国投资法》、1988 年 12 月 7 日颁布的《缅甸联邦外国投资法实施细则》、1991 年 9 月 23 日颁布的《缅甸联邦贸易部关于国内外合资企业的规定》和《外国对缅甸联邦投资程序及优惠政策》、1990 年 3 月 31 日颁布的《缅甸商业税法》及 1991 年 3 月 29 日颁布的《缅甸商业税法修正案》等法律法规。① 近年来，伴随着缅甸政体由军人执政向民主执政的转型，各项政策都在变革，其外交政策也相应地发生了变化。当今的缅甸努力开放国门，吸引外资，促进自身经济发展，努力与世界经济接轨。一个突出的表现是，缅甸高层频繁出访，不仅希望西方国家解除制裁，同时寻求美国、日本、中国、印度等世界和地区大国的合作，一个显著成就是，缅甸在改革后的 2010—2011 财年获得了创纪录的 200 多亿美元的外国投资，而过去 20 年获得的外资总额只

① 孔志坚：“缅甸油气资源开发的地缘政治博弈及其对我国的影响”，《东南亚南亚研究》2009 年第 4 期，第 21 页。

有 160 亿美元。[1]

目前缅甸的油气领域正处在开发活跃期，但油气产量不均衡，油少气多，天然气已经成为缅甸最大的贸易出口商品，获取大量外汇。一直以来西方发达国家都是缅甸油气开发的先锋和主力，近几年东盟及缅甸周边国家石油企业活跃为缅甸油气开发的新主力。当前缅甸政治经济改革不断深化，陆续推出了一系列吸引外资的政策，对相关法律法规进行了调整，油气对外合作领域也日趋透明公正，并修改完善了油气产品分成合同。缅甸油气对外合作的合同模式主要有产品分成协议、提高采收率协议和恢复开发生产协议（RSF）三种。[2]

缅甸石油和天然气的迅速发展是全球石油和天然气行业最热门的领域，不久的将来能源需求及能源安全将给缅甸带来一定的经济繁荣。据《缅甸环球新光报》报道，2015 年 4 月，缅甸联邦能源部长吴泽雅昂出席在新加坡香格里拉酒店举行的第一届新加坡论坛。在专题讨论会上，吴泽雅昂部长就目前亚洲地区形势、地缘政治、能源效率及安全、东盟在亚洲发展中的重要作用、缅甸政治经济和社会改革、外国企业在缅投资商机等问题发表了演讲。[3] 他表示，缅甸政府针对石油和天然气的开采制定了一系列海外投资政策，国际社会可以利用这一机会加快与缅甸的合作关系，取得良好的油气合作，促进经济发展。

据《缅甸新光报》2006 年 11 月 11 日报道：11 月 10 日，缅甸石油与天然气公司与澳大利亚 Danford Equities Corporation 公司签署一项石油与天然气开发合作协定，据该协定，双方将合作在耶德贡天然气田东部区块（Yetagun East Block-YEB）按照生产分成的原则开展石油与天然气

---

① 汪戎等：《印度洋地区发展报告（2014）：印度洋地区国际关系》，社会科学文献出版社 2014 年版，第 9 页。

② 迟愚："缅甸油气开发前景"，《石油观察》2015 年 3 月 19 日，http：//oilobserver. com. cn/brilliant-opinion/article/1501。

③ "缅甸联邦能源部长谈外国企业在缅投资商机"，中国驻缅甸大使馆经济商务参赞处，2015 年 4 月 27 日，http：//mm. mofcom. gov. cn/article/ztdy/201504/20150400953020. shtml。

的勘探和开发合作。[1] 据《缅甸新光报》2006年12月8日报道：12月7日，缅甸能源部石油与天然气公司（MOGE）与印度GAIL（India）Limited公司和新加坡Silver Wave Energy公司在内比都签署一项合作协定。据该协定，三方将按照生产分成的方式合作在若开近海的A－7区块开展天然气的联合勘探开发。[2] 缅甸能源部某官员称，美国及欧洲一些国家的企业先后与缅方磋商，有意在缅甸的能源勘探领域进行投资，2006年2月份共有四家美欧公司与缅方进行了业务接洽。其表示，由于制裁尚未解除，上述磋商只是“吹风”性质。另据缅甸地质科学协会一负责人表示，一旦解除经济制裁，欧美国家势必涌入石油开采等能源领域。随着国际制裁的解除，缅甸政府已授权其陆上和海上大陆架的广大地区给外国投资者。在未来的几年中，特别是在缅甸仍未开发的深水大陆架，这种许可将会增加。

缅甸《七日新闻》2012年9月6日报道：缅甸港务局消息称，继正在建设的皎漂及土瓦深水港外，缅甸计划在丹那沙林沿海再建两个深水港，即格勒沟深水港和波彬深水港，目前正在开展相关勘测工作。拟建的格勒沟深水港位于毛淡棉与耶之间，建成后将成为孟邦、克伦邦及丹那沙林省的贸易枢纽，并成为缅甸“东西经济走廊”越南河内至缅甸毛淡棉贸易通道的重要节点。拟建的波彬深水港位于丹那沙林省南端。[3] 此水港建成有利于国外投资油气公司对缅甸石油和天然的运输，将加大公司交流合作与便利，为与缅甸进行油气合作创造了良好的运输条件。截至2013年1月，外国对缅投资总额达418.42亿美元。在缅投资前五位的国家和地区为：中国（205.59亿美元，含香港）、泰国（95.68亿美元）、韩国（29.79亿美元）、英国（29.77亿美元）、新加坡（21.66

---

① “缅甸石油与天然气公司与澳大利亚公司签署合作协定”，中国驻缅甸大使馆经济商务参赞处，2006年11月15日，http：//mm. mofcom. gov. cn/article/jmxw/200611/20061103750303. shtml。

② “缅甸石油与天然气公司与印度和新加坡公司签署能源合作协定”，中国驻缅甸大使馆经济商务参赞处，2006年12月23日，http：//mm. mofcom. gov. cn/article/jmxw/200612/20061204116387. shtml。

③ “缅甸计划在沿海再建2个深水港”，中国驻缅甸大使馆经济商务参赞处，2012年9月7日，http：//mm. mofcom. gov. cn/article/ztdy/201209/20120908326757. shtml。

亿美元），主要投资领域为电力、石油和天然气、矿产业、制造业、饭店和旅游业。此水港的建成将进一步扩大海外对缅投资，加快缅甸经济发展的速度。

缅甸议会于2012年11月1日通过了新外国投资法。根据该法案，缅甸允许外资投资电力、石油和天然气、矿业、制造业、饭店和旅游业、房地产、交通运输、通信、建筑和其他服务业。该法获得缅甸总统吴登盛签署后，将取代1988年的《缅甸联邦外国投资法》。新法取消了缅外合资企业外资比例至少要占35%的规定，还取消了在一些限制领域缅外合资的外资比例不得超过50%的规定。按照新法，农业、畜牧水产业被确定为限制领域，但可组成缅外合资企业进行投资。此外，新法还规定了一些优惠政策，比如缅外合资企业从正式运营起可享受五年免税待遇，比原有政策延长两年。① 这些新外国投资法有利于外国在缅甸投资，因此也有许多国家抓住机会，加快与缅甸的油气资源合作。中国也应该在此方面积极主动抓住有利机会，促进彼此交流发展。缅甸《今日商报》2015年5月7日报道，受益于大量外资流入和电信行业的快速发展，缅甸将2015—2016财年经济增长目标设定为9.3%。此经济增长目标超越了此前亚洲开发银行预估的8.3%和世界银行预估的8%。2011年缅民选政府上台后，总统吴登盛领导了一系列的政治经济变革。2012年以来，缅甸经济获得前所未有的发展。2014—2015财年缅甸吸引外资额达创新高的81亿美元，此数字是2009—2010财年的25倍。②

此外，缅甸在石油天然气领域加强与国外公司合作。据《缅甸新光报》3月24日报道，缅甸石油天然气项目受到外资青睐，缅甸石油天然气公司在陆地和近海及远海能源开发领域加强了与国外公司的合作。在缅甸53个陆地石油区块中，本土石油天然气公司自主开发的有8个，并与外国公司在另外16个区块进行合作。2013年，在缅甸的陆地石油区块招标中，有10家外国公司中标16个区块；缅甸沿海石油天然气开发

---

① “缅甸议会通过新外国投资法”，中国驻缅甸大使馆经济商务参赞处，2012年11月2日，http：//mm. mofcom. gov. cn/article/ddfg/201211/20121108415098. shtml。

② “2015—2016财年缅甸经济增长目标为9.3%”，中国驻缅甸大使馆经济商务参赞处，2015年5月7日，http：//mm. mofcom. gov. cn/article/jmxw/201505/20150500964161. shtml。

项目共有51个区块，包括27个近海浅水区块和24个远海区块，其中有7家外国公司在18个区块作业。缅甸沿海石油天然气项目主要有“雅得那”、“耶德孔”、“瑞”等，日产天然气约4247.5万立方米。此外，“佐迪嘎”项目预计日产天然气约283.2万立方米，以保障国内市场的需求。[①] 2014年缅甸仰光石油天然气峰会展览，同样提出加快与国外公司合作计划。此次展览共吸引了来自世界各地的石油和天然气公司的312名参观者，并且有来自17个国家的政府服务机构。[②] 峰会指出，继续向缅甸提供勘探和生产的战略经验，缅甸可向泰国能源行业学习经验，包括国外投资和数据分析。缅甸的地缘政治小组和合作小组围绕金融丝绸之路、政权、国际战略研究所的战略研究进行了激烈的讨论，更多地集中于实践，以及面对来自勘探和生产实践的挑战。会议的最终结论是，如何使缅甸的油气资源经济利益最大化，以及缅甸在国家和国际两个层面如何通过与地方合作来促进缅甸的经济发展。

虽然缅甸鼓励国外投资者对缅甸进行投资，但出于自身考虑，缅甸也开始制定政策，限制天然气的出口开采。缅甸能源部2014年10月14日表示，新能源法案已于10月起草完毕，将提交议会审议，于2015年正式生效。据悉，该法案计划对缅甸国内开采与销售的天然气总量作出限制，并利用更多的天然气进行发电。[③] 缅甸是全球通电率最低的国家之一，全国仅有33%的人口能得到电力供应。世界银行也将助力缅甸能源业发展，2014年1月世行行长金墉访问缅甸时承诺将提供10亿美元的资金支持用于缅甸电力的生产和传输。缅甸能源部计划在2014—2015财年将缅甸陆上和近海区块开采的天然气全部用于电力生产，以增加全国的电力供应水平。国际货币基金组织研究表明，天然气产量的增加是推动缅甸在2014财年和2015财年经济增长达7.8%的因素之一。

---

① “缅甸在石油天然气领域加强与国外公司合作”，环球网，2014年3月24日，http://china.huanqiu.com/News/mofcom/2014-03/4927226.html。

② “缅甸仰光石油和天然气峰会展览”，http://www.myanmar-oilgas.com/getattachment/Home/Myanmar-OG-post-show-report-31-07-2014.pdf.aspx。

③ “缅甸新能源法将对天然气开采量设限”，中华人民共和国商务部网站，2014年10月14日，http://www.mofcom.gov.cn/article/i/jyjl/j/201410/20141000759197.shtml。

在国际合作开发油气田方面，法国的 Total 公司、美国的 Unocal 公司、泰国的 PTTEP 公司正在开发 M—6 作业区内的耶德那天然气田，该天然气田已于 1998 年 7 月开始向泰国输送天然气。马来西亚的 Petronas 公司、日本的 Nippon Oil 公司、泰国的 PTTEP 公司合作正在开发耶德贡天然气田。2005 年 11 月 6 日，中石油与缅甸签署了《缅甸联邦能源部和中国石油天然气股份有限公司关于共同开发缅甸境内天然气项目合作的谅解备忘录》。2006 年后，中石油、中石化和中海油均在缅甸开展油气勘探项目。①

总之，缅甸目前的油气政策对于中国的油气需要来说是比较积极的政策，中国应抓住机遇，处理好政治上的事务，加强与缅甸在经济上的油气合作，以改变中国对中东油气资源的依赖及解除马六甲海峡的封锁，这对于中国提出的“一带一路”政策具有很强的帮助性，是推动中国继续发展的有利因素。

二、政治发展进程对油气资源发展政策的影响

经济发展的对外政策不仅随国家外交政策的转变而转变，而且随国家外交政策的调整而调整。缅甸油气资源的发展也会受到其国家外交政策或者政治制度的改革而有所转变。独立以来，缅甸政治制度的变革可谓艰难，经过了民主政府、军人政府再到民主政府的艰难历程。缅甸政治制度的变革在不同时期也受到其他国家不同政策的影响，对缅甸的对外经济关系也产生了重要影响，但一直以来与中国保持着良好关系。

1948 年 1 月 4 日，缅甸摆脱英国 80 余年的殖民统治终于迎来了国家的独立，并建立了民主政府，但却仅维持了 14 年。1962 年 3 月 2 日，军队实权人物奈温将军以维护国家统一为由发动军事政变，推翻了吴努政府，接管国家政权并建立了作为国家最高行政和立法机关的缅甸联邦革命委员会。缅甸联邦革命委员会是一个由各级军官组成的组织，因此实

① 根据夏剑锋：“论中缅油气管道与中国石油安全”，《云南民族大学学报（哲学社会科学版）》2012 年第 2 期，第 110 页整理。

质上军队牢牢掌握了国家政权，缅甸开始进入军人统治时期。至此，战后缅甸历时14年之久的仿照西方多党议会民主制的政治实验以失败告终。缅甸的石油发展从二战后缓慢升温，1949年的石油产量只及战前产量的3%，直至1955年才增长到战前水平的20%。1955年以后，缅甸石油工业迅速发展，年均增长速度约为15%，至1960年石油产量约达63万吨，1970年增至大约85万吨。这一时期的石油产量主要满足国内需求，需求量达总产量的85%，对外出口则较少，主要是印度、泰国等国家。1963年缅甸实施国有化之前，对缅甸进行投资的国家主要是英国，英资缅甸石油公司几乎垄断了缅甸油气产业，而其他国家对缅甸投资较少，主要是由于缅甸独立之前曾是英国的殖民地，英国许多企业并未撤出缅甸，而是直接转化为当地投资。

1962—1990年缅甸处于军人独裁统治时期，其间以美国为首的西方国家开始了对缅甸的封锁制裁，缅甸的油气资源对外发展缓慢。20世纪70年代末期到80年代，大多数年份都没有完成计划指标。1988年石油产量下降到73.98万吨，1989—1990年石油产量再次下降，下降幅度约25%。这期间缅甸油气资源主要合作对象是泰国及东盟成员国、中国、印度等国家。1963—1988年缅甸自我封闭时期，外资企业几乎退出了缅甸市场。1988年缅甸政府武力平息了国内政治运动，西方世界借此对缅甸实施制裁，面对西方压力缅甸政府坚持开放政策并颁布了较为宽松的《外国投资法》来吸引外资进入。① 据1988年12月联合国制定的油气工业发展规划，未来发现油气田的潜在可能性是很大的。此后缅甸一直在勘探石油，20世纪70—80年代，无论在陆地还是在海洋，普查勘探工作的重点都是找油，政府大力支持石油勘探工作，开展了大范围的地质、磁法和地震调查。例如1970—1971年，在总面积超过2.45万平方公里的六个地段开展了调查工作。1980年缅甸石油公司的钻探进尺为2.5万米，比1979年多出30%以上。1980年缅甸新增5台钻机，使钻机总数达到26台。有关资料表明，尽管钻机的设计钻井深度为5486米，但由

① 刘才涌："缅甸油气产业开发现状与外国参与情况评析"，《南洋问题研究》2014年第2期，第13页。

于缅甸钻工的技术水平差，打到地下3200米的钻井一口也没有。

军人独裁统治时期，西方国家对缅甸进行经济制裁，缅甸用于能源开发的外资有限，本国货币资金不足，限制了能源工业的发展。一方面是投资国出于对缅甸信任问题的考虑，不敢过多投资；另一方面缅甸实施军人政体独裁，对外资进入进行排斥。1990年初，缅甸经济和能源工业的滑坡促使该国政策发生变化，开始引进外资，外国专家参与到普查勘探及开采工作来，从而使缅甸经济和石油工业开始复苏。军人政体下台后，缅甸从制约其经济发展的某些痼疾中逐渐摆脱出来，唤起了外国公司对缅甸油气潜力的兴趣，使缅甸有可能重新成为东南亚的一个石油输出国。

1990年以后，缅甸开启了艰难的民主进程。1990年缅甸举行大选，以昂山素季为首的反对党以压倒性的选票获得大选胜利，建立全国民主联盟（简称“民盟”）。此后，缅甸经历了曲折的发展。1992年，丹瑞大将取代苏貌将军上台执政，成为国家最高领导人。1993年，军政府召集国民大会，启动制宪进程。2003年，缅甸军政府对外公布“七点民主路线图计划”，希望借此实现民族和解、推进民主进程。截至2010年，缅甸“七步走路线图”已经完成了五步。① 这一时期缅甸的对外关系较为复杂，西方国家逐步减轻对缅甸的经济封锁，缅甸逐步实施对外开放，引进外资发展本国经济。2010年11月7日，缅甸举行了20年来的首次大选，受军政府支持的“联邦巩固与发展党”（巩发党）最终获胜。尽管此次大选受到西方国家的指责，但它毕竟是缅甸国家政治转型的一次重要契机，使缅甸向民主化方向迈出了关键的一步，不仅对缅甸国家、人民来说是一件具有特殊意义的重大事件，对东盟、中国、印度等周边邻国乃至国际社会而言都是一件引人注目的大事。大选结束后，美国特意发表声明，称缅甸这一行动是走向国家和解和实践进一步民主的重要步骤，以美国为首的西方国家将取消对缅甸的经济制裁，扩大对缅甸的经济投资，特别是在油气资源方面。缅甸采取对外开放的政策，通过吸

① 根据谢静：“缅甸民主化进程及影响因素研究”，山东大学2013年硕士学位论文，第18页整理。

引外资来发展本国经济。

三、积极促进中缅油气发展

中缅关系一直以来处于友好状态，两国关系的稳定是中国周边环境稳定的重要一环。近年来中国不断提升同周边国家的友好关系，并提出“孟中印缅经济走廊”、“中巴经济走廊”以及“一带一路”战略，中缅关系在这些政策中具有重要的作用。

根据商务部公共商务信息服务网站信息，2014 年 10 月，缅甸政府预测 2014—2015 财年和 2015—2016 财年国内生产总值的增长幅度将分别为 9.1% 和 9.2%，本届政府 5 年任期内的平均增长率将达 8%。根据中华人民共和国驻缅甸大使馆经济商务参赞处的信息显示，缅甸的主要贸易伙伴都是亚洲国家，与美欧的贸易量非常少。2013—2014 财年，缅甸与亚洲国家的贸易额达 230 亿美元，占其总外贸额的 95.22%；与欧洲的贸易额约为 5.53 亿美元，占总外贸额的 2.22%；而与美国的贸易额仅 1.36 亿美元。①

自 2006 年开放木姐边境贸易口岸以来，中缅双方贸易额逐年增长。根据缅甸中央统计局数据显示，2011—2012 财年，缅中贸易额达到 50.01 亿美元，中国成为缅甸的第一大贸易伙伴。据缅甸《Eleven Daily News》报道，2013—2014 财年，中国继续保持缅甸最大贸易伙伴的地位，两国贸易额约 70 亿美元，其中缅甸进口约 40 亿美元，出口近 30 亿美元。位居第二的是泰国，缅泰两国贸易额为 55 亿多美元。中缅经贸合作不断深入发展，合作领域从贸易和经济援助扩展到工程承包、投资和多边合作。② 中缅贸易中，缅甸主要出口木材、农产品和矿产品等，向中国进口成套的设备和机电产品、纺织品、摩托车配件和化工产品等。近几年，中国对粮食和动物饲料的需求量大幅增加，缅甸向中国的农产

① 任琳、牛恒：“一带一路投资政治风险研究之缅甸”，http：//www.21ccom.net/articles/world/zlwj/20150318122380.html。

② 同上。

品出口也随之增加。缅甸对外贸易中的主要出口商品有天然气、大米、玉米、各种豆类、橡胶、矿产品、木材、珍珠、宝石和水产品等，主要进口商品有燃料、工业原料、机械设备、零配件、五金产品和消费品等，辐射市场主要为东盟国家。缅甸是东盟成员国之一，因此其产品在进入东盟其他各国时享受优惠关税。中国—东盟自贸区于2010年建立，中国对从东盟十国进口的90%以上产品实现了零关税，2015年缅甸也将对自中国进口的90%以上产品实现零关税。缅甸也是WTO成员国，所以大多数产品出口至成员国时无配额限制。[①] 另外，缅甸已通过美国的普惠制（GSP）审查，重新获得美国的普惠制待遇，有5000多种产品可以免税进入美国市场。缅甸还是欧盟提供关税优惠的受惠国，欧盟对从缅甸进口的产品实行免关税政策。

2013年9月和10月，中国国家主席习近平在出访中亚和东南亚期间分别提出建设“丝绸之路经济带”和“21世纪海上丝绸之路”的经济合作战略构想。这两个构想被合称为“一带一路”，其不是一个实体和机制，而是合作发展的理念和倡议，是依靠中国与有关国家既有的双多边机制，借助既有的、行之有效的区域合作平台，旨在借用古代“丝绸之路”的历史符号，高举和平发展的旗帜，主动地发展与沿线国家的经济合作伙伴关系，共同打造政治互信、经济融合、文化包容的利益共同体、命运共同体和责任共同体。[②]

为了这一大战略的实施，中国作出了积极努力，2015年2月1日，由中共中央政治局常委、国务院副总理张高丽领导的推进“一带一路”建设工作领导小组正式成立。2015年3月28日，中华人民共和国国务院授权国家发改委、外交部、商务部三部委联合发布“一带一路”建设的愿景与行动文件《推动共建丝绸之路经济带和21世纪海上丝绸之路的愿景与行动》。中国的“一带一路”战略规划日益清晰，从公布的权威规划图上看，“一带一路”所涵盖的国家极为广泛，而在这些国家中，

① 任琳、牛恒：“一带一路投资政治风险研究之缅甸”，http：//www.21ccom.net/articles/world/zlwj/20150318122380.html。

② 李智源、白荷菲：“中巴关系对一带一路战略实施的重要意义”，http：//www.21ccom.net/articles/world/zlwj/20150529125250.html。

被定位为“中国全天候战略伙伴”的巴基斯坦最先体会到了“一带一路”的实惠，[①] 而缅甸作为中国东南相邻的国家也享受到许多实惠。

首先，在地缘政治方面，中缅关系对中国实现周边地区安全稳定与经济合作具有关键作用。缅甸的地理位置十分重要，其紧邻印度洋，是连接东南亚和南亚的陆上纽带。中国当前周边安全形势复杂，同时面临美国“亚太再平衡”战略的压力，而东南亚地区的岛屿领土纷争更是一度剑拔弩张。缅甸是中国的友好国家，其在许多问题上对中国的支持为中国周边地区稳定提供了利好因素。其次，在经济方面，“孟中印缅经济走廊”的建设对于从陆上打通中国与印度洋有着极为重要的意义，这一方面可以将中国大量的外汇投放到印度洋地区，另一方面可以将缅甸作为“一带一路”两条经济带的一个结合枢纽，从而延伸了“一带一路”的经济效应。另外，中缅作为邻国，在“一带一路”的实施上可以相互配合，两国友好的政治关系能够产生更加良好的溢出效应，对两国继续深化经贸合作、科技文化合作都能产生积极的影响。[②]

缅甸金融市场发展较迟缓，融资条件有限，在缅甸融资一般可通过项目抵押融资或者在同业之间拆借。缅甸正在积极加强基础设施建设，2014 年 10 月 24 日成立的亚洲基础设施投资银行将为缅甸的基础设施建设融资带来利好消息。2014 年 11 月缅甸作为创始成员国加入亚洲基础设施投资银行，[③] 这有利于缅甸的经济发展，也有利于中缅关系的友好合作，特别是促进中缅油气资源的发展。中缅油气管道建设必须紧紧抓住“一带一路”战略，加快“孟中印缅经济走廊”建设，推动双方经济共同发展。

---

① 李智源、白荷菲：“中巴关系对一带一路战略实施的重要意义”，http：//www. 21ccom. net/articles/world/zlwj/20150529125250. html。

② 同上。

③ 任琳、牛恒：“一带一路投资政治风险研究之缅甸”，当代世界研究中心，http：//www. cccws. org. cn/Detail. aspx？TId = 206&newsId = 3636。

第四章
缅甸油气资源市场的国外竞争

缅甸是一个油气资源丰富的国家，并且拥有百余年石油开采的历史，早在19世纪中期，仁安羌开采的石油便已经出口到欧洲。缅甸军政府实行民主改革以来，进一步加大对外开放的力度，尤其是放开对外国资本的准入限制，充分利用本国储量庞大的油气资源作为振兴缅甸的经济引擎。同时，随着资源开发的外资政策出现调整，对缅主要投资国围绕能源也展开了新一轮的博弈。

本章内容主要基于缅甸油气资源开发现状、缅甸油气资源主要投资国以及围绕缅甸油气资源所进行的竞争三个方面来具体阐述缅甸油气资源的国外竞争。

第一节　缅甸油气资源开发的外资政策

缅甸过去是东南亚一个重要的石油出口国，虽然1955年后发展迅速，但真正实现跨越式发展是自1988年缅甸实行对外开放政策以来，缅甸的油气生产量与油气产业在国民经济中逐渐占据重要地位。

关于缅甸的油气储藏并没有统一认识，各种数据来源相互冲突。2012年，缅甸能源部宣布拥有1.4亿桶原油储量和6371亿立方米天然气储量。原油日产量为1.96万桶，天然气日产量为0.42亿立方米。根据美国能源信息署数据，截至2013年初缅甸探明原油储量为5000万桶，天然气储量约为2832亿立方米。2014年，亚洲开发银行对53块陆地油气田和51块海洋油气田进行勘探后得出的调查报告显示，缅甸的石油储量为1.6亿桶，天然气储量为20.11万亿立方米。缅甸已探明的天然气储量在全球排名第41位，已探明石油储量排名第78位。而目前探测情况显示，未来还可能发现更多的天然气储量。

缅甸近海地区已确认的石油储量为0.35亿桶，可开采的天然气储量达2832亿立方米。缅甸能源部把近海大陆架分成三大块，即若开沿海大陆架、莫塔玛湾沿海大陆架和德林达依沿海大陆架，共25区。

在缅甸14个油气盆地中，迄今为止只有中央盆地、卑谬盆地和伊洛瓦底江三角盆地进行过勘探和开发，而其他11个油气地质结构盆地只进行了零星开发或从未进行过任何开发。① 缅甸许多地方具有新发现石油与天然气的可能，因此缅甸油气开发潜力巨大。

相比内陆油气资源，缅甸近海地区的油气资源开发潜力更大。缅甸近海地区每日生产1.2万桶原油和0.3亿立方米天然气。而且随着新天然气田的发现，缅甸近海地区的天然气探明储量也有大幅度的增长。在缅甸近海区块中，产量最高的天然气田是M-5区块的雅德那天然气田以及M-12和M-13区块的耶德贡天然气田。缅甸近海A-1和M-9区块的发现使缅甸在亚太地区总体天然气储量由2.6%增加到4.14%，成为该地区第七大天然气储量国家。若开近海地区还发现了A-3（Mya）天然气田，估计天然气储量为566亿立方米。②

一、油气产业改革引来外资

由于国家垄断、收支不透明，缅甸的油气产业遭到西方和国内反对

① 廖亚辉："缅甸油气产业现状与挑战"，《能源情报》2014年第4期。

② 刘才涌："缅甸油气产业开发现状与外国参与情况评析"，《南洋问题研究》2014年第2期。

派的诟病。吴登盛政府上台后，向国内外表达了改革油气产业、增加采掘业透明度的意愿，并积极加入和实施“采掘业透明计划”（EITI），这是一个国际性组织，成立的目的是为各利益相关方提供对话平台。2013年5月30日，缅甸能源部长吴丹泰与美国国际能源事务协调员卡洛斯·帕斯库尔共同发布了“能源领域的良治与透明度”联合声明，表明了通过引入美国先进的技术能力培训来促进油气产业的管理、财务透明和安全的决心。①

2013年6月6日，第22届世界经济论坛东亚峰会在缅甸首都内比都召开，会议发布了以缅甸能源改革为主题的《新能源架构：缅甸》报告。在报告中，缅甸能源部长吴丹泰坦承在过去20年中缅甸缺乏明晰的能源战略和规划，首次提出缅甸能源改革的路径，强调了透明的管理和有效的机构对缅甸能源建设的重要性，认为缅甸必须制定新国家能源战略和政策框架，以促进经济可持续发展，保障能源安全。②

1989年以后，由于缅甸油气产业的开放和优惠政策的出台，外国投资也在逐年增加。特别是2000年以后，外国公司对缅甸油气开发的参与明显增加。外国公司在缅甸的油气开发项目大多数集中在近海地区，投资国家主要有泰国、新加坡、马来西亚、印度尼西亚、越南等东盟成员国，以及中国、印度、韩国、日本、澳大利亚、英国、加拿大、俄罗斯等区域外国家。中缅韩印四国六方参与的“中缅油气管道”在2010年6月开工。随着2011年以来缅甸政治改革的推行和西方经济制裁逐步取消，缅甸油气产业面临良好的发展机遇，道达尔、雪佛龙、壳牌等能源巨头均表示希望参与缅甸油气田开发。2012年开始，泰国国家石油公司（PTT）制订了一项计划，积极扩展它在缅甸的加油站和零售网络。

缅甸油气公司一般采取产品分成方式与外国公司合作。缅甸陆上及近海油气田划为101个区块，其中一大半仍未得到政府授权开发。截至2012年1月，共有8家外国公司在10个内陆区块、12家外国公司在27

---

① 迟愚等：“缅甸油气勘探开发潜力及对外合作前景”，《国际石油经济》2014年第11期。

② 吴崇伯：“缅甸石油天然气产业发展与外资对缅甸油气资源的开发”，《创新》2013年第1期。

个近海区块与缅甸伙伴进行合作勘探或开采。2013 年 1 月，印度获得了 PSC－1 内陆区块竞标，并于 2013 年 5 月 28 日与缅甸油气公司签署了合同。2013 年 4 月 10 日，缅甸政府宣布再对 30 个近海区块招标，经过激烈竞争，截至 2013 年 5 月，共有 59 家外国公司入围投标。外国对缅甸石油天然气的竞争将会给缅甸在石油天然气定价方面创造优势，缅甸政府可以利用中国、印度、东盟等对缅甸能源的需求，合理要求各方照顾缅甸的经济利益。[①]

二、缅甸能源开发的相关法律

1988 年，缅甸国防部长兼三军总参谋长苏貌上台组成“国家治安建设委员会”，该委员会先后公布了《缅甸联邦外国投资法》和《缅甸联邦外国投资法实施条例》，标志着缅甸由“闭关锁国”走向“全方位开放”。但是，随着改革开放的进一步深入，原有的法律法规已经落后于实际情况的发展，调整也是时势所驱。2012 年 11 月 2 日，总统吴登盛签署颁布了《缅甸联邦共和国外国投资法》，以取代 1988 年颁布的《缅甸联邦外国投资法》。缅甸颁布此法旨在吸引外国投资，帮助振兴缅甸经济。以下将从六个方面阐述新投资法的具体内容：[②]

（一）外资投资方式

根据新外国投资法的规定，外国人在缅甸的投资可以通过三种方式进行：在许可的领域全额投资；与国民或相关政府部门、组织合资；签订合同进行合作。缅甸对于外资在缅甸投资的企业基本采取同样的对待方式，从目前的立法上看区别并不明显。

（二）合资比例

外资方与缅方进行合资经营时，双方的资本比例可以由双方商议决

① 廖亚辉：“缅甸油气产业动荡中前行”，《中国石化》2013 年第 8 期。

② 林婷婷：“中国和缅甸外资立法对比之研究”，《法制与社会》2014 年第 9 期。

定，对外资投资的比例不做硬性要求。《缅甸联邦共和国外国投资法实施细则》规定了外国投资者如愿同缅甸公民合资经营限制的项目或禁止的项目，外国投资资金比例不许超过全投资额的80%。投资委员会可在联邦政府的同意下，颁布通令修改此规定。

（三）管理机构

缅甸针对外国投资事务的管理设立了专门机构——缅甸投资委员会，其对于外资投资项目、合资比例、投资方式、优惠待遇和用工要求等方面都有较大的权限。[①]《缅甸联邦外国投资法》及其实施细则中对于很多具体领域和具体产业并未做详细的规定和要求，将这些监管的权力赋予了投资委员会。[②] 拥有专门的管理机构有一定的好处，在办事效率、工作协调和统一规定等方面都可以做得比较好，但是对其的监督管理也成为一个重要问题。2012 年新投资法出台后，则针对油气行业做了更为详细的规定与要求，着重强调管理机构在协调、监管领域的标准化、一体化。

（四）投资条件

《缅甸联邦外国投资法》第八条列举了 18 项审批投资项目的原则。这些原则实际上表达了缅甸政府吸引外商投资的根本目的，即利用国外资金和技术增强本国的弱势产业，在保护本国利益的前提下解决本国劳动力就业问题和发展地区和国家的金融实力。2012 年颁布的《缅甸联邦共和国外国投资法》则进一步明确了对外资的保护，尤其注重在基础设施政策优惠等领域提高资本吸引力。

（五）投资项目

《缅甸联邦外国投资法》仅规定“在缅甸投资的相关项目须为联邦

---

① 刘务、贺圣达：“油气资源：缅甸多边外交的新手段”，《南亚研究》2012 年第 3 期。

② 孔志坚：“缅甸油气资源开发的地缘政治博弈及其对我国的影响”，《东南亚南亚研究》2009 年第 4 期。

政府事先同意并经委员会公布”，并列举限制或禁止的项目。法律还规定了投资委员会在征得联邦政府同意后可以批准确实对国家和人民有利的但属于限制或禁止项目的外商投资，但具有极大影响的重大项目，委员会需通过政府向联邦议会报审。但在2013第1号通令中，缅甸对于外商投资产业有了比较明确的规定，颁布了外国投资者不准经营的、只准许同缅甸公民合资经营的和特许经营的项目名单。实施细则第14条规定了外国投资者投资限制或禁止的项目须考虑当地人民、社会机构、当地行政机构和内比都委员会或有关省邦或联邦政府的态度。①

（六）优惠条件

缅甸对于外商投资适用《缅甸外国投资法》，而对本国公民则是适用《缅甸公民投资法》。两部不同的法律对于投资减免规定也有所不同，缅甸对于部分特定产业的外商投资项目几乎可以说是“超国民待遇”的优惠。优惠条件往往是外商考虑是否进行投资的重要因素，缅甸政府在税收优惠方面的规定具有不小的吸引力。2012年颁布的《缅甸联邦和国外国投资法》延续了对外商“超国民待遇”地位的保护，也加大了对国内油气产业保护力度，合资合作成为优惠条件中的“条件”，通过政策杠杆进一步开发油气市场，提高本国油气产业自我发展能力。

三、缅甸能源开发的外资政策

缅甸在能源领域敞开了外国投资的大门，但归根到底是为本国经济发展所服务的，这就决定了其对外开放的前提是将外国资本置于本国有效管理之下。因此，分析缅甸能源开发的外资政策，首先要了解缅甸能源政策的目标，其次才是了解具体内容，这样才能深入掌握缅甸在能源领域对外资的态度及相关政策。

① 冀亚锋、冯凯、李瑞贤：“缅甸油气勘探开发中的环境问题研究”，《中国安全生产科学技术》2014年第2期。

（一）缅甸能源政策的目标

1. 维护国家能源独立

能源是现代国家经济发展的命脉，而能源的独立攸关国家的经济安全与主权独立。缅甸的政府精英同样明白能源对于国家的重要性，它不仅是促进本国经济发展的需要，同时也是巩固政权基础、实现国家民主进程平稳过渡的关键。

（1）能源企业所有权国有化。缅甸在油气、电力、煤矿等主要能源领域程度不同地实行国有化，负责缅甸油气生产和运输的缅甸油气公司所有权为国家所有。根据 1934 年通过现在仍然有效的缅甸石油法案，任何个人都不能进口、运输和储存石油，任何个人不得生产、提炼和混合石油。[①] 虽然在缅甸国内存在很多的私人小电站和小煤窑，但是负责全国电力生产、输送和分配的缅甸电力公司以及隶属于矿业部负责煤生产的第三矿业公司等大型企业属于国有公用事业性单位。[②]

（2）能源企业生产和运作的独立性。缅甸油气公司是 100% 的国有企业，其四项基本职责中的三项反映了缅甸对国内油气资源生产和供应独立性的追求，即利用自己的资源通过地质和地球物理测量来勘探石油和天然气并进行开采；通过铺设自己的管道向国内输送天然气；参与同国外石油公司的合作，并监视其中的生产合作合同。[③] 其他的国有能源企业在进行国际合作时，也都在一定程度上保持自身生产和运作的独立性。[④]

2. 满足经济发展需要

缅甸为促进本国经济发展，一方面放开外资进入门槛，另一方面则鼓励本国制造业的发展，并借着发达国家转移制造业的契机，大力

---

① “The PetroleumAct 1934”，印度电力上诉法院网站，2008 年 6 月 5 日，http//aptel. gov. in/pdf/PETROLEUM%20ACT. pdf。

② “Ministry of Electric Power”，缅甸能源部网站，2007 年 6 月 4 日，http：//www. energy. gov. mm。

③ U Kyaw Nyein，“Country report for Myanmar，Ministry of Energy，Union of Myanmar”，p. 2.

④ 王登科、陈丙先：“缅甸能源政策目标及其评价”，《东南亚纵横》2011 年第 7 期。

引进国外资本，在解决就业问题的同时促进产业发展并创造外汇，为进一步深入改革奠定经济和技术基础。因此，缅甸能源政策的目标从根本上来说是立足于国内，展望于国际市场，最主要的还是为本国经济发展服务。

3. 促进能源的有效利用并强化能源节约

缅甸能源成本较低，在能源有效利用和节约（Energy Efficiency and Conservation ，EEC）方面尚处于起步阶段，目前还没有系统的 EEC 政策，但缅甸政府在此领域已经有所作为。

首先是学术研究。缅甸在外部支持下，积极参加 EEC 研讨会。联合国亚太经社委员会和联合国发展计划项目是缅甸 EEC 项目的主要国外资金来源，日本新能源和工业技术发展组织（NEDO）之类的日本机构也为缅甸的 EEC 相关项目提供资金。这些为缅甸践行可持续发展和能源节约打下了坚实的理论基础，同时也提供了多边合作的平台。[①] 其次，缅甸还建立了相关机构并实现了能源需求监测，并将 EEC 措施普遍应用于各部门和各领域，使缅甸的能源节约落到实处。

（二）缅甸能源开发的外资政策

缅甸关于外国投资的政策主要通过新投资法表现出来。

在形式上，新投资法采用了国际上通行的三种形式，即独资、合资与合作，取消了旧法规定的合资企业外资比例至少要占 35% 的规定，取消了外资在合资企业中最高占 50% 股份的限制，宣布投资比例将由外资企业和缅甸合作伙伴决定。

为了实现新投资法提出的增加就业的职能，新投资法第十一章对外资企业使用缅甸劳工的数量、比例作出了详细规定。从项目开始之年起，投资者对缅甸工人及职员的使用数量在项目总用工人数中的比例，第一年内至少为 25%，第二年至少为 50%，第三年后至少为 75%。投资者要对缅甸员工进行必要的技术培训，必须签订劳动合同，工资待遇应与

① 王倩：“缅甸联邦油气勘探投资风险分析”，《江汉石油职工大学学报》2013 年第 2 期。

外籍同级员工相同。①

关于税收的优惠待遇，新投资法规定了比旧法更为优惠的待遇。制造业及服务业从开始经营的第一年起连续五年免征所得税，并可根据项目情况申请延长减免期；以项目利润作为专项资本在一年内用于扩大该项目投资的，减免所得税；项目设备、建筑物及其他资本的折旧，按规定折旧率计算出的金额从利润中扣除；投资者生产的产品用于出口的，减免50%所得税；外国人缴纳所得税的税率享受国民待遇；在境内从事与项目相关的研究费用，可从利润中扣除；项目享受五年减免所得税后，如果连续两年出现亏损，从亏损之年起连续三年减免所得税；对投资项目建设期间进口设备、配件及其他物资减免关税、国内税或两项同时减免；对项目竣工后头三年进口的生产用原材料减免关税、国内税或两项同时减免；经委员会同意后，对投资期限内扩大投资规模需要进口设备、零配件及其他物资的，减免关税、国内税或两项同时减免；对出口产品减免贸易税。

关于外资企业使用土地的问题，新投资法延长了外资企业土地使用的年限，从30年延长至50年，并且可以申请延长两个10年的土地使用期限。为促进经济发展，经联邦政府同意后，委员会可批准投资者在取得土地使用权后进行投资。投资者如需在国有土地上承包经营农业或畜牧业时，必须与缅甸投资者合资经营或合作经营。

在投资领域的限制方面，新投资法允许外资投资电力、石油和天然气、矿业、制造业、饭店和旅游业、房地产、交通运输、通信、建筑和其他服务业。但为了充分使用外国投资者的资本，使能源在满足内需的同时扩大出口，对于石油、天然气、矿产等需要投入巨资的项目，外国投资者必须与缅甸联邦政府或公民进行合作，并必须在规定地点、期限内，对项目进行论证以保证在勘探、开发直到经营运行后能实现联邦政府或授权部门、组织与外国投资者之间的利润分成或产品分成。与1988年外国投资法不同，新投资法用列举的方式规定了11个限制或禁止外国

① 内内埃：“缅甸和中国之间的能源合作：缅甸的视角”，山东大学2014年硕士学位论文。

投资的领域，主要是：有损民族传统及习俗的项目；有损民众健康的项目；破坏自然生态环境的项目；进口有害有毒物品或废弃物的项目；国际公约限制的生产或使用有害化学品的项目；缅甸外国投资法细则规定的仅限于缅甸公民从事的制造业及服务业项目；进口国外不成熟或未经授权使用的技术、药品及用具的项目；缅甸外国投资法细则规定的仅限于缅甸公民从事的农业及种植业项目；缅甸外国投资法细则规定的仅限于缅甸公民从事的畜牧业项目；缅甸外国投资法细则规定的仅限于缅甸公民从事的海洋捕鱼项目；除缅甸联邦政府特别批准的经济区外，国界线缅方一侧约16公里（10英里）内的外国投资项目等。对于上述限制或禁止的项目，如果缅甸联邦政府认为的确对国家和人民有利，外国投资管理部门可在事先征得联邦政府同意的前提下批准实施。对于有可能对缅甸的国家安全、经济安全、环境安全或社会稳定造成重大影响的项目，委员会需通过缅甸联邦政府提交联邦议会审批。①

四、问题与挑战

虽然缅甸油气业在20年中得到了较快发展，但是输气终端不健全、政治局势不稳、港口设施落后、物流业不发达、电力供应不足等因素阻碍了缅甸油气业的进一步发展。

基础设施不完善。2011年以来，缅甸在政治方面改革的幅度很大，但经济方面取得的成果有限。交通和通信等基础设施陈旧落后，至今全国仅有仰光—内比都—曼德勒一条高速公路。② 近些年虽然外国援建了一些桥梁，但仍未能满足国民经济发展的需要，部分地区甚至使用二战时建设的铁路桥。缅甸电力、公共卫生、电网和排污等公共设施投入严重不足，人均电话拥有量、互联网速度和金融服务业水平与世界基本水平相差甚远，教育水平更是远远落后，人力资源匮乏。在如此薄弱的基

① 米良：“试析缅甸大选以来外国投资制度的变化”，《云南大学学报（法学版）》2014年第1期。

② 李妙华、朴光姬：“缅甸的天然气工业及其开发项目”，《中外能源》2014年第5期。

础上发展油气产业，自然是困难重重。

族群教派冲突。随着民主化推进，一些族群和教派矛盾也日益公开化。2012年5月28日，缅甸西部若开邦一名信仰佛教的若开族妇女遭三名罗兴伽男子强奸杀害，此事引发了若开族与罗兴伽人的冲突。2013年3月20日，缅甸中部密铁拉一家金店的穆斯林店主与佛教徒顾客发生争执，后演变成当地穆斯林与佛教徒之间的严重对立，引发骚乱。2013年5月28日，缅北腊戌发生一名女佛教徒遭穆斯林男子浇汽油焚烧事件，结果引发骚乱。缅甸各地尤其是油气资源丰富的若开邦持续动荡的局势影响了外国对缅甸油气产业的投资信心。

炼油厂不能满足国民经济发展的需要。截至2015年缅甸仅有三个规模较大的炼油厂，日炼油总量为5.1万桶，无法满足国内需求。缅甸政府也意识到这一问题，希望能够建立新的炼油厂。

天然气运输网络不足。虽然缅甸天然气资源较为丰富，但随着缅甸经济的发展，国内天然气使用量也在增长，因此有必要扩大天然气输送网络。对于现有天然气网络，一方面要增加向国外市场出口输送能力的工程，大力建设跨境运输网络，例如中缅天然气管道和缅泰天然气管道；另一方面随着缅甸未来经济发展，必然也会产生新的居民用气需求，这就意味着有必要扩建现有2000多公里的天然气一级、二级供应网络，在未来条件具备时，在部分大中城市实现天然气入户工程。

缺乏油气立法。缅甸缺乏统一的能源法规，油气开发法制建设有待完善。油气产业主要依据主管部门的法规，有很大的随意性。尽管缅甸政府已经制定了油气开发和消费的相关政策，但这种政策严重落后于时代，且缺乏具体的法律法规来实施政策。尤其是2012年缅甸正式放开了民营企业进入油气产业的限制，但民间资本进入油气产业仍然缺乏法律保障。①

① 蔺佳、戚凯："缅甸外交政策调整与中缅能源合作"，《国际关系研究》2014年第3期。

第二节　缅甸油气资源开发的主要投资国

一、主要投资国对缅甸新外资法的评价及反应

缅甸新外国投资法的出台对缅甸经济发展是一个利好，英美国家很快就取消了对缅甸的经济制裁。缅甸巨大的市场潜力开始吸引美国公司前往缅甸投资，可口可乐、维萨、通用电气、卡特彼勒、高盛等著名的美资公司已经陆续进入缅甸。许多西方企业家认为，新外国投资法案获得批准表明了缅甸政府对吸引外资的渴望，相信新法案的出台也将为更多希望前往缅甸进行投资的企业提供法律依据，使企业在缅甸的投资得到法律保护，也使企业的商业投资更为便利。

亚洲开发银行2012年在泰国曼谷发布了题为《转型中的缅甸：机遇与挑战》的报告，[①] 预计缅甸未来20年年均经济增长率将达到7% – 8%，人均国内生产总值将在2030年增加到目前的3倍（达到2000—3000美元），但缅甸经济依然面临诸多风险。这是亚行自缅甸2011年实施改革以来首次发布有关缅甸经济的报告。亚洲开发银行副行长史蒂芬·格罗夫表示，亚行已有20多年没有在缅甸开展任何新项目了，但亚行一直密切关注缅甸的经济发展，并计划在恰当的时机重新开展业务。格罗夫称，如果缅甸继续坚持改革，那么其经济将能够实现每年7%—8%的增长，并创造和其他亚洲邻国一样的增长奇迹，“成为亚洲经济增长的一颗新星”。他认为，缅甸经济发展有几大优势，如丰富的自然资源、人口年轻化带来的充裕劳动力、极佳的地理位置等。缅甸的逐渐开放会让其受益良多，经济改革也为缅甸国内外投资者提供了很好的机遇。缅甸丰富的油气资源、可再生能源（水电）以及服务业和制造业都将为投资者带来巨大的回报。他还表示，缅甸的水电资源在东南亚国家中首

① 米良：“试析缅甸大选以来外国投资制度的变化”，《云南大学学报（法学版）》2014年第1期。

屈一指，目前开发利用率仅为2%，有巨大潜力。[①]

二、主要投资国的投资顾虑

如前所述，大选给缅甸带来前所未有的机遇，而新外国投资法的颁布似乎也给外国投资者提供了制度保障，然而实际情况并非许多人想象的那样乐观，并非一部法律就能解决外国投资所面临的所有问题，外国投资者也正是认识到缅甸情况的复杂性，故而对大规模投资保持观望。

（一）政局不稳

一是中央政权的不稳。2013 年上半年，吴登盛政府上台将满两周年，缅甸的对外开放和改革也进入了一个敏感阶段。缅甸最大反对党全国民主联盟（民盟）重新崛起，已形成冲击未来政坛之势，民盟总书记昂山素季正在为2015 年选举做准备；而多种政治势力和利益团体的突然活跃以及境外缅甸人士所办媒体“移师”国内，都给缅甸政局增加了不少复杂变数。随着各方政治势力在缅甸的博弈越来越激烈，很多现实问题与缅甸军政府时期遗留下来的问题纠缠在一起，并且直接影响到了吸引外资的进程。吴登盛政府已经将吸引外资、振兴经济作为执政的首要目标。2013 年以来，吴登盛接连出访欧洲五国和澳大利亚、新西兰等国，目的就是争取更多外援，推动西方对缅全面解除制裁，为引进外资扫清障碍。缅甸的改革同时还受制于西方国家对缅政策的制约。吴登盛政府能否说服美欧全面解除制裁，要看他能在多大程度上满足美欧的条件。而一旦满足这些条件，能否确保政府稳定、执政党的地位以及军人集团的利益，同样也是吴登盛需要权衡的。所有这些因素加起来，将使缅甸未来政局的演变令人难以把握。[②] 二是北部边境地区的民族矛盾造成的局势不稳。2009 年下半年缅甸掸邦北部第一特区果敢地区局势紧

---

① 亚洲开发银行：“转型中的缅甸：机遇与挑战”，参见泰国《世界日报》2012 年 8 月 20 日，http：//fmit. biz/post/report/5ed5498cec2945fb8056e780102829d6。

② 丁刚、李宁：“缅甸政局进入复杂敏感期”，参见 http：//news. xinhuanet. com/2013 - 03/20/c_ 124478789. htm。

张，造成一些缅甸边民和在当地做生意的中国商人涌到中国云南边境地区的事件就是一个例子，无法保证这种状况今后不会出现。

（二）管理落后和税收法律制度不健全

由于长期封闭，缅甸政府缺少管理经济的经验，财政赤字和高通胀长期困扰缅甸经济。在东盟国家中，缅甸税收占国内生产总值的比例最低，仅为3%，这一水平甚至低于阿富汗。税收法律的缺位和不清晰也可能对投资造成伤害。

（三）金融基础设施不足和金融体制与市场背离

据亚行调查显示，缅甸每1000平方公里国土上平均拥有的商业银行数量为0.85，这一数据不仅低于越南的7，也低于柬埔寨的2.2，金融体系的滞后将对缅甸经济发展形成巨大制约。缅甸2012年4月实施汇率改革后，外国人持护照可以在缅甸进行外币和缅币的兑换，但多数银行仍然无法实现汇兑和结汇。[①]

（四）基础设施落后

缅甸在独立初期，曾经是亚洲国家中为数不多的基础设施相对良好的国家，殖民时期的积累可以说是为缅甸的发展奠定了基础。但是政局的混乱严重影响了国家发展的正常进程，甚至使缅甸沦为世界上最不发达的国家之一，直到现在依然使用殖民时期的公路而缺少维护。电力短缺不仅是司空见惯，更成为制约国家产业发展的瓶颈，生活、工作在缅甸的人对此都深有体会。至于通信，虽说发展迅速，但依然处于起步阶段。

总之，缅甸大选后所实施的开放和市场化是一个打破旧体制和建立新体制的过程，其中充满变数，风险巨大。缅甸外国直接投资额自2010—2011财年达到200亿美元峰值以后连续下降，2012—2013财年仅

① 亚洲开发银行：“转型中的缅甸：机遇与挑战”，参见泰国《世界日报》2012年8月20日，http：//fmit.biz/post/report/5ed5498cec2945fb8056e780102829d6。

为13.9亿美元，表明缅甸的外国投资环境风险不能低估。①

三、投资国在缅油气资源的竞争

缅甸有百余年石油开采历史，石油资源主要分布在缅甸中部和沿海地区。自20世纪90年代以来，许多外国公司纷纷进驻缅甸开发其丰富的石油资源。截至2014年末，缅甸共有25个远海区域在勘探中，12个位于莫塔玛海湾，6个位于德林达依海岸，7个位于若开海岸。来自澳大利亚、英国、法国、加拿大、中国、印尼、马来西亚、俄罗斯、韩国、泰国和越南的石油天然气公司都与缅甸政府达成协议勘探石油天然气。

2004年10月、12月和2005年1月，由中海油缅甸有限公司、新加坡金箭有限公司以及中国寰球工程公司三家组成的联合体同缅甸石油天然气公司先后签署开发缅甸M、A-4、M-10、C-1、C-2和M-2区块石油产品分成合同，这六个区块的总开采面积已超过中国渤海油田。2005年8月11日，中石化集团的云南滇黔桂石油勘探局与缅甸石油天然气公司启动了首个与缅甸合作进行勘探的石油天然气项目，远景目标是建成一个百万吨级的油田，该项目首期投入资金达3000万，勘探期为三年。② 如有商业发现，该合同将延长至20年，建成年生产达100万吨级的油田。迄今为止，中国的三大石油公司都已在缅甸安营扎寨。

目前，缅甸的主要天然气田为莫塔玛海上的耶德那和耶德贡。据估计，耶德那天然气田的储量为1500亿立方米，预计开采年限为30年。此油田由法国的Total公司（所持股比例是31%）、美国的Unocal公司（28%）、泰国的PTT-EP（26%）以及缅甸的MOGE（15%）共同合作开发。

耶德贡天然气田蕴藏量估计为480亿立方米，由跨国公司联合共同

---

① 吴崇伯："缅甸石油天然气产业发展与外资对缅甸油气资源的开发"，《创新》2013年第1期。

② 龚伟："中缅能源合作的前景及挑战"，《商业经济》2015年第3期。

开发，美国的 Texaco 公司所持股份为 50%，英国 PremierOil 公司所持股份为 30%，日本的 Nipppon 石油公司所持股份为 20%，Texaco 公司和 PremierOil 公司分别于 1997 年和 2002 年撤出在耶德贡气田的股份，PremierOil 公司的股份被马来西亚的 Petronas 公司和缅甸的 MOGE 公司取代。目前耶德贡气田的持股公司分别是缅甸的 MOGE 公司、日本的 Nipppon 石油公司、泰国的 PTTEP 公司、马来西亚的 Petronas 公司，持股比例分别是 20%、19%、19%、42%。[①]

2000 年 8 月，韩国大宇公司和缅甸的石油天然气公司共同探测若开海岸的天然气。2004 年大宇公司宣布在若开邦首府实兑海岸的 Shwe 海域发现了 A1 和 A3 区块天然气。其中 A1 区块最大，估计天然气蕴藏量为 101 亿立方米。目前，大宇公司作为该区块的操作者拥有 60% 的股份，A1 区块另外股份情况为韩国天然气公司 10%，印度 ONGCVidesh 公司 20% 以及印度 GAILL 公司 10%，并于 2009 年开始生产天然气。2008 年 9 月 6 日，缅甸石油与天然气公司与俄罗斯 Closed Joint Stock Oil Company “NobelOil” 公司在内比都签署合作协定，据此，双方将合作按照产品分成的方式在缅甸内陆 A 区块（克钦邦户拱地区）和 B－1 区块（克钦邦乌尤地区）开展石油与天然气勘探、开采和生产合作。同年 10 月 2 日，缅甸能源部石油天然气公司与越南石油公司、Vietsovpetro 公司及缅甸 Eden 集团公司就合作勘探、开发缅甸莫达马海上石油天然气 M－2 区块签署产品分成合同。[②]

四、当前缅甸油气资源地缘政治博弈分析

当前缅甸油气资源博弈的局中人包括缅甸和期望并能够在缅甸获得油气资源的国家。这包含了博弈的各方：一方是生产油气的国家（缅甸）；另一方是能源消费国。这些国家既要有参与博弈的意愿，也要有

① 王登科、陈丙先：“缅甸能源政策目标及其评价”，《东南亚纵横》2011 年第 7 期。

② 孔志坚：“缅甸油气资源开发的地缘政治博弈及其对我国的影响”，《东南亚南亚研究》2009 年第 4 期。

参与博弈的可能。由于任何国家都想得到更多的油气资源，从这一点来说，任何国家都有可能成为博弈局中人。但由于缅甸政治格局和地缘政治的影响，缅甸的周边邻国在缅甸油气资源开发中拥有更多的话语权。综合对油气资源的实际需求和对缅甸国际关系的影响，当前缅甸油气资源开发的地缘政治局中人主要有中国、印度、泰国等。

中、印、泰等油气消费国家对缅甸油气的博弈是一个复杂的交叉博弈过程。从博弈对象来看，油气消费国要进行两个方面的博弈，即与缅甸的博弈和消费国之间的博弈。

（一）中、印、泰油气消费国与缅甸之间的博弈

对中、印、泰油气消费国而言，其选择参与策略的条件是从缅甸获得的油气效用不小于其期望价值。也就是说，对消费国而言，获得缅甸油气资源的价值仅由它对缅甸的油气需求量决定。

中国是仅次于美国的能源消费大国，根据国际能源机构预测，到2020年和2030年中国进口石油依赖度将高达76.9%和82%，估计到2020年中国天然气消费中将有50%左右来自国外进口。[①] 为了实现油气资源进口来源和运输多元化的目标，中国积极开展能源外交。中国能源外交就是指中国政府鼓励其三大国有石油公司——中石油（CNPC）、中石化（SINOPEC）和中海油（CNOOC）到海外寻求油气资产，并且政府通过运用政治、经济、外交等多种方式来增强与油气资源国家和地区的关系，为三大国有石油公司在这些国家和地区的油气资源开发活动创造有利条件。目前，中国三大国有石油公司都已在缅甸安营扎寨，开发缅甸丰富的油气资源。

随着印度经济的持续高速增长，印度成为继美、中、俄、日之后的世界第五大能源消费国。根据国际能源署预测，在人口持续快速增多和经济强劲增长的推动下，由于国内资源有限，油气产量增加困难，印度将更多地进口石油与天然气。对石油进口的依赖度将由2000年的65%、2003年的76%上升到2030年的94%；天然气需求量将从2000年的220

---

① 吴磊：《中国石油安全》，中国社会科学出版社2003年版，第324页。

亿立方米增加到2030年的970亿立方米，年均增长5.1%（而所预测的天然气需求增加量约有一半需要进口）。[①] 为了获取经济高速增长所需的能源，印度外交越来越向石油和天然气领域倾斜，全力发展与有可能成为其能源供应地和能源通道国家的关系，并着力构建周边油气网络。

泰国本身就是一个“缺油少气”的国家。目前缅甸国内最大的两个天然气田——耶德那和耶德贡所生产的大部分天然气都销往泰国。耶德那气田1998年7月开始向泰国供气，通过346公里的海底管道和63公里的陆地管道到达缅泰边境的班通，在边境上与从泰国修建的管道相连接。目前，该气田日生产量为0.18亿立方米，其中每天卖给泰国的天然气量为0.15亿立方米，满足了其15%—20%的天然气需求，剩下的销往缅甸国内。耶德贡天然气田经由210公里的海底管道和67公里的陆上管道与耶德那管道相连，自2000年开始向泰国供气。

由此可见，与缅甸直接毗邻的中、印、泰三国对油气资源的巨大需求以及缅甸丰富的油气资源满足了消费国与产油国的博弈条件。

对于缅甸而言，出口油气获得的效益包括经济效益和政治效益两方面。

在经济效益方面，目前缅甸是全球第十大天然气出口国，随着国际天然气价格的上涨，天然气已成为缅甸最大的单宗出口商品。2005—2006财年天然气出口占到缅甸出口总额的30%左右，2006—2007财年占到出口总额的43%。

2000—2003年，缅甸天然气出口急剧增长，大部分出口到泰国，2003年的出口量比2000年翻了五倍多。但到了2003年后，缅甸国际储备收入急剧上升，收入的增加不是来源于出口量，而是天然气价格的上涨，天然气价格从2003年的4.54美元/百万英热单位上涨到2006年的7.31美元/百万英热单位，而2006年的天然气的出口量却少于2003年。[②]

---

① 龚明：“在石油天然气地缘政治角力中的中印缅甸关系研究”，《当代经济》2011年第4期。

② 王晓梅：“从中缅油气管道看中国能源安全战略选择”，《国际经济合作》2013年第10期。

在政治效益方面，缅甸出口油气到中、印、泰三国可以保证其政治安全。一方面，在国际上，由于以美国为首的西方国家实施了对缅甸的经济制裁，部分西方石油公司从缅甸撤资（Texaco 公司和 PremierOil 公司分别于 1997 年和和 2002 年撤出了在耶德贡气田的股份），加强与中、印、泰三国的贸易联系可以有所缓解；另一方面，在国内，加强与印、泰两国的联系，能改变 20 世纪 90 年代过度依赖中国的局面，对周边国家实施平衡外交能有效地保证本国的政治安全。

（二）中、印、泰油气消费国之间的博弈

中、印、泰油气消费国之间的博弈是通过缅甸丰富的油气资源为媒介发生的。消费国之间的博弈是建立在消费国与油气资源国博弈完成后，也就是说，进行博弈的消费国是那些已经确认参与缅甸油气资源开发的国家。中、印、泰三国不仅积极参与了缅甸油气资源的开发，而且泰国在 1998 年和 2000 年分别修建了连接缅甸耶德那和耶德贡气田的天然气输送管道。进入 21 世纪后，中国和印度都积极修建与缅甸的油气管道。

为获取经济高速增长所需的能源，印度外交越来越向石油和天然气领域倾斜，全力发展与有可能成为其能源供应地和能源通道国家的关系，并着力构建周边油气网络。2004 年 1 月，由韩国大宇公司、韩国天然气公司、印度天然气公司和印度盖尔天然气公司组成的联合体在缅甸实兑附近的 A1 区块发现一条天然气带，当时估计储量达到 1008 亿立方米。[①] 印度政府对此反应极快，立即提出购买 A1 区块的天然气，并决定修建一条从缅甸实兑经孟加拉国领土再到印度加尔各达的天然气管道。这条管道全长根据不同方案在 600 公里到 1200 公里之间，造价约 20 亿美元，计划在五年内全线开通。然而，印度竞购缅甸天然气和修建油气管道的方案最终失利了，缅甸选择了中国。印度与油气管道建设失之交臂的主要原因一方面是印孟之间的矛盾与博弈导致天然气管道建设进展缓慢，另一方面是缅甸政府短期利益需求对印度不利。缅甸政府的资金（尤其

① 李家真：“对外投资面临的政治风险及其对策研究——以中国对缅甸投资为例”，《今日中国论坛》2013 年第 1 期。

是外汇）本来就短缺，迁都之后资金缺口更大。因此，缅甸军政府急需将资源变成现金，所以在 A1、A3 区块天然气销售问题上逐渐倾向于最先能将天然气买走的国家。在这方面，中国、韩国甚至泰国都不逊色于印度。而且，缅甸军政府认为缅孟印天然气管道只有很短一段在缅甸境内，对缅甸基础设施建设的拉动作用远不如经由缅甸腹地的中缅油气管道。① 另外，缅甸军政府也认为，在关系到缅甸军人政权生死存亡的重大问题上，如联合国安理会表决缅甸问题的解决方案时，中国能给以缅甸更大的帮助。② 最终，缅甸政府从国内政治、经济角度出发，选择了发展与中国的油气管道建设。

泰国一直是缅甸天然气的最大买家，同时也积极参与缅甸天然气勘探活动。泰国 PTTET 公司在莫塔玛湾 M3、M4、M7、M9、M11 等区块拥有油气开采权。2007 年初，该公司在莫塔玛湾 M9 区块发现了有开采价值的气田。2008 年 6 月底，泰国能源部长亲赴缅甸，参加了在缅甸新首都内比都举行的与缅甸油气公司（MOGE）就 M9 区块天然气出售给泰国的 PTTEP 公司和 PTT 公司事宜的协议签字仪式。③ PTTEP 公司准备投资 10 亿美元在耶德那和耶德贡气田附近再修建一条输气管道到泰国，为 2011 年或 2012 年正式开采后的 M9 区块天然气输送到泰国做准备。

总的来说，缅甸周边邻国泰国、印度、中国都是能源消耗国家，各国都使出浑身解数通过发展与缅甸的政治、经济、外交关系来保证本国的能源安全。但是缅甸的油气资源毕竟是有限的，因此中、印、泰三国对缅甸油气资源的博弈合作应大于竞争。

第三节　缅甸油气资源开发的国际竞争的影响

中国与缅甸毗邻，边境线长达 2000 多公里。中国奉行“与邻为善，

① 刘才涌：“缅甸油气产业开发现状与外国参与情况评析”，《南洋问题研究》2014 年第 2 期。

② 申林：“缅甸政制变革对中国国家安全的影响”，《云南行政学院学报》2013 年第 1 期。

③ 李妙华、朴光姬：“缅甸的天然气工业及其开发项目”，《中外能源》2014 年第 5 期。

以邻为伴”的方针和睦邻、安邻、富邻的政策，并以此作为指导中国与周边国家关系发展的外交思路。中国在缅甸的油气地缘政策无非是为了破解“马六甲困局”、维护地区稳定和通过油气管道建设谋求互利的经济发展。

当前，许多国家介入了缅甸的油气资源开发，纵观对缅甸油气资源地缘政治博弈分析，不难看出，相关国家都把油气资源作为竞争手段和武器。在中印两国对缅甸油气管道的博弈中，中国获得了从缅甸西海岸实兑港经第二大城市曼德勒，然后从云南边城瑞丽进入中国境内的油气管道输送路线，中国在管道对决中占了上风。虽然印度购买缅甸 A1 区块的天然气和修建从缅甸实兑经孟加拉国领土再到印度加尔各达的天然气管道计划流产，但印度继续加强与缅甸的双边经贸关系。根据 2007 年 2 月 5—11 日缅甸《时报周刊》报道，印度计划对缅甸实兑港改造建设项目投资 1.3 亿美元。其他媒体透露，实兑港的建设将为缅甸近海天然气田通过深海管线输送天然气打下基础，该项目的资金全部来源于印度政府。2008 年 4 月，缅印双方签署了加拉丹河综合通道项目合作协议。根据该协议，印度将投资 1.3 亿美元用于改造实兑港和建设加拉丹河综合通道。因此，中印之间围绕缅甸油气资源的勘探、开发、能源运输通道安全以及建设新的能源运输通道的博弈将长期存在。

目前中国在缅甸的油气资源开发，正从单一的油气资源的联合勘探与开采向保护能源运输通道的安全以及建设新的能源运输通道转变，其中最典型的是中缅油气管道建设。2009 年 3 月 26 日，中缅两国政府签署了《关于建设中缅原油和天然气管道的政府协议》，根据协议，石油管道将耗资 15 亿美元，天然气管道耗资 10 亿美元。紧接着在 6 月 16 日，中石油与缅甸方面正式签署《中国石油天然气集团公司与缅甸联邦能源部关于开发、运营和管理中缅原油管道项目的谅解备忘录》，中石油将负责设计、建设、运营和管理这条跨境输油管道项目。

中缅管道将采取气、油双线并行的方式建设。其中，天然气管道输气干线全长 2806 公里，输气口径 1016 毫米，年输气能力 120 亿立方米。输油管道全长约 1100 公里，初步设计一期每年向中国输送 2000 万吨原油，相当于每日运输40万桶左右。据专家预计，二期以后还将有望引进4000万—6000万吨的原油，这一数字接近中国2008年原油总进口量的1/3。

依据协议，中缅管道将起于缅甸西海岸的实兑港，经缅甸第二大城市曼德勒，然后从云南边城瑞丽进入中国境内，途经保山、大理、楚雄、昆明等城市。2010年，中石油在缅甸建成30万吨原油码头和60万立方米的油库；2012年，天然气管线试通气。作为配套项目，中石油还在云南、四川等地布局多个千万吨级别的大型炼厂。中缅油气管道建设将打破云南乃至西南地区缺油少气的局面，对推动西南地区的经济发展具有重要的意义。

对于中国政府而言，比起绕道马六甲海峡，中缅油气管道可使中东原油直接输送到西南地区的云南、广西等地，从而有效地保障中国能源安全。从1993年起，中国开始成为石油净进口国，截至2015年1月中国的原油对外依存度已经升至59.5%左右。据海关总署的统计数据，2008年中国的石油净进口量超过2亿吨，其中原油进口1.79亿吨。在进口石油中，超过90%都是通过海上运输，尤其是超过80%的进口原油来自中东和非洲，都必须经过马六甲海峡这个最窄处仅有2.4公里的战略咽喉通道，马六甲成为中国能源安全的一大瓶颈。中缅油气管道能有效地破解“马六甲困局”，为中国的能源安全增加安全系数。

近年来，中缅油气管道建设出现了一些新的动向，发生于2009年8月的“果敢事件”就是其中之一。中缅油气管道路线要经过“民地武”控制区域，“果敢事件”无疑会对中缅油气管道建设产生影响，韩国大宇公司也表示将重新考虑对缅甸油气管道的投资计划。[①] 8月的“果敢事件”与9月份动工的油气管道建设，从时间上来看紧密相连，这二者之间不会没有关系。总之，无论军政府出于何种动机对“民地武”动武，已经对中缅油气管道建设造成了影响。

---

① “缅甸政府军占领果敢　附近有中国石油和天然气工程”，http：//gb.cri.cn/27824/2009/08/28/2585s2605756.htm。

总的来说，中缅油气管道建设对沿线地区的社会经济发展是有利的，如何规避风险、化不利因素为有利因素，将是中缅两国政府应共同面对的问题。[①]

---

① 孔志坚："缅甸油气资源开发的地缘政治博弈及其对我国的影响"，《东南亚南亚研究》2009 年第 4 期。

第五章
中缅油气管道的建设历程

中缅油气管道是继中哈原油管道、中亚天然气管道、中俄原油管道之后的第四大能源进口通道。它包括原油管道和天然气管道，可以使原油运输不经过马六甲海峡，从西南地区输送到中国。中缅油气管道的提出是中国地缘政治经济利益的重要体现。2009 年 3 月《关于建设中缅原油和天然气管道的政府协议》的签署标志着中缅油气管道正式进入建设阶段。2013 年 9 月 30 日，中缅天然气管道全线贯通，开始输气。2015 年 1 月 30 日，中缅石油管道全线贯通，开始输油。

第一节　中缅油气管道的提出

随着世界经济的迅速发展以及工业技术的进步，人类将逐步进入后能源时代。后能源时代是多种能源并举、因地制宜互补式发展的全新时代，新能源将依靠科技发展获得市场竞争力进而实现迅速增长，化石能源在能源总量中的比例将逐步下降。[1] 在第二次石油危机之后，石油在能源中的比例加速下降，天然气的比例加速上升。随着经济的发展，人

① 张杭："关于中国所处能源时代及对策的思考"，《国际石油时代》2014 年 Z1 期。

们对烃类有更大的需求，气的储存运输技术也有了相应的发展，加之天然气比石油有更好的环保性能，也是更低成本的化工原料，因此天然气生产有后发优势，增长更快。但是根据英国石油公司（BP）和国际能源署（IEA）2013 年发布的 2030 年世界能源展望，届时在世界能源结构中，石油所占比例仍将超过天然气。[①] 虽然属于人类的天然气时代尚未来临，但中国人倾向于打有准备之战，如果某一天对于天然气的需求超过了石油，天然气取代了石油在工业发展中的主导地位，而国家储备尚未成熟，一旦危机发生带来巨大的冲击，那么到那时将对以天然气为主要燃料的国家工业以深重打击。正是基于强烈的危机意识，建设中缅油气管道被正式提上议事日程上来。

一、中缅油气管道最初由学术界提出

缅甸位于中南半岛西部，西南濒临孟加拉湾和安达曼海，东部与中国、老挝和泰国接壤，西部与印度、孟加拉国为邻，面积 676581 平方公里，地势北高南低。缅甸是世界主要的石油天然气生产国，二战后油气发展逐步衰落。1989 年，缅甸宣布实行市场经济及对外开放政策，油气生产开始复苏。1977 年颁布私营企业法，宣布“石油勘探、生产和加工由国家专营”。缅甸在 1885 年用顿钻钻成第一口井之前，从 11 世纪起一直用人工挖井生产石油，19 世纪曾将原油运往欧洲。1962—1989 年，缅甸陆上油气勘探开发工作由国家石油公司独资运行。缅甸海上石油勘探活动始于 1970 年，1973 年开始钻井。1989 年末，缅甸实行开放政策，颁布了外国投资法，进行划块招标，获得勘探投资总数为 3. 82 亿—4. 37 亿美元。2014 年亚洲开发银行对缅甸的 53 块陆地油气田和 51 块海洋油气田进行勘探后得出的调查报告显示，已探明的缅甸的石油储量为 1. 6 亿桶天然气储量为 20. 11 万亿立方米，据目前探测的情况显示，未来还可能发现更多天然气储量，此外近年来，缅甸每年生产原油 4000 多万

---

① 《BP2030 年世界能源展望》，http：//www. bp. com/zh_ cn/china/reports-and-publications/bp2030_ 0. html。

桶，天然气 80 多亿立方米，出口天然气 50 多亿立方米，创汇 5 亿多美元，发展潜力巨大。

与此同时，随着经济的持续快速发展和城镇化水平的迅速提高，中国面临着能源供应和环境保护的巨大压力，因此必须有超越前人的能源发展新思路。中国自 1993 年起成为石油净进口国，2004 年取代日本成为世界上第二大石油消耗国，这一年，中国的原油进口超过 1.2 亿吨，其中 90% 以上的原油进口是通过海上运输的方式进行的。目前，中国石油进口最主要的通道——马六甲海峡的航运问题日趋严重，在原油进口问题上主要表现为“马六甲困局”。为了破解此困局，中国学者以及有关部门就避开马六甲海峡的石油运输替代通道进行了研究，提出了一些具体方案，包括参与开凿克拉地峡运河和修建贯穿克拉地峡的输油管道；建造泛亚石油大陆桥；修建从吉大港到云南昆明，或从巴基斯坦的卡拉奇港到新疆，或从缅甸实兑至云南昆明的输油管道等。其中，中缅石油管道和经由泰国克拉运河的输油管道方案最引人注目。但是中国云南大学泰国研究中心主任瞿健文教授指出，由于地质和气候等因素影响，中巴输油管道和中孟输油管道希望渺茫，而泰国的克拉地峡方案由于没有得到中国和日本的积极回应也没有任何进展，北上俄罗斯的输油管道则由于日本的干扰一波三折。[①] 所以，中缅油气管道的修建引起了学术界的广泛关注。

2004 年 7 月 11 日，缅甸联邦政府总理钦访华，瞿健文等学者认为，应该借钦访华的机会向中央提交一份报告，建议在其他能源通道难以有进展的情况下，考虑修建中缅边境的跨国油气管道战略，在中缅之间修建一条石油天然气安全运输管道。学者们建议的中缅油气管道的具体路线是：来自中东和北非的石油从缅甸实兑港上岸，通过输油管线直达西南。该线路比中国按传统方式通过马六甲海峡将原油运抵湛江，提炼后再运往其他地方至少能减少 1200 公里的路程，而且相对安全得多。[②]

① 李晨阳等：“中国破解‘马六甲困局’的战略选择”，《参考消息》2004 年 8 月 5 日，http：//ck. hqck. net/arc/jwbt/ckxx/2015/0615/200228_ 32. html。

② 林锡星：“中国新石油通道的两难选择”，《新闻周刊》2004 年第 29 期。

2004 年 8 月，相关学者们向国务院提交了《关于修建从缅甸实兑到昆明输油管道的建议》，遂引起广泛关注。自此，关于修建中缅油气管道的建议进入国家层面的准备与谈判阶段。

二、中缅油气管道建设的准备阶段

2005 年 7 月第二次大湄公河次区域合作会议上，中国国家发改委和缅甸能源部签署《关于加强能源领域合作的谅解备忘录》。重庆市常务副市长黄奇帆也曾表示，重庆市政府与中石化集团正在向国务院争取建设从缅甸到中国云南省的石油管线，并最终延伸进入重庆。更具实质意义的是，中国已经开始着手缅甸的海底油田开发。2005 年初，由中海油缅甸有限公司、新加坡戈登阿兰石油有限公司以及中国寰球工程公司三家组成的联合体，同缅甸能源部下属的缅甸石油与天然气公司再次签署了开发缅甸 C1、C2 和 M2 区块石油气的产品分成合同。其中 C1、C2 为陆上石油气区块，M2 为海上石油气区块，三个区块的总面积约为 5.2 万平方公里。这是中国投资缅甸的一个突破性进展。2005 年 8 月，中石化集团麾下的云南滇黔桂石油勘探局与缅甸国家石油与天然气公司启动了首个在缅甸合作进行勘探的石油天然气项目，其远景目标是建成一个百万吨级的油田。该项目首期投入资金达 3000 万美元，勘探期为三年，如有商业发现，该合同将延长 20 年，拟建成年产量达 100 万吨级的油田。随后虽然由于缅甸国内政局不稳、西方对缅甸军政府实施经济制裁、该项目可能涉及周边复杂的地缘政治以及与印度等国家之间的利益博弈等因素影响，该项目未得到大力推动，但事情在 2006 年出现了转机。2006 年 1 月，缅甸总理梭温对中国进行国事访问时，中缅双方签订了一份天然气贸易备忘录，该备忘录里明确提到计划修建一条到达中国昆明的天然气管道。在当年的全国“两会”上，91 位来自云南的人大代表联名提交了《云南省代表团关于修建中缅石油管道和在云南建设石油炼化基地的建议》。2006 年 6 月，国家发改委正式批准建造从缅甸实兑到云南昆明的原油管线。一年后，中缅输油管道项目就作为“十一五”规划的四大油管之一，通过了发改委的最终审议。2007 年 6 月，中国石油天然气集团公司与缅甸能源部签署《中缅天然气合作谅解备忘录》，明确了合作的基本框架。2008 年 9 月初，中石油和缅甸方面即进入商务谈判阶段，总体进展顺利，缅甸政府将管道的控股经营权交给了中方。2008 年 12 月，中缅韩印四国六方［中国石油天然气集团公司（China National Petroleum Corporation，CNPC）、韩国大宇国际集团（Daewoo International Group）、印度石油海外公司（Oil India Ltd，OIL）、缅甸国家石油和天然气公司（Myanmar Oil and Gas Enterprise，MOGE）、韩国天然气公社（Korea Gas Corporation，KGC）以及印度天燃气有限公司（the Gas Authority of India Ltd，GAIL）］在仰光签署《缅甸丹瑞（Shwe）气田项目出口天然气购销协议》，锁定了缅甸西海岸若开盆地 A1、A3 两个区块的天然气输往中国。中国石油天然气集团公司与缅甸国家石油与天然气公司和韩国大宇国际集团公司签署三方协议，缅甸每年将向中国出口约 120 亿立方米天然气，供应期限长达 30 年。此前，三大石油公司都向国家能源局提交了自己的竞争性方案，最终缅甸政府选定了中石油的方案，确定由中石油担任中缅油气管道的业主单位。此外，云南省人大还审议通过了《云南省 2007 年地方财政预算执行情况、2008 年地方财政（草案）》，该草案表示，云南将配合国家做好中缅石油管道及炼化、天然气管道项目的前期工作，推进云南省内成品油管道和石油储备库的建设。目标是建设年输送能力 2000 万吨的中缅原油输送管道，配套 1000 万吨/年炼油和 80 万吨/年乙烯一体化装置。2009 年 6 月，中缅双方签署了《中国石油天然气集团公司与缅甸联邦能源部关于开发、运营和管理中缅原油管道项目的谅解备忘录》，根据备忘录，中缅油气管道项目包括原油管道、储运设施及其附属设施，以及在缅甸马德岛建设的一个可从超大型油轮卸载原油的码头和终端、附近建设的原油储运设施及其他附属设施。双方同意由中石油设计、建设、运营和管理原油管道项目。

三、中缅油气管道的立项

英国皇家国际事务研究所保罗·史蒂文斯教授认为，跨境管道是指石油和天然气管道直接连接能源供应国与能源进口国，不从其他主权国家领土穿过。简而言之，跨境管道就是不经过其他国家领土，只在能源供应国和能源进口国之间铺设的管道，因此跨境油气管道只涉及两个主权国家，即资源进口国和资源输出国。① 中缅油气管道是中国四大能源战略通道之一，管道横贯整个缅甸中部，始于若开邦，经马圭省、曼德勒省，最后进入中国，管线经过中国云南瑞丽、昆明，止于安宁，并在安宁修建提炼厂加工原油，由此输送到中国其他地区。

2009 年 3 月 26 日，中缅两国政府签署《关于建设中缅原油和天然气管道的政府协议》。根据协议，石油管道将耗资 15 亿美元，天然气管道耗资 10 亿美元，中国最大的石油天然气企业中国石油天然气集团公司拥有该项目 50. 9% 的股份，其余股份由缅甸石油天然气公司持有。2009 年 12 月，中国石油天然气集团公司与缅甸能源部签署了《中缅原油管道权利与义务协议》，明确了中石油作为控股方的东南亚原油管道有限公司在中缅原油管道建设运营商所承担的权利和义务。协议规定，缅甸联邦政府授予东南亚原油管道有限公司对中缅原油管道的特许经营权，并负责管道的建设及运营等。东南亚原油管道有限公司同时享有税收减免、原油过境、进出口清关和路权作业等相关权利。协议还规定，缅甸政府保证东南亚原油管道有限公司对管道的所有权和独家经营权，保障管道安全。除此之外，中国石油天然气集团公司总经理蒋洁敏与缅甸国家油气公司总经理吴敏田还签署了《东南亚天然气管道有限公司股东协议》，协议明确了中国石油天然气集团公司所属东南亚管道公司作为合资公司的控股股东，负责油气管道工程的设计、建设、运营、扩建和维护等。

中缅油气管道由三部分组成：（1）丹瑞天然气气田。其中韩国大宇国际集团占股 51%，缅甸石油天然气公司占股 15%，印度天然气公司占股 9%，中石油占股 25%。在购买权问题上，缅甸军政府收到了中国石油天然气公司、韩国大宇国际集团、印度石油海外公司以及韩国天然气公司等多方关于丹瑞气田天然气的购买权，最终由中国于 2008 年 6 月获

① 杨振发：“中缅油气管道运输的若干国际法律问题”，《昆明理工大学学报》2011 年第 4 期。

得，中国可拥有缅甸丹瑞天然气田6.5立方英尺天然气30年的使用权。(2) 陆上丹瑞天然气管道。其中印度石油天然气公司下属的维德希有限公司占股8%，中石油占股8%，缅甸石油天然气公司占股8%，韩国国家天然气公司占股4%，印度燃气公司占股4%，韩国大宇国际集团占股25%。管道始于海上管道天然气终端，延伸793公里直到中国云南省边境。(3) 陆上原油管道。管道所有权拥有者主要有中石油（占股51%）和缅甸石油天然气公司（占股49%）。管道由东南亚石油天然气有限公司负责建设和运营，缅甸政府提供管道安全，通过公路、铁路计划连接皎漂镇和云南省瑞丽市。

第二节　中缅油气管道的建设

2010年6月3日，在缅甸首都内比都，中国国务院总理温家宝和缅甸联邦政府总理吴登盛共同触摸标志中缅油气管道开工的电子球，中缅石油天然气管道工程正式开工建设。开工仪式前，在两国总理的共同见证下，中国石油天然气集团公司和缅甸国家油气公司签署了《东南亚天然气管道有限公司股东协议》、《东南亚天然气管道有限公司权利与义务协议》和《东南亚天然气管道有限公司股东协议》。

一、中缅油气管道的建设难点

中缅油气管道由原油管道和天然气管道组成，双管并行敷设，原油管道起点位于缅甸西海岸的皎漂港，经缅甸若开邦、马圭省、曼德勒省、掸邦，从云南省瑞丽市58号界碑入境，向东北敷设至重庆，主要运输来自中东与北非的石油资源，能源运输距离将直接缩减1200公里。原油管道全长2402公里，其中缅甸境内段长771公里，中国境内段干线长1631公里。石油管线配套的皎漂船埠工程已经于2009年10月开工，皎漂港所在的兰里岛和附近的马德岛将建成30万吨原油码头和60万立方米的油库以及天然气管道上岸基地。而中国国内终端与之配套的云南炼化基地包括年加工能力1000万吨的炼油厂和一个100万吨/年的乙烯一体化装置。第一期石油管线每年输送的石油为2200万吨，其中200万吨供应给缅甸沿线地区使用。天然气管道起点为兰里岛，经若开邦、马圭省、曼德勒省和掸邦，通过中缅边境的木姐，在云南瑞丽入境后，经保山、大理、楚雄、昆明、曲靖进入贵州，向东南敷设至广西贵港，最终与西气东输二线联网。管线全长为2520公里，缅甸境内部分为793公里，输气能力保持在年均120亿立方米；中国境内段为1727公里，输气能力为年均100亿—130亿立方米。

油气管道的建设是中缅政治经济关系的一大进步，对中缅双方发展具有重要意义，但在建设过程中面临着一系列难题。具体有：

第一，地形及环境风险。中缅油气管道沿线属于“三高四活跃”（高地震烈度、高地应力、高地热，活跃的新构造运动、活跃的地热水环境、活跃的外动力地质条件、活跃的岸坡再造）的不良地质作用发育地区，[①] 因此油气管道要经过地质构造复杂的横断山脉，除穿越澜沧江、伊洛瓦底江等江河外，还需要穿过西双版纳等热带原始森林。这些地区地势崎岖，建设施工难度大，而且云南省是地震频发地区，滑坡、泥石流和山崩事故也时有发生。国内段工程所经地区的地貌单元非常复杂，依次穿越中国青藏高原、云贵高原、桂中岩溶平原、桂南地山丘陵等地貌类型区，穿越瑞江、怒江、澜沧江、漾濞江以及北盘江等26条大中型江河。沿线山高谷深，地形破碎，地势落差大，地壳活动剧烈，地质灾害类型多，地震灾害频发。该项目称得上是中国建设难度最大的管道项目之一。

第二，政治风险。2010年11月，缅甸根据新宪法举行多党制全国大选，以吴登盛为主席的“联邦巩固与发展党”在大选中获胜，结束了缅甸40多年的军政府统治。从此缅甸进入民主化改革阶段，政治改革和民主化进程不断演进。但是缅甸历史上长期缺乏民主氛围，加之军队等

① 薛辉、杨学青：“中缅管道途径典型地质灾害影响区域的设计与建设”，《油气储运》2013年第12期。

既得利益集团根深蒂固，不会轻易放权，随着2015年大选临近，政治发展进程中的修宪等核心问题难以回避，因此中央政府与地方民族武装之间的政治分歧与斗争形势仍难预料。由于民族构成复杂、民族政策失误等原因，缅甸国内先后产生了29股少数民族武装力量，并长期与政府对抗，使缅甸长期处于内战、动荡状态，“民地武”问题成为影响缅甸社会稳定与发展的最大隐患。由于“民地武”同缅甸政府之间长期存在不信任，双方在区域自治、民族自决、利益分配、军队归属等核心问题以及对《彬龙协议》的认识上依然存在严重分歧，难以达成共识。此外，缅甸军方对政府的“怀柔”政策并不买账，对“民地武”持强硬态度，主张以武力彻底消除“民地武”势力，并组建了中缅油气管道安全保卫部队，以保护管道安全为由，伺机清剿沿线“民地武”。因此，这些因素使得缅甸民族关系依然复杂、脆弱，爆发武装冲突的可能性仍然存在。政治风波、冲突等问题可能会影响管道的建设和运营，中国政府对在缅的多个大型基础设施与自然资源项目颇为担忧。值得一提的是，中缅油气管道途径缅甸克钦独立军、巴郎国家解放阵线、德昂民族解放军、北掸邦军和南掸邦军等多个“民地武”的传统势力范围。这些地区多年来战火不断，中缅油气管道项目建设也曾因此多次停工。2013年1月，缅甸政府军与克钦独立军冲突激烈时，克钦独立军的高层克钦干曾明确表示任何在克钦境内的目标都不安全，其中就包括中缅油气管道。所以，在缅甸“民地武”问题彻底解决之前，不能排除交战双方以攻击项目对中国进行要挟的可能。

第三，地缘政治风险。2010年缅甸新政府上台后，恰逢西方国家外交政策和战略调整之际，美国奥巴马政府“重返亚太”，强力推进“亚太再平衡”战略。同时，印度实施“东向政策”，积极推进与东盟各国的合作。而日本也实施“全面正常化外交”政策，强势进入东亚各国。美、日、印等国都将东亚视为重要战略基地，试图将缅甸作为遏制中国发展的“棋子”，处心积虑地阻止中缅合作。首先，直接与中国竞争缅甸的是印度，由于缅甸地处东南亚和南亚之间的战略要冲，是印度实施“东向政策”、加强与东盟关系的战略通道。缅甸直接濒临孟加拉湾和印度洋，而印度一直视印度洋为自己的势力范围，由此可见，缅甸对印度来说有着非常重要的地缘政治意义。因此，印度一直在控制安达曼海方面怀揣野心，并设立了面向孟加拉湾的海军东部司令部，还在安达曼群岛部署了拥有多艘航母和潜艇的基地群。中缅关系的迅速发展使印度在缅甸的影响力逐渐下降，因此在中缅油气管道的建设之际，印度无疑加强了与缅甸的政治经济关系，使缅甸减少对中国的依赖，减弱中国进入缅甸对印度地缘战略空间的挤压。其次，自缅甸联邦政府吴登盛总统上台以来，缅甸的外交政策出现了在大国之间寻求平衡、谋求利益的动向，而美国与缅甸关系的改善则构成了日本挑战对缅政策的关键原因。进入21世纪以来，日本的每一步战略选择都是在为其走向政治大国服务，而缅甸优越的地理位置及其对美国重要的地缘战略利益使得日本在经济上主要表现为以政府开发援助为手段，拓展在缅甸的资源开发领域与投资市场，为日本企业实施“走出去”战略提供便利，为日本经济的迅速恢复寻求出路；在政治上主要表现为配合美国促进缅甸的民主化进程，支持缅甸的民主势力，试图把缅甸改造成亲西方的资本主义国家。值得中国注意的是，日本在对缅政策调整中试图在政治和经济两个方面制约中国在缅甸的影响力以达到在战略上牵制中国的目的。最后，美国的制约因素是修建中缅油气管道中不容忽视的重要因素。缅甸实施民主化改革以来，美缅关系逐步打破制裁局面，奥巴马的访缅之旅标志着美国将对缅政策由孤立与制裁调整为接触与制裁并重的两手政策。美缅关系逐步从僵持与对抗走向缓和与对话的新时代。不可否认的是，美国对缅关系的改善主要有两点：一是中国的迅速崛起对美国在亚太的战略挤压；二是缅甸将成为美国实施“亚太再平衡”战略中制约中国因素的战略平台之一。中缅油气管道的修建被美国视为中国“两洋”战略的重要举措，是“一带一路”战略的补充。因此美国认为，如果其能够控制缅甸，以民主牵制缅甸，那么北可制约中国，东西可牵制印度和东盟，南可控制马六甲海峡，遏制海上能源通道。随着中缅油气管道的修建，中国通过缅甸走向印度洋在美国看来已成定局，这不仅会改变地区力量结构，还将影响美国的全球战略。美国需要缓和与缅甸的关系，加强在缅的力量存在，以重新控制这一战略要地，修补对中国的战略包围圈，恢复这一地区原有的力量格局。[①]

第四，民意问题。随着政治环境的变化和新闻审查制度的取消，缅甸舆论力量空前活跃，大量非政府组织在欧美国家的资助和影响下大肆宣传中缅油气管道的负面信息，试图煽动民众情绪，影响中国在缅甸的项目进程。2009 年 9 月，西方媒体就曾联手缅甸流亡组织“丹瑞天然气运动”发布题为“权力走廊”的报告，称管道将经过缅甸许多村庄，引发强制拆迁、环境破坏及人权侵犯的问题，给中缅油气管道建设蒙上了阴影。“丹瑞天然气运动”的组织者说，“这个项目没有与当地人民利益分享，当地人民不仅会失去他们的所有，同时缺少透明、负责的财政，缺乏企业责任。我们的行动不仅针对中国，而是所有的参与公司及利益相关方，活动同时在泰国、印度、韩国以及中国等国的驻缅甸大使馆门前举行”。[②]

二、油气管道建设的有利条件

（一）迅速发展的政治经济关系

中缅两国是山水相连的友好邻邦，两国人民之间的传统友谊源远流长。在过去半个多世纪里，中国和缅甸一直保持着密切的政治经济关系。自古以来，两国人民就以“胞波”（兄弟）相称。中缅关系的历史、现状和发展趋势都能基本帮助中缅油气管道的安全，中缅之间存在悠久的胞波情谊，新中国成立后的中缅关系曾被誉为不同制度国家间发展关系的典范。缅甸军政府自 1988 年 9 月执政以来，把巩固和发展与中国的关系作为其对外关系的基石，虽然执政的缅甸军人集团面临着巨大的内外压力，但是从地缘政治和地缘经济的角度分析，未来的缅甸无论谁执政，都不会与中国交恶。即使有外国压力，缅甸政府也不会轻易改变与中国

① 谢士法、梁立营：“美国对缅甸政策的调整及其对中缅关系的潜在影响”，《石家庄铁道大学学报（社会科学版）》2011 年第 2 期。

② Earthrlghts Internatlonal，Burma Project，http：//www. earthrights. org/campigns/burma-project.

政府之间已经签署的协议，尤其是缅甸民族主义情绪比较强烈，自独立以来一直奉行独立自主的中立外交政策，在未来允许外国军事力量进入其领土的可能性几乎没有，除非是遭到外国入侵。

中缅之间不断发展的政治外交关系是修建中缅油气管道的重要支撑。1949年12月16日，缅甸宣布承认新中国政府并于1950年6月8日正式建立外交关系，成为最早承认新中国的非社会主义国家之一。20世纪50年代，缅甸成为与中国、印度一道公开倡导和平共处五项原则的国家之一。60年代，两国本着友好协商、互谅互让的精神，通过友好协商圆满解决历史遗留的边界问题，为国与国解决边界问题树立典范。1988年9月，缅甸发生政变，军人集团掌控国家政权。自此，以美国为首的西方国家以缅甸政变及随后军政府对学生和群众的镇压为由率先对缅甸进行经济制裁，并呼吁其他西方国家加入制裁行动。美国撤回驻缅大使，并停止对缅经济技术援助。随后，欧盟国家、加拿大、澳大利亚等国也以民主人权问题为由对缅甸实施了经济制裁。外交形势急剧恶化的缅甸希望打破外交困境，其中一个重要举措就是加大与中国的外交关系，主要表现在高层往来明显增多。建交以来，中国一直本着“与邻为善，以邻为伴”的周边外交方针和“睦邻、安邻、富邻”的周边外交政策发展与缅甸的传统友好关系，双边关系平稳向前发展。进入21世纪后，中缅两国友好关系继续稳步发展，两国各领域务实合作不断深化。2000年时任国家副主席胡锦涛、2001年国家主席江泽民访缅，为21世纪两国关系进一步发展奠定了坚实的基础。近年来，中缅两国高层互访继续保持良好势头。2011年4月2—5日，全国政协主席贾庆林对缅甸进行友好访问，成为缅甸新政府成立后到访的首位外国领导人。5月26—28日，应胡锦涛主席邀请，缅甸总统吴登盛对中国进行国事访问。双方决定顺应形势需要，在业已存在的友好合作基础上进一步提升中缅双边关系水平，正式建立中缅全面战略合作伙伴关系。

中缅两国政治关系的顺利发展促进了两国之间的经贸往来，为中缅油气管道的修建创造了良好的经济环境。随着缅甸民主化改革的不断向前发展以及中国改革开放的深化，中缅经贸关系与中国对缅投资呈现出良好的发展势头。据缅甸中央统计局公布的数据，2004 年缅甸新批准外国投资项目 14 个，协议投资金额为 1.2809 亿美元。其中中国投资 9 个项目，共计 6677 万美元，投资行业分别是：4 个油气项目 5795 万美元、4 个矿业项目 600 万美元和 1 个制造业项目 282 万美元。截至 2004 年 12 月 31 日，外国共计对缅投资 391 个项目，协议投资金额 76.849 亿美元。其中，中国对缅投资 22 个项目，协议投资金额 1.309 亿美元，占外国对缅投资总额的 1.7%，列外国对缅投资的第十三位。[①] 据缅甸投资委统计，截至 2007 年 12 月 31 日，中国对缅甸投资共有 27 个项目获得批准，协议总金额达 4.75 亿美元，在外国对缅投资的排名中保持第六位，占外国投资总额的 3.23%。[②] 根据缅甸国家计划与经济发展部提供的数据，截至 2010 年 7 月 31 日，按照外国投资法共批准了 31 个国家在缅 12 个领域的 440 个项目，投资总额达 319 亿美元。其中，中国排名第一（含香港），达 123 亿美元，这是中国首次跃居外国对缅投资首位。2010—2011 财年，外国对缅投资额超过 200 亿美元，其中仅中国（77.54 亿）、泰国、中国香港（57.98 亿）和韩国对缅的投资额就达 183.75 亿，来自其他国家的只占少量。仅石油、天然气和矿业三个领域的投资就达 197.94 亿。据缅方统计，2014 年中国对缅协议投资金额 2.95 亿美元，同比增长 43.8%，列当年外国对缅投资的第五位。截至 2014 年底，中国累计对缅协议投资金额 146.7 亿美元，占比 27.7%，列外国对缅投资的第一位。据缅方统计，2015 年 1—2 月，中国企业对缅新增投资项目 7 个，新增投资金额 2.61 美元，列同期外国对缅投资的第三位。中国对缅投资额的不断上升为中缅油气管道提供了重要的现实基础和有利条件。

（二）优越的自然条件

中缅油气管道的修建还要考虑港口、气候等问题。缅甸的实兑港是深水港，能建停泊 20 万吨级油轮的码头。实兑港位于缅甸西部沿海加拉丹河口，

① 中国驻缅甸大使馆经济商务参赞处，http：//mm. mofcom. gov. cn/article/zxhz/tjsj/200508/20050800294703. shtml。

② 同上。

濒临印度洋孟加拉湾的东北侧，南面是海上咽喉要冲马六甲海峡。几十年来，实兑港附近的海域不断有大型石油天然气田被发现，中国和印度等国家的石油公司已经在这里勘探和开采油气资源。而且新建实兑深水港仅需投资几千万美元，规模也不是很大，这是选择实兑港而不是仰光港的根本原因。此外，中缅油气管道所经地区气候温和，从云南瑞丽出境到曼德勒再到实兑港全程长约900公里，其中400多公里已通铁路，缅甸政府对其余路段已做了修建铁路的规划。这就是说，中缅油气管道可以选择沿铁路和已经勘测好的路线修建，不仅省事，能大量节约经费，而且比较安全。

三、中缅油气管道的建设时间表

中缅油气管道境外和境内段分别于2010年6月3日和9月10日正式开工建设。2009年10月，中石油开始修建深水港和原油终端以接收若开邦皎漂镇的石油。2009年12月，中石油和缅甸能源部签订合同，中石油成为原油管道的唯一所有者和运营者，协议规定：中石油负责修建和运营，缅方保证公司所有权和提供安全。2011年8月，中缅油气管道工程缅甸段第一标B段主线路工程打火开焊，开工仪式在缅甸曼德勒市举行，中华人民共和国驻缅甸曼德勒总领事唐英参加开工仪式；施工组织设计、质量、HSB及各项管理体系文件已经通过审批；机组人员、施工设备、所需物资已经全部到位，并经过监理分部、监理总部、业主的审查；后期施工所需设备、材料已从国内起运，能够保证开工机组正常连续施工。2012年10月，中缅天然气管道缅甸段焊接累计完成645公里，管道建设迎来了投产前的最后一个黄金施工期，工程进入攻坚阶段，向如期实现“5·30”投产目标全力进军。米滩格河跨越、伊洛瓦底江穿越、卡拉巴河沟穿越、耶罔春海沟穿越和瑞丽江穿越五项控制性工程已经完工。原油码头12座沉箱全部预制完成，项目综合进度为85%。2013年2月结束的第一届缅甸“开发合作论坛”上，缅甸总统吴登盛对于未来缅甸能源发展作出了表态。他表示，缅甸政府将进一步采取措施扩大其能源部门的透明度，公开从石油、天然气以及煤矿中获得的利益，从事相关行业的企业也需要向社会公布其向政府交纳的所有税收。同时，吴登盛还向与会的援助国际组织表示，缅甸政府将尽力确保外国在缅能源领域项目的安全，减少冲突对经济发展的影响。2013 年 6 月，中国第四条能源进口战略通道中缅天然气管道缅甸段工程建设全面完成，达到投产试运条件，中缅原油管道缅甸段工程完成 94%，投产目标可控。2013 年 8 月 3 日，中缅天然气管道瑞丽—禄丰段投产成功，此次投产的禄丰—贵港段为中缅天然气管道的末段，全长 1121 公里。2013 年 9 月 7 日，中缅天然气管道首先向缅甸分输，缅甸皎漂发电厂成为首个中缅天然气管道用户。2013 年 10 月 20 日，中国石油天然气集团公司宣布，来自缅甸孟加拉湾的天然气当日在广西贵港市点燃，这标志着中缅天然气管道干线全部建成投产。今后，每年将有 120 亿立方米天然气造福缅甸和中国西南地区，从此结束中国云贵高原没有管道天然气的历史，使上亿民众受益，每年可替代煤炭 3072 吨，减少二氧化碳 5283 万吨。[①] 工程建设带动沿线直接投资超过 1000 亿元，成为深化中缅两国人民传统友谊新的桥梁和纽带。

第三节　中缅油气管道的运营

中缅油气管道项目的参建单位和供货商来自十余个国家。作为合资公司股东，参与投资的缅甸、韩国和印度公司在未来 30 年都将按股比分红，获得丰厚回报。这一项目涉及四国六方合作，商业化运作，以多方共赢的格局维护管道运行的稳定，也为中国同东南亚国家开展能源合作创造了新模式。中缅油气管道作为中国与东盟国家开展互联互通基础设施建设的示范性工程，将有利于深化中国—东盟自贸区建设，并将这一正面效应推向印度、孟加拉国等南亚国家，加速“孟中印缅经济走廊”的打造，促进区域各国互通有无、优势互补，实现共同发展。此外，要

① “中缅天然气管道干线全线建成投产”，《华北国土资源》2014 年第 1 期。

保障管道运营成功，保证管道发挥其战略作用，需要各方努力，无论是政府还是企业均应高度重视。

一、中缅油气管道的顺利运营需要各方配合

中缅油气管道建设历时四年之久，管道的顺利运营对中缅双方有着重要的战略利益和经济利益。

（一）运营者

在经济全球化的大背景下，中国积极实施“走出去”战略，越来越多的中国企业走出国门，海外投资迅猛发展。而中国企业发展对外投资不仅面临着诸多机遇，还将应对一系列的挑战。企业在收获对外投资所带来的丰厚收益的同时，还应给当地居民以一个良好的企业形象，注重当地居民的切身利益，例如就业问题、土地赔偿问题、生态环境问题以及基础设施建设等民生问题。因为一个具有良好形象、对当地经济发展有特殊贡献、具有社会责任感的企业，对于管道在当地安全成功地运营具有十分重要的意义。主运营商中国石油天然气集团公司可以总结在哈萨克斯坦、苏丹等国家的成功合作经验，继续走本土化路线，并结合缅甸国内发展情况以及民族文化，将中石油打造成一个富有爱心、热心公益、致力于当地发展的企业。这对于项目的实施及更深层次的合作都是至关重要的。

（二）政府作用

在外部环境上，需要从政府层面来巩固和扩大合作成果，充分运用外交手段推进关系与合作的加深。近年来，中国政府相继出台了多项法律法规、指导意见等来规范企业的社会责任行为，在政府的引导和推动下，中资企业在海外的社会责任问题被提上日程。与此同时，中国政府逐步认识到对外投资中生态环境问题对企业投资项目发展、中国国家形象以及当地可持续发展的重要性，相关部门陆续出台了一系列相关政策，

引导和规范企业对外投资中的行为，以维护中国负责任大国的形象。例如，2006 年国务院发布条例，敦促中国投资者在海外“注重环境资源的保护”和“维持当地社会和人民的生计”。① 2011 年国资委颁布《中央企业“十二五”和谐发展战略实施纲要》，纲要要求中央企业在跨国经营中积极履行社会责任，使中国企业发展成为具有国际竞争力的世界一流企业。2013 年商务部和环境保护部联合发布《对外投资合作环境保护指南》，这是中国政府在对外投资合作领域中针对企业环境保护行为发布的第一个专门性环保指南。

中缅油气管道由两国政府间协议做保障，缅甸任何新政府上台都必须确保协议的执行，中国作为有实力的大国，需要长久保持监督缅甸履行的决心和能力，政府应进一步发挥政策导向职能，要求管道建设方和运营方遵守当地的法律法规，加强中石油经营行为的指导和监督，将企业社会责任作为考察企业海外投资发展的重要指标，不断完善境外投资企业社会责任行为的绩效评估。重要的一点是在中缅油气管道的运营过程中，政府还应继续为管道的中国运营企业的活动提供相关的服务信息，帮助企业逐步融入当地的投资合作环境。同时，要保障中缅油气管道的安全运行，中国还需要高明的政治智慧与外交技巧，驻缅使馆应充分发挥熟悉当地情况的优势，为中国管道运营者提供帮助和指导，并在运营者遇到纠纷或困难时及时协助解决。此外，政府还应与缅甸保持睦邻友好的关系，尤其是加大各种层面的交流与合作，将双方的共同利益扩大，同时还应与邻国如印度、泰国等保持良好的关系。政府层面的外交关系、全方位的经贸和文化的交流与合作对于项目的成功运营具有重要作用。

二、中缅油气管道运营成功的重要意义

时任缅甸副总统吴年吞曾对中缅油气管道进行了高度评价：“中缅油气管道不仅是参与投资的四国互惠互赢的项目，而且将使缅甸的经济、

① 吴芳芳：“中国对外投资合作中的企业社会责任问题研究”，《产业与科技论坛》2013 年第 4 期。

工业化和电气化得到提高，对缅甸的长期发展具有重要意义。”[①] 按照有关协议规定，中缅油气管道每年将为缅甸带来包括税收、投资分红、路权费、过境费、培训基金以及社会经济援助资金等巨大的直接受益，并将带来大量的就业机会。在项目的建设过程中，中国石油集团和合资公司都积极投入资金用于缅甸社会公益事业，改善管道沿线地区教育、医疗、电力、生活用水等方面的基础设施建设。跨国管道合作还给缅甸带来了切实的利益，比如改善当地的基础设施，增加就业机会，推动管道沿线的城市化进程等。据悉，在缅甸修建管道，中国并不是第一个。缅泰合资公司最早在缅甸修建管道，路线是从缅甸到泰国。缅甸通过缅泰输气管道出口天然气，每年有 20 多亿的美元外汇收入。

中缅油气管道可以带动缅甸石化工业的发展，满足缅甸国内对能源的需求（缅甸每年需进口大量柴油和汽油），带动管道沿线的经济发展，拉动缅甸整体经济发展，给缅甸民众带来更多实惠。从另一个角度看，缅甸经济发展了，缅甸与所有邻国的经贸合作也会得到进一步加强。

对中国来说，中缅原油管道项目开工标志着中国的东北（中俄原油管道）、西北（中亚天然气管道）、西南陆上（中缅油气管道）和海上（经过马六甲海峡的海上通道）四大油气进口通道的战略格局已初步成型，有利于实现石油运输渠道多元化，保障中国能源供应安全。中缅油气管道是继中哈原油管道、中亚天然气管道、中俄原油管道之后的第四大能源进口通道，缓解了中国对马六甲海峡的依赖程度，降低了海上进口原油的风险。目前中国进口原油绝大多数是依靠经马六甲海峡的海上运输通道进入境内，中缅原油管道为中国油气进口在西南方向上开辟了一条重要的陆上通道，为中国原油进口增添了一条进口线路，有利于增强中国石油供应安全性。

（一）有效缓解“马六甲困境”

2003 年以来，随着海盗猖獗和多国力量加入马六甲地区的角逐，马

① 孙广勇：“中缅天然气管道开始向中国通气”，环球网，http://world.huanqiu.com/depth_report/2013-07/4180911.html。

六甲海峡变得异常敏感，而对于大部分石油进口需要经过这一地区连接南海和安达曼海的狭长水道的中国来说，石油运输安全问题日益凸显。在2009年11月29日的中央经济工作会议上，中国国家主席胡锦涛第一次提到了石油经济安全（石油经济安全是指在一定的价格水平范围内石油资源稳定、持续、及时和足量的供给，以满足国民经济发展的需求。石油经济安全的判断准则主要包括石油供应的经济性、石油消费的经济性、石油供应的可持续性三个方面①）的概念。国内石油进口原油的4/5左右都是通过马六甲海峡运输的，而一些大国一直染指并试图控制马六甲海峡的航运通道。因此，必须从新的战略全局高度制定新的石油能源发展战略，采取积极措施，确保国家能源安全。对中国而言，运输距离的缩减无疑将削减资金与时间成本，更重要的是，中缅新能源管道将降低中国能源供应的脆弱性。随着美国进一步将战略重心向亚太地区转移，扼守战略要地马六甲海峡的新加坡成为美国极力拉拢的对象。奥巴马政府“重返亚太”战略的一大支点就是向新加坡部署滨海战斗舰，伺机在特殊时刻直接扼住东亚国家的“能源咽喉”。国际危机组织（ICG）东北亚部门主任布莱恩表示，一旦马六甲海峡因为海盗、恐怖主义袭击或者军事冲突被关闭，那么中缅油气新管线将为中国能源运输提供新的选择。②

（二）促进西南地区的经济发展

中缅管道为中国西南地区开辟了一条便捷、便宜的油气供给渠道，它是通向中国西部的捷径，可以加快西南地区的建设，促进西南地区的经济发展，是推进西部大开发的一个有效措施。目前，广西、贵州与云南三省用油主要依靠从广东茂名到云南昆明的西南成品油管道，其中1000万吨的输油能力大致等于三省区的年消耗量。兰成渝成品油管道提供了川渝地区70%的油品，但年运量只有500万吨，因此西南

① 王伯安、张德盛：“中国石油经济安全评价指标体系设计”，《科学学与科学技术管理》2010年第1期。

② 赵宏图：“‘马六甲困局’与中国能源安全再思考”，《现代国际关系》2007年第6期。

地区新增成品油需求未来几年将不得不通过成本较高的铁路、公路运输来解决。虽然中缅油气管线第一期、第二期建成后输油量才2200万吨，但如果需要，可以通过加压来提升输油量，未来还有可能会把管道输送能力扩建到每年6000万吨。如果实现，则在满足中国西南地区需要后还会有富余。从缅甸转运石油至云南，再从云南向西南地区辐射，比绕道马六甲海峡从广州上岸转运的路程缩短了1852多公里，陆路运输距离同样能缩短不少，石油运输距离的缩短就意味着经济收益和安全收益的增多。而且从长远来看，还可以沿中缅石油管道修建公路和铁路，把实兑港开辟为中国西南地区出口南亚、西亚、欧洲和非洲的货物中转站。

（三）进一步优化中国油气管网格局

中石油管道建设项目经理部吴宏介绍说，中缅天然气建成投产后，通过中贵线把中缅天然气管道和西气东输系统连接在一起，使这两个管网系统的气源可以进行相互调度和置换，同时也沟通了新疆气区、长庆气区和四川气区联络的通道。2012年以来，严重雾霾天气频繁侵扰中国多地，引发人们对过度依赖煤炭的能源消费结构的关注，加快了国内天然气资源替代的步伐。经过多年的努力，中国的石油进口格局已经形成了三大进口通道：东南沿海是海上石油进口，东北是中俄管道进口，西北是中哈管道进口。这次，中缅油气管道协议的签订改变了中国“三角形”的进口格局。西南石油进口路线的打通也使得中国多元化的石油进口战略框架初步形成，从而奠定了东引、西进、南下、北连的放射性进口格局。

（四）带动沿线地区基础设施建设并推动通往印度洋的战略通道建设

中缅油气管道在促进缅甸经济发展的同时，也有利于巩固和发展中缅睦邻友好关系，带动沿线地区铁路、公路建设，推动中国对缅甸及其周边国家的投资。从大国对外战略的角度看，油气管道、公路、铁路等的建设还将大大有助于中国构建经由缅甸通往印度洋的战略通道。缅甸所处的特殊地理位置，使他在中国的西部大开发战略和 21 世纪初的安全战略中具有举足轻重的地位。

第六章
中缅油气管道的地缘政治经济特征

中缅油气管道起点位于缅甸西海岸，其中原油管道起于马德岛，天然气管道起于皎漂港，双管并行铺设，途经缅甸若开邦、马圭省、曼德勒省和掸邦，经南坎进入云南瑞丽。中缅油气管道将在贵州安顺实现油气管道分离，重庆将成为原油管道的末站，天然气管道则将南下到达广西。这条管道在缅甸的境内长约 771 公里，在国内的原油管道全长 1631 公里，天然气管道全长 1727 公里，预计这条管道每年能向国内输送 120 亿立方米的天然气，而原油管道的设计能力则为每年 2200 万吨。[①] 石油和天然气输送到中国之后将在云南安宁市和重庆市建立年产 1000 万吨的配套炼油厂。

地缘政治经济的研究大体可以分为三个层次，即国家层次、区域层次和全球层次。具体到某一国家，国家层次关注该国基于地理因素的内政和与周边国家的地缘关系。区域层次和全球层次分别关注该国在地缘区域和地域格局中的地位及其有关的邻国关系和大国关系。

根据索尔·科恩在《地缘政治学：国际关系的地理学》一书中的观

① 王靖凯、朱世宏："中缅油气管道对我国能源安全的重要意义"，《商》2012 年第 7 期，第 167—168 页。

点，国家体系可以分为五个等级或五个层次。[①] 缅甸邻国中既有第一等级国家（中国和印度），又有第二等级国家（泰国），甚至第三等级国家（孟加拉国）。为简化处理，笔者把区域层次和全球层次合并分析，统称国际层次。

缅甸全称缅甸联邦共和国，位于中南半岛西部，西北邻印度和孟加拉国，东北靠中国，东南接泰国与老挝，为东南亚国家联盟成员国。其南临安达曼海，西南濒孟加拉湾，海岸线总长 2655 公里。国土面积约 67.65 万平方公里，是世界上第 39 大国家、东南亚第二大国。人口 5284 万（2004 年估数）。首都为内比都，2005 年以前设于最大城市仰光。[②] 地势北高南低，北、西、东为山脉环绕，北部为高山区，西部有那加丘陵和若开山脉，东部为掸邦高原。

中缅油气管道依次穿越缅甸境内的若开邦、马圭省、曼德勒省和掸邦（克钦专区）。四省（邦）的主要情况如下：

若开邦位于缅甸最西边，与孟加拉国接壤，与孟加拉湾相连，西邻马圭省、钦邦、伊洛瓦底省。居住在若开邦的主要民族是若开族和缅族。首府实兑是天然良港，有机场。中缅油气管道的起点马德岛和皎漂距离若开邦海岸很近。

马圭省位于缅甸中部，与实皆省、曼德勒省、勃固省、若开邦、钦邦相邻。马圭省中部伊洛瓦底江流域为低海拔地区，其余部分为高原山地。[③] 该省南北水陆交通较为便利。

曼德勒省也位于缅甸中部，与掸邦、克伦邦、勃固省、马圭省、实皆省相连。省首府曼德勒是缅甸第二大城市，新首都内比都位于曼德勒省南部。该省工业发达，政局稳定，水陆空交通便利。

掸邦位于缅甸东边，与泰国、老挝、中国接壤，与克钦邦、克耶邦、克伦邦、曼德勒省、实皆省搭界。掸邦是缅甸面积最大和少数民族人口

---

① ［美］索尔·科恩，严春松译：《地缘政治学：国际关系中的地理学》（第二版），上海社会科学院出版社 2011 年版。

② 贺圣达、李晨阳：《列国志：缅甸》，社会科学文献出版社 2010 年版，第 1 页。

③ 同上书，第 32 页。

最多的一个邦。[①] 掸邦位于东部高原，山脉多为由北向南延伸。发源于中国的萨尔温江流经掸邦，水流湍急。掸族在全邦各地均有分布，克钦族在掸邦北部居住，果敢汉族在果敢自治区聚居。掸邦水陆空交通较为便利，其中空运相对其他省邦更为发达。首府东枝位于掸邦西南部，腊戍是缅甸北部重要的交通枢纽和商业中心。

第一节　中缅油气管道的地缘政治特征

一、国家层次的政治特征

中缅油气管道的关键在于771公里的缅甸段，因此有必要分析缅甸目前的政治特征。2010年11月，缅甸进行多党制全国性议会大选。2011年2月，军政府向新政府移交国家权力，吴登盛上台执政。此后，缅甸的内政外交发生显著变化。

（一）缅甸的内政问题

当前，缅甸内政领域的两大特征是民主化改革和民族问题严重，另外缅甸政府还存在其他治理能力上的缺陷。

1. 民主化改革

缅甸的民主化改革发轫于2010年，但是出现改革的迹象还要早得多。1988年，苏貌军政府成立，其统治时期，缅甸专制落后，受到西方孤立。为摆脱这种困境，2003年缅甸总理纽钦提出旨在推进民主进程、实现民族和解的“七点民主路线图”计划，包括恢复召开国民大会、制订宪法草案、进行全民公决、举行全国大选等。路线图中最重要的是通过新宪法和成立民选新政府。

2008年5月，新宪法草案经过全民公决获得通过。根据新宪法，缅

① 贺圣达、李晨阳：《列国志：缅甸》，社会科学文献出版社2010年版，第19页。

甸实行多党制、市场经济制度，奉行自主、积极和不结盟的外交政策，不允许外国在缅甸驻军。① 宪法保障军队在缅甸未来政治中的主导地位。② 2010 年 11 月，缅举行全国多党民主制大选，根据缅甸联邦选举委员会公布的选举结果，联邦巩固与发展党以绝对优势赢得大选。

2011 年，缅甸新议会成立，选举吴登盛为缅甸联邦共和国总统。他上台后，立即推行一系列政治改革，实施了很多新举措，特别是在媒体的言论自由和街头抗议方面。③

（1）社会许可证。原先在军政府体制下，政府会竭力保护外国的投资和援助项目。而现在，任何投资项目仅有政府颁发的许可证是不够的，还必须要有社会许可证。缅甸民众若质疑决策的合法性，会通过游行、示威来表达自己的诉求。新政府已经在舆论压力下对一些投资项目进行重估甚至终止。

“地球权益”组织发现中缅管道的有关公司没有获得运营的社会授权，这些公司没有达到受影响社区群众的期望。此时，反对中缅管道项目的当地情绪正在蔓延，他们普遍要求这些项目能够促进社区的可持续发展。④ 以往，当地民众都是敢怒不敢言。民主改革后，缅甸人民重新获得了政治自由的权利，而且公民人权意识和参政意识高涨，最显著的表现就是非政府组织像雨后春笋一般涌现。密松水电站的突然搁置显示了非政府组织对缅甸新政府的影响力。

当下，围绕中缅油气管道形成大量非政府组织，并且大多持反对意见。“丹瑞天然气运动”（Shwe Gas Movement）是一个总部在泰国的非政府组织，曾声明管道项目存在“侵犯人权、破坏环境和收益分配不公”的现象。这些指控获得了若开邦当地居民的呼应，他们举行过多次抗议

① 贺圣达、李晨阳：《列国志：缅甸》，社会科学文献出版社 2010 年版，第 210 页。

② 同上。

③ Ying Hongwei，“Chinese investments in Myanmar The Sino-Myanmar oil and gas pipeline project could become a chess piece”，http：//www. asienhaus. de.

④ EarthRights International，“The Burma-China Pipelines：Human Rights Violations，Applicable Law，and Revenue Secrecy”，Situation Briefer，No. 1，March 2011.

和示威。[1]“缅甸中国油气管道观察”（Myanmar-China Pipeline Watch）要求暂停这一项目，必须先评估该项目可能产生的环境影响和对民众的赔偿情况。“缅甸中国油气管道观察”在其网页上写道：这一油气管道项目是“军政权统治下的项目开展风格”，普通百姓并没有从中获益，受益的反而是其他国家的政府和企业。[2]

（2）选举政治。民主化转型之后，缅甸政治生态发生变化，选举政治倾向明显。对缅甸的总统、议员和地方行政长官等政治家而言，重要的是民众的选票。为了保证自己的选票，不排除一些政治家、政党会迎合一些民众某些不理性的看法和观点，采取一些短视、过激的行动。[3]

由于利益分配不均等问题，缅甸地方与中央在对待中缅油气管道项目上的态度有所不同。在油气管道起点所处的若开邦，以议会第一大党若开民族发展党为首的缅甸民族民主政党联盟先后三次向缅甸联邦国会提出议案，要求对中缅油气管道项目进行重新审议，联邦国会均以涉及国家重大战略为由对提案否决搁置。[4]

2015 年 11 月，缅甸将举行全国大选。这次选举必将对中缅油气管道带来巨大变数。

（3）政治转型尚未明朗。不可否认，缅甸民主化改革已经取得阶段性成功，也获得了国内外的广泛支持。但是，如果缅甸政治改革的速度推进过快，触动了前军人政权高级军官和军队的利益，同时又不能很好地解决社会经济发展与民族和解等重大问题，缅甸的改革可能夭折，并导致严重的社会动荡。[5] 另外，缅甸民主实践时间不长，作为一个长期被军人政权压制性统治的国家，民主空间的开放必然会刺激更多的选民

---

① Yun Sun, “Chinese Investment in Myanmar: What Lies Ahead?”, ISSUE BRIEF NO. 1, Serptember 2013.

② 孟浩：“德国之声：中缅油气管道让缅甸很‘有气’”，大公网，http://News. takungpao. com/hkol/digest/2013 - 01/1418828. html。

③ 卢光盛、金珍：“缅甸政治经济转型背景下的中国对缅投资”，《南亚研究》2013 年第 3 期，第 48—60 页。

④ 张跃：“安全——解读中缅油气管道的关键词”，《世界知识》2013 年第 11 期，第 31—33 页。

⑤ 卢光盛、金珍：“缅甸政治经济转型背景下的中国对缅投资”，《南亚研究》2013 年第 3 期，第 48—60 页。

行动起来释放长期被压抑的情绪，刺激许多群体的暴力冲突和离心倾向。[①] 在缅甸这个多民族的国家，政治转型可能引发以民族为特征的社会分裂。下文提到的若开佛穆冲突则是民族矛盾与宗教冲突相互交织的典型例子。

2. 民族矛盾尖锐

缅甸实行中央政府领导下的行政制度。中央以下的地方政权分别为邦或省，邦、省为同级，邦是居民以少数民族为主体的行政区，省是居民以缅族为主体的行政区。[②] 缅甸的核心区十分有限，主要集中在仰光和伊洛瓦底江三角洲，其有效国家领土集中在缅甸中部和南部的各省以及各邦的重要城市。总体来看，缅甸中央政府与各邦存在或大或小的矛盾，其中中央与地处缅北的克钦邦和掸邦矛盾尖锐。这里主要分析与中缅油气管道相关的各邦和各族。

（1）若开邦：佛穆矛盾（罗兴伽族与若开族、缅族）。英国殖民者到来之前，若开原本是独立于缅甸的国家。英国人统治缅甸时，曾把大量孟加拉的罗兴亚穆斯林迁入若开邦。[③] 从那时起，若开邦成为缅甸全国穆斯林最多的地方，但是邦内占多数的若开族和缅族信仰佛教。1942年，当日本进攻缅甸、英国向印度败退时，在英国的授意下，罗兴伽人在若廾进行大规模的种族屠杀活动。从此，两个民族之间结下深仇。当缅甸1948年获得独立后，罗兴伽人又曾努力加入缅甸民族行列之中，但未获得承认。[④] 此后，缅甸方面多次对罗兴伽人进行围剿和驱逐，罗兴伽人也曾对若开族展开大规模攻击，民族矛盾越来越深。直到今天，若开邦的大多数罗兴伽人仍未获得公民身份，族群冲突不时发生。

2012年6月，若开邦的罗兴伽人（穆斯林）与佛教徒爆发武装冲突，缅甸总统吴登盛宣布若开邦进入紧急状态，令缅甸本来迈向民主的

① 刘务、贺圣达：“缅甸完成民族国家构建所面临的挑战和机遇”，《南亚研究》2014年第1期，第1—16页。

② 贺圣达、李晨阳：《列国志：缅甸》，社会科学文献出版社2010年版，第2页。

③ 李毅、王宇、杨悦：“重申中缅油气管道”，财经网，http：//magazine. caijing. com. cn/2013 -06 -16/112912267. html。

④ 亨凯：“缅甸若开邦民族冲突背后”，《南风窗》2012年第13期，第76—77页。

进程受阻，也激化了全国的佛穆矛盾。罗兴伽人主要聚居在孟加拉湾沿岸，一旦双方爆发冲突必然会威胁到中缅油气管道的安全，而这次武装冲突也证明了这一点。

（2）缅北：克钦邦与掸邦的民族分离问题。中缅边境所处的缅北地区（克钦邦、掸邦）是缅甸最为动荡的地区。中缅油气管道进入掸邦后，需要经过由克钦独立军控制的掸邦克钦专区以及由巴朗国家解放阵线、德昂民族解放军、北掸邦军和南掸邦军等“民地武”势力所控制的区域。①

历史上，缅甸从未形成涵盖缅北的大一统国家，中央王朝对缅北的控制一直很有限。19 世纪，英国占领缅甸，对缅甸进行分而治之，有意提高少数民族的地位，为日后缅甸的民族问题埋下伏笔。1947 年 2 月，缅甸民族独立领导人昂山将军与克钦族、掸族、钦族在掸邦彬龙签订《彬龙协议》，确定了中央与地方民族势力的权力划分原则：权力下放的联邦制国家；承认山区各个民族首领的领导地位；他们有权脱离缅甸联邦中央政府。② 昂山遇刺后，该协议未能得到执行。1948 年独立后，缅甸虽名为联邦，但历届政府实际上一直奉行单一制。因而，各邦不仅失去了脱离联邦的权利，还丧失了部分自治权，真正的联邦制始终未能建立起来（2008 年宪法依然坚持了单一制），这是缅甸民族问题的根源。

经过 60 多年的武装斗争，多数“民地武”认识到，通过武装斗争获取民族独立、建立本民族的国家的希望已不现实，实现本民族权利的希望只能寄托于缅甸这个主权国家的框架之内。③ 因此，“民地武”与中央政府的斗争焦点是要不要建立真正的联邦制。

（3）缅北冲突现状。在缅北地区，缅甸中央政府的势力范围局限在腊戌、密支那等大城市和军事据点，难以对该地区实施有效控制或管理，

① 张跃：“安全——解读中缅油气管道的关键词”，《世界知识》2013 年第 11 期，第 31—33 页。

② 李昕：“美缅关系改善对西南油气进口运输通道的影响”，《东南亚研究》2013 年第 2 期，第 74—80 页。

③ 刘务、贺圣达：“缅甸完成民族国家构建所面临的挑战和机遇”，《南亚研究》2014 年第 1 期，第 1—16 页。

各少数民族势力长期割据一方，其中多支力量与中缅油气管道密切相关。据根据“地球权利”组织的消息来源，它（管道）经过克钦独立军第四旅、克钦保卫军和北掸邦军的领地。[①] 这里主要介绍三个少数民族：克钦族、果敢族和掸族。

克钦族的主要政治代表是克钦独立组织（KIO）及其武装力量克钦独立军（KIA）。克钦族与中国景颇族是跨境而居的同一民族。值得注意的是，克钦族主要信仰基督教，与西方关系密切。克钦独立军是缅北势力最大的反政府武装，数十年来与缅甸政府军战争不断。克钦独立组织在2010年3月召开的“中央委员会”上决定不寻求将克钦邦从缅甸联邦内分裂独立出去，但在保持其完整性的问题上寸步不让，仍与中央政府分歧严重。[②] 缅甸新政府成立后，积极推动民族和解进程。2013年缅甸政府军与克钦独立军虽然实现临时停火，但是后来的数轮谈判没有更大的进展。克钦独立组织是新一轮和解进程中唯一未与政府正式签署和解协议的武装组织。[③]

果敢族（汉族）的政治代言人是果敢同盟军（MNDAA）。1989年3月，原缅共人民军东北军区副司令彭家声脱离缅共，成立缅甸民族民主同盟军（简称果敢同盟军），控制果敢地区。不久，同盟军与缅甸政府签订停战协议，获得果敢地区的合法统治权。2009年缅甸政府军攻占果敢，同盟军瓦解。2010年，同盟军重建，并在2014年与克钦独立军、德昂民族解放军、北掸邦军等结盟，希望通过军事行动收回果敢，引发同盟军与政府军的持续冲突。

代表掸族的组织或武装很多，大致可以分为两派：强硬派（有武装）和温和派（无武装）。其中强硬派的典型是南、北掸邦军及其独立组织。南掸邦军（SSA-S）为恢复掸邦委员会（RCSS）的下属武装。据南掸邦军一号人物召耀世说，他们控制掸邦约40%地区，包括中部、东

① EarthRights International，“The Burma-China Pipelines：Human Rights Violations，Applicable Law，and Revenue Secrecy”，Situation Briefer No. 1，March 2011.

② 谢念亲：“缅北民族冲突对中国的影响”，《唯实》2014年第8期，第87—91页。

③ 刘务、贺圣达：“缅甸完成民族国家构建所面临的挑战和机遇”，《南亚研究》2014年第1期，第1—16页。

部和南部，以及北部小部分地区。[①] 2005 年，掸邦民族军与南掸邦军合并，仍称为南掸邦军，并宣布成立“掸联邦政府”。2011 年 12 月，从未与政府达成过和解协议的南掸邦军也与政府签署了初步和平协议。[②] 随后 2013 年 11 月，掸邦宪法起草委员会修改宪法，宣告放弃“完全独立”接受“掸联邦自治”。[③] 不过，南掸邦军与政府的彻底停火仍遥遥无期。北掸邦军（SSA-N）为掸邦进步党（SSPP）下属军事团体。同样，北掸邦军也在 2012 年 1 月与政府签署新一轮和解协议。2015 年 2 月，彭家声领导的果敢同盟军在果敢地区同缅甸政府军交火，据缅甸政府宣称，北掸邦军参与了攻击缅甸国防军的军事行动。

相对于形形色色的掸邦军，掸族民族民主联盟（SNLD）可以算是温和派。SNLD 从成立起就主张在原有政府体制内争取民族权利。1988 年 9 月苏貌军政府掌权，不久便开放了党禁。同年 10 月，SNLD 登记注册成为合法政党。SNLD 在 1990 年的大选中居第二位，仅次于民盟（此次选举军政府未予承认）；在 2010 年大选中，SNLD 排名第三，仅次于巩发党和民族团结党（民盟未参加大选）；在 2012 年的议会补选中，SNLD 依然排名第三，仅次于民盟和巩发党。SNLD 目前是缅甸政坛上最有影响力的少数民族政党。目前，由于路线分歧，SNLD 对“民地武”活跃的掸邦北部的话语权不大。不过，假如多数掸邦民族军不再坚持武装斗争，SNLD 可能成为影响缅北局势的重要一方。

缅甸独立以来，追求政令军令统一是缅甸中央政府的一贯目标。2011 年缅甸新政府上台，8 月开始与掸族、克钦族等少数民族武装启动和平谈判。吴登盛政府在少数民族问题上作出了三个前所未有的政策调整：承认民族问题的重要性并承诺将其作为国家的重点工作；向所有武装组织提供对话的机会；放弃主要的前提条件。国家和平与发展委员会

---

① 孙广勇、于景浩：“走访深山中的南掸邦军总部”，《环球人物》2014 年第 3 期，第 46—47 页。

② 刘务、贺圣达：“缅甸完成民族国家构建所面临的挑战和机遇”，《南亚研究》2014 年第 1 期，第 1—16 页。

③ 孙广勇、于景浩：“走访深山中的南掸邦军总部”，《环球人物》2014 年第 3 期，第 46—47 页。

曾坚持将武装组织改组为边防军的要求已经被取消。[1] 此后，缅北民地武开始积极回应政府的和平倡议，上文提及的“民地武”都参与了这一轮和解进程，只有克钦独立军未与政府签订正式的停火协议。2015 年初，全国性停火协议的签订出现曙光。少数民族武装组织领导人会议 5 月 1 日在缅北佤族自治地区首府邦康开幕，为期六天。包括克伦民族联盟、克钦独立军、佤联军等在内的 12 支少数民族武装组织的首领或代表与会。5 月 4 日吴登盛总统表示，政府已经准备好签署全国停火协议，正在等待少数民族武装组织领导人会议的结果。

虽然缅甸政府推动的民族和解进程取得了显著进展，但是不时出现的缅北战事却给这一进程带来阴影，缅北地区尚未改变和平与动荡轮番交替的局面。2013 年 1 月，政府军与克钦独立军的战事升级。2015 年，包括克钦独立军、果敢同盟军在内的多支缅北民地武与政府爆发激烈交火，战事至今未能彻底结束。

（4）缅北与中国。缅北少数民族与中国有着很浓的血缘纽带，例如克钦族与中国景颇族、果敢族与中国汉族、掸族与中国傣族均为同源跨境民族，中国在缅北地区拥有广泛的政治、经济和文化影响力。

作为缅北地区的利益攸关方，中国理所当然地成为缅甸中央政府与“民地武”的协调者。对于中国调节缅北冲突或战事，少数民族和缅甸政府的看法均是复杂的。

从“民地武”角度看，尽管他们中的一些感激中国督促内比都停止军事行动，然而迫使其回到谈判桌上却令包括佤联军在内的其他“民地武”感觉北京已经背叛或是抛弃了他们，以便保护自己的安全和商业利益。[2] 还有一些“民地武”担心中国与缅甸政府走得太近，不再像以前那样支持缅北的“民地武”。其实，这种怀疑恰恰说明了“民地武”对中国的依赖。一个希望中国能够帮助双方达成一项政治协定的克钦独立组织官员说，该组织与北京进行过基本的商谈，内容关于真正联邦的概

① 国际危机组织：《缅甸：和平新倡议》，亚洲报告第 214 号，2011 年 11 月。

② “China's Myanmar Strategy：Elections，Ethnic Politics and Economics”，Crisis Group Asia Briefing No. 112，September 21，2010.

要，即少数民族拥有自治权，也许就像中国的特别行政区那样。其他“民地武”（如掸族组织）也越来越倾向于求助中国而不是西方国家，[①]因为远水（西方）解不了近渴。

从政府来看，由于中国在1989年前对缅共的持续援助，内比都依然认为中国与佤联军和克钦独立组织有联系的嫌疑，不过已经在很大程度上接受了中国在促进谈判上的作用。中国学者认为，内比都现在已经相信中国不会阻挠其解决“民地武”问题，在果敢冲突以前情况并非如此。[②] 缅甸政府也知道中国反对以武力实现对缅北的绝对控制。

缅北冲突不仅给中国西南地区的稳定与发展带来巨大挑战，还威胁着中缅油气管道的安全运行。管道建设的最初目的是规避马六甲海峡的风险，但是缅北冲突的风险更大。鉴于潜在的风险，因此由中国负责管道的建设和运行，而缅甸为管道提供安全保障。[③] 缅甸政府对于保障管道安全比较积极，一方面是为了履行义务，另一方面也借此在沿线驻军以加强对若开邦、掸邦和克钦邦的控制。根据“地球权利”组织的调研，缅军至少有28个营驻扎在从若开邦到中国边界的中缅管道地区，其中一些部队从管道项目建设开始就调进来了。[④] 2011年9月23日，缅甸政府军以保护中缅油气管道建设的安全为名进攻克钦独立军在掸邦的领地。这次冲突危及了管道，因为至少有50公里的中缅油气管道经过这一地区。[⑤] 不难发现，缅甸政府的军事保护反而激化了缅北的冲突，管道运行依赖缅军的军事存在有可能更不安全。在过去几年里，这几个区域的战火已让中缅油气管道屡次停工。2013年1月27日，在政府军攻克克钦战略要地卡娅后，克钦高层曾对外明确表示，克钦独立军接下来将

---

① “China's Myanmar Strategy: Elections, Ethnic Politics and Economics”, Crisis Group Asia Briefing No. 112, September 21, 2010.

② Ibid.

③ Yeon Jung Lim, “Misguided Defensive and Offensive Realism Based on the Sino-Myanmar Pipeline Project”, Current Southeast Asian Affairs 30, No. (2011): 89 - 109.

④ EarthRights International, “The Burma-China Pipelines: Human Rights Violations, Applicable Law, and Revenue Secrecy”, Situation Briefer No. 1, March 2011.

⑤ Ying Hongwei, “Chinese investments in Myanmar The Sino-Myanmar oil and gas pipeline project could become a chess piece”, http://www.asienhaus.de.

在克钦全境尤其是山区全面展开游击战、袭扰战，任何在克钦境内的目标都不再安全，“包括将于5月30日开通的中缅油气管道”。[①]

其他政府治理问题包括侵犯人权和贪污腐败。缅甸作为发展中国家，其政府不可避免地存在侵犯人权和贪污腐败问题。即使在民主化改革后，这些现象依然存在。在大型投资项目上，这些问题表现得格外明显，中缅油气管道也不例外。

（1）侵犯人权。根据“地球权利”组织的文件，涉及管道的最广泛的侵害为土地征用、补偿不足，缺乏当地民众自由的、预先的、知情的同意。其他的严重虐待也有记录，包括政府人员的性骚扰和恐吓、任意的拘留和拷问、与管道有关的强制劳役等。[②] 这些侵权行为严重伤害了当地人民，也引发了民众对管道建设的不满。

（2）贪污腐败。有些外国分析家也注意到多数中国贷款和投资是政府导向的，主要流向缅甸的国有工厂和重要的基础建设项目。[③] 这无疑给政府的贪污腐败创造了条件，而实际上普通民众却获益有限。股东们把土地征用、再安置和补偿的所有责任给了缅甸当局，但是地方政府没有充分利用补偿金和社会福利。来自牵连地区的村民们告诉记者，他们没有获得任何补偿。新闻报道之后地方政府才开始发放补偿金。[④]

从目前来看，由于缅甸政府治理能力存在缺陷，中缅油气管道非但没有给沿线民众带来实质利益，反而为政府的苛政提供了机会。为此，当地民众备受其害，对管道意见很大。

（二）缅甸的外交转型

1988年缅甸军政府成立后，中国逐渐成为缅甸最重要的伙伴，在长

---

① 张跃：“安全——解读中缅油气管道的关键词”，《世界知识》2013年第11期，第31—33页。

② EarthRights International，“The Burma-China Pipelines：Human Rights Violations，Applicable Law，and Revenue Secrecy”，Situation Briefer No. 1，March 2011.

③ Zhao Hong，“The China-Myanmar Energy Pipelines：Risks and Benefits”，ISEAS Perspective，May 2013.

④ Ying Hongwei，“Chinese investments in Myanmar The Sino-Myanmar oil and gas pipeline project could become a chess piece”，http：//www. asienhaus. de.

达20余年的时间里，缅甸大致保持了对中国一边倒的外交方针。《关于建设中缅原油和天然气管道的政府协议》就签订于这一时期。2011年缅甸新政府上台后，虽然依然重视对华关系，但是其对外政策逐渐从一边倒转向平衡外交。

1. 军政府一边倒时期的中缅管道

2009年3月，缅甸军政府同中国政府签订了中缅油气管道的政府协议。可以说，中缅管道的设想获得了缅甸军政府的大力支持。其地缘政治考虑如下：

（1）巩固中缅关系。对缅甸政权来说，中国确实是一个相当可靠的伙伴，为其提供贸易机会和投资，尤其是通过联合国安理会的常任理事国席位很大程度上使其躲开国际压力。[①] 缅甸对华友好既是明智之举，又是别无选择。首先，中国在缅甸有天然的地缘优势。中缅国境线长约2185公里，超过缅甸陆上边界的1/3，比其他任何邻国都长。中缅有着浓厚的胞波情谊，中国与缅甸很多民族都有血缘纽带。其次，中缅自独立以来就保持良好关系。除了20世纪60年代缅甸与中国有过短暂的不快，其余时间基本保持了密切的睦邻友好关系。再次，中国是缅甸邻国中最强大的国家，在国际上拥有显赫的国际威望和巨大的影响力，对缅甸的影响也是全面的。政治、文化方面自不待言；经济方面，截至2010年7月31日，中国大陆和香港在缅投资达123亿美元，跃居外国对缅投资首位；[②] 军事方面，冷战以来，中国一直是缅甸最大的武器供应国。最后，1988年军政府上台后与西方关系恶化。2007年缅甸爆发袈裟革命，随即西方对缅甸的制裁和孤立升级。只有中国主持公道，在安理会否决了美国发起的对缅甸实施更广泛的经济制裁的提案，并支持缅甸处理好国内社会矛盾。此后，缅甸更真切意识到只有中国能够维护缅甸的安全。军政府深知中缅油气管道对中国的重大意义。有人甚至暗示，中

① John Seaman, "Energy Security-Transnational Pipelines and China's Role in Asia", China and Transnational Pipelines, 2010.

② "中国（含香港）跃居外国对缅甸投资首位"，中国驻缅甸使馆经济商务处，2010年12月10日，http://mm.mofcom.gov.cn/aarticle/zxhz/tjsj/201010/20101007188073.html。

石油的天然气合同是缅甸回报中国在安理会运用否决权阻止了美国的动议。[①] 缅甸政府的积极配合当然不止步于报答，而是着眼于巩固中缅关系，以备后患。

（2）提升自身地位。经过几十年的专制统治和孤立政策，缅甸早已不是称雄中南半岛的区域大国。缅甸在国际和区域问题上几乎没有话语权，甚至在西方的干涉下和其他东盟国家的压力下放弃担任2006年东盟轮值主席国；缅甸的外交困境日益严重，与西方关系长期处于僵硬状态，依靠东盟和印度无力缓解困境，对中国的依赖越来越严重。在这个背景下，缅甸政府积极促成中缅油气管道的项目，提升自身在国际和地区中的地位是应有之义。

一方面，缅甸此举是为了提升其在中国的地缘战略地位，增加对华博弈的筹码。中国和缅甸被地理绑在一起，经济和政治处于一个不对称依存的关系，[②] 中缅油气管道则在一定程度上缓解了这种不平等的关系。众所周知，油气输出国和管道过境国对输入国有着一定的影响力。管道一旦建成，缅甸就同时具备输出国和过境国的身份，又增添了事关中国能源安全的战略价值，[③] 提高中国对其的依赖。

另一方面，中缅油气管道使缅甸成为大国的宠儿。因为管道，美国、日本、印度乃至欧盟也随之进一步加大了对缅甸的拉拢力度，假手缅甸威胁中国的能源安全，从而更好地借助缅甸制衡中国。[④] 同时，缅甸允许韩国和印度的持股也表明缅甸政府不想受制于任何大国。当然，中国出于分担风险的角度也赞同这项安排。

（3）加强对沿线各邦的控制。前文已提到管道经过少数民族势力强大的若开邦和掸邦以及缅甸政府追求政令统一的目标，因此不再过多赘述。这里只强调一点，本来中国反对缅甸政府武力解决缅北“民地武”

① Storey, Ian, “China a major player in S-E Asia pipeline politics”, The Strait Times, September 23, 2009.

② For earlier Crisis Group reporting on Myanmar, see CrisisGroup Asia Briefing No. 105, The Myanmar Elections, May 27, 2010.

③ 戴永红、秦永红：“中缅油气管道建设运营的地缘政治经济分析”，《南亚研究季刊》2015年第1期，第16—22、117页。

④ 同上。

问题，但是缅方以保护管道为名加强在缅北的军事存在容易获得中国的默许。更有甚者，缅甸政府有可能利用管道挑拨中国与缅北少数民族的关系。毫无疑问，管道现在不是一个中立因素。[①] 克钦独立军的鲧汤·刚双将军在接受《纽约时报》采访时表示，管道是缅甸政府消除“民地武”的工具和机会。[②]

2. 新政府的平衡外交

缅甸新政府上台后，一方面继续巩固中缅关系，2011 年 5 月新政府与中国政府建立了全面战略合作伙伴关系，两国关系进入新阶段；另一方面，缅甸为避免过度依赖中国，积极推行平衡外交。

（1）缅甸一边倒向中国是无奈的，中国形象并非只有“友好”的一面。由于历史原因，缅甸军政府对中国怀有深深的不信任感甚至敌意。奈温军政府时期（1962—1988 年），中国的支持使缅共得以与政府军长期对抗，这段时期成长起来的军政府高层必然对中国存有阴影。1989 年后，中国虽然不再支持缅共，但是依然与缅北少数民族保持密切联系，阻碍了新军政府用武力控制缅北的计划。

另外，缅甸民主化改革后，中国在缅甸民间社会的形象急剧恶化，主要有以下几方面原因。首先，中国与军政府保持良好关系被视为支持专制统治。其次，中国对缅投资存在诸多问题。例如，投资项目是政府导向的，缺乏透明度；以资源型投资为主，缅甸民众获益较少；项目破坏生态环境以及当地居民原有的生活方式和宗教文化；缅甸政府治理能力的缺陷加剧了这些问题。最后，“中国威胁论”在亚洲很有市场。中国的日益强大让邻国感到恐惧，缅甸也不例外。

（2）缅甸的多元化外交。缅甸政府历来重视大国外交，在大国中寻求平衡，以保证自身利益最大化。民主化改革后，缅甸依然重视中国，只不过中国在缅甸的对外关系中不再一枝独秀。除了中国，缅甸新政府的外交重点主要放在周边的东盟、印度以及美国、日本。

---

① EarthRights International, “The Burma-China Pipelines: Human Rights Violations, Applicable Law, and Revenue Secrecy”, Situation Briefer No. 1, March 2011.

② Thomas Fuller, “Ethnic Groups in Myanmar Want Peace but Gird for a Fight”, New York Times, May 10, 2009.

20世纪90年代末，东盟成功囊括了本地区所有国家，在地区事务上拥有很强的影响力。其中，泰国和老挝是缅甸的陆上邻国，马来西亚和印尼是其海上邻国。苏貌军政府成立后，为发展经济和摆脱外交困境，于1997年加入东盟。此后，东盟成为缅甸对外关系的基石。缅甸与其他东盟成员国保持密切的高层互访，并积极参与东盟的一体化进程。2005年7月，由于人权问题，缅甸被迫放弃了2006年担任东盟轮值主席国的机会。此后，缅甸参与东盟事务的热情降低。缅甸民主化改革后，缅甸与东盟关系大为改善。2014年11月，缅甸在内比都成功举办了东盟峰会，这也是缅甸入盟后第一次担任轮值主席国。

印度是缅甸邻邦中仅次于中国的区域大国。缅甸西北部与印度搭界，西南部与印度安达曼群岛隔安达曼海相望。缅甸发展对印关系，一方面是希望借助印度平衡中国的影响力，另一方面主要是为了获取印度的援助甚至保护。在过去的20年间，缅印关系的密切程度仅次于缅中关系，缅印两国在政治、经济、安全、文化教育等领域均进行了深度合作，其中军事安全领域合作的密切程度甚至超过了缅中之间。① 更有甚者，缅甸曾对印度成为联合国常任理事国表达了支持。② 新政府上台后，缅印关系保持良好态势。

此部分主要讨论缅甸与邻国的地缘外交，美国和日本因素留待下文国际层次进行分析。

缅甸与周边大国尤其是与西方国家发展关系确实对中缅关系产生了消极影响，不过缅甸也绝不会抛弃中国，转而倒向西方。2012年2月24日，缅甸联邦议会人民院议长吴瑞曼在与中国全国人大常委会委员长吴邦国会晤时说，“不论西方国家如何采取与缅甸密切接触的政策，作为缅甸，决不会接受危害与友好中国合作关系的任何计划和行为，必将继续重视两国之间的全面战略合作伙伴关系”。③

---

① 李晨阳：“2010年大选之后的中缅关系：挑战与前景”，《和平与发展》2012年第2期，第29—37、71页。

② Zhao Hong, “China-Myanmar Energy Cooperation and Its Regional Implications”, Journal of 18, Current Southeast Asian Affairs 30, No. 4, 2011, pp. 89 - 109.

③ 《缅甸新光报》（缅文版）2012年2月27日。

二、国际层次的政治特征

众所周知，缅甸的地缘战略地位十分重要，可以从区域和全球两个维度来理解缅甸国际层次的地缘意义。

从区域来看，缅甸地处东南亚、东亚、南亚的结合部，是连接南亚与东南亚的唯一交通枢纽，也是东亚腹地进入印度洋地区最为便利的交通要道。此外，其还扼守着马六甲海峡的出入口。[①] 由于自身的丰富资源和处于来往海湾和南海丰富产油区的重要位置，缅甸又成为区域性资源政治中心。地缘政治与经济的统一使缅甸成为陆权和海权的交汇处。[②] 从全球来看，缅甸所在的东南亚地区位于印度洋和太平洋之间，又处于亚洲大陆和大洋洲之间的连接带上，形成通往两大洋和两大洲的十字路口，是沟通亚洲、欧洲、非洲以及大洋洲之间海上航路的必经之地。[③] 按照科恩的观点，缅甸还是海洋辖区、东亚辖区和潜在的南亚辖区的汇合处。

考虑到缅甸的战略位置，中国积极发展中缅关系，并推动建设中缅油气管道。也正是因为管道对中国的战略意义重大，大国才加强了对缅甸和管道的关注或介入。下文将分析缅甸国际地缘政治的中国因素及其他周边大国因素和西方大国因素。

（一）中国因素

1. 中国对管道的地缘政治考虑

（1）维系中缅友谊，为中国发展创造良好的周边国际环境，并凭借缅甸扩大中国在东南亚和南亚的影响力。缅甸是最早承认中华人民共和国的非社会主义国家，也是第一个与中国签订边界条约和互不侵犯条约

---

① 林开彬：“缅甸独立以来的地缘政治环境与外交政策选择探析”，《赤峰学院学报（汉文哲学社会科学版）》2011 年第 4 期，第 48—50 页。

② 何跃：“缅甸政局中的地缘政治因素”，《东南亚纵横》2008 年第 11 期，第 80—84 页。

③ 林开彬：“缅甸独立以来的地缘政治环境与外交政策选择探析”，《赤峰学院学报（汉文哲学社会科学版）》2011 年第 4 期，第 48—50 页。

的国家，在中国地缘外交史上有着特殊意义。[①] 中国历来重视周边外交，缅甸一直是中国睦邻友好的重要对象。两国在地区和国际热点问题的观点接近，互相支持对方的内外政策，互为对方在国际舞台上的重要伙伴。而中缅油气管道可以让两国共赢，扩大双方的共同利益，进而夯实中缅关系的基础。再者，缅甸可以作为中国影响东南亚和南亚的跳板。缅甸是东盟国家中与中国边界线最长的国家，同时又是对华相对友好的国家，巩固发展中缅胞波情谊可以把中缅友好的合作扩展到中国与整个东盟的友好与合作。同理，中国也可以借助缅甸与南亚增进关系。

（2）确保中国西南地区的安全。中国与缅甸有着漫长的边境线，中缅边界线分布在中国西南地区的云南省和西藏自治区，而这一地区存在四个地缘安全隐患：缅北冲突、西方围堵、中印边界（东段）问题、“西藏问题”，中缅油气管道使中国在处理在这些问题上处于更加有利的位置。

缅北冲突。近年来，缅北战事频发，多次危及云南边民。此外，缅北的毒品、艾滋病等问题也对中国的非传统安全构成挑战。诚然，管道在短期内激化了缅北冲突，但是中国的战略着眼于未来。管道可以使中国继续扮演缅北“民地武”与缅甸政府之间的协调者角色，为中国管控或介入缅北冲突提供了机会。另外，管道从政府控制的西南绵延至“民地武”控制的东北，为缅甸区域间的交流与融合提供了绝佳的渠道，甚至对缅甸的统一进程有所帮助。不过，关于这点的成效还有待观察。

西方围堵。西方国家对中国的战略围堵始于冷战时期，其中最著名的就是三大岛链。冷战后，随着中国的崛起，以美国为首的西方国家进一步促成了对中国的C形包围。在缅甸军政府与中国关系亲密、与西方关系僵硬的情况下，缅甸成为中国西南地区的战略缓冲区，中国乘机主动提出管道设想是为了下先手棋，确保缅甸不成为西方围堵中国的棋子。这也是中缅管道最主要针对的安全隐患。

中印边界（东段）问题。中印边界至今尚未划定边界。中印边界东

---

① 韦健锋：“中国与印度在缅甸的地缘利益碰撞”，《亚非纵横》2014 年第 2 期，第 60—72、124—125、128—129 页。

段是两国分歧和争议最大的一段，即中国藏南地区，目前这一地区基本上为印度实际控制，并建立所谓的“阿鲁纳恰尔邦”进行管辖。现在，中国对东段边界主张处于下风。克钦邦与藏南相邻，如果中国可以借助管道进入克钦邦，则会削弱印度对藏南的有效控制，为中国最终解决藏南问题增加筹码。

“西藏问题”。“西藏问题”实质是西方和印度反华势力分裂和遏制中国的一张牌。缅北的克钦邦与印度和中国西藏自治区交接，并与西方国家关系密切，本身就对西藏构成了潜在的威胁，而且不排除西方借助克钦邦渗入西藏的可能性。中缅油气管道可以进一步增强中国对缅北地区的影响力，从而有效防范西方和印度对西藏的威胁。

（3）打通印度洋陆路通道。实施印度洋战略不仅可以打破“马六甲困境”和岛链封锁，改善中国的战略环境，还将影响世界格局。缅甸是中国进入印度洋最为便捷的通道，同时缅甸南部临近马六甲海峡，可以由此进入南海（太平洋），对中国的两洋战略具有重大意义。印度洋是中国通向南亚、中东和欧洲、非洲重要的交通、贸易、能源通道，对于中国经济的可持续发展具有十分重要的影响。随着中国人民解放军海军转向“蓝水海军”，中国逐渐增加在孟加拉湾和安达曼海的军事存在。缅甸的沿海港口和岛屿则为中国印度洋战略提供了有力的支点，缅甸实兑港和科科群岛就扮演了这样的角色。中缅油气管道成为中国与印度洋的桥梁，为中缅铁路的建设奠定基础。如果中缅铁路方案重启并顺利建成，缅甸将成为中国的“西海岸”。

2. 2010后中缅关系的政治特征

缅甸新政府上台后大力改革内政外交。关于缅甸的民主化，中国不反对缅甸建立民主政府，但是希望缅甸的政治转型能够稳定；关于缅甸的民族和解，中国比较肯定；针对内比都和各邦民地武之间的僵局，中国倾向于通过中央政府渐进的政策调整来解决；[①] 关于缅甸的平衡外交，中国可以理解缅甸改善与西方关系的努力，但是不希望因此损害中国的

① “China’s Myanmar Strategy: Elections, Ethnic Politics and Economics”, Crisis Group Asia Briefing No. 112, September 21, 2010.

利益。

一方面，中国依然是缅甸对外关系的优先方向。中缅两国都有巩固全面战略合作伙伴的意愿，两国间的高层会晤不断。缅甸总统吴登盛多次到访中国，仅2014年一年就访华两次。中国亦然，2014年11月李克强总理参加内比都峰会并对缅甸进行正式访问。这是中国新一届政府上任以来中国国务院总理首次访缅，意义重大。访问期间，中缅两国领导人就新形势下深化中缅全面战略合作伙伴关系深入交换意见，探讨在平等互利基础上加强两国务实合作。

另一方面，平衡外交成为当下缅甸外交的主要特征。随着缅甸民主化进程的推进，西方也放松了对缅甸的打压。新政府释放昂山素季以及一系列民主化改革获得了西方国家的积极回应，并逐渐融入国际社会，实现了对外关系的正常化。缅甸与西方关系大幅改善，甚至成为西方大国的宠儿，因此也在很大程度上减轻了对中国的安全依赖。缅甸对中国一边倒的时代已经结束。

（二）周边大国：东盟与印度

1. 东盟

东盟被公认为地区主义的典范，其之所以能够在亚太合作中经常上演“小马拉大车”的一幕，除了大国间相互制约外，主要在于东盟的影响力和领导力。缅甸入盟后，其民主化问题为东盟与西方关系和东盟内部团结设置了障碍，也不利于东盟的一体化进程。在此背景下，东盟在缅甸问题上“超越”了不干涉原则，[①] 对缅甸采取了“建设性接触”政策，主要采取劝说、鼓励、有限施压的方式，推动缅甸问题的解决。[②]正是在东盟等各方的努力下，缅甸实施了民主化改革。此后，东盟整体和其他东盟国家与缅甸的关系大为改善。

东盟在缅甸事务上主要有两点考虑：其一，通过推动缅甸的“正常

---

① 程晓勇：“东盟超越不干涉主义？——基于缅甸问题的考察与分析”，《太平洋学报》2012年第11期，第22—28页。

② 范宏伟：“东盟对缅甸‘建设性接触’政策评析”，《国际问题研究》2012年第2期，第30—39页。

化”，提高东盟内部的凝聚力，深化东盟的一体化合作，进而增强东盟的地区领导权；其二，引导缅甸实行平衡外交，避免缅甸倒向任何一个大国。此次缅甸新政府的外交转型得到了东盟的认可。东盟与中国在缅甸问题上并非完全是竞争关系，东盟与缅甸关系的发展确实可以减少缅甸对中国的依赖，但对中缅关系并非致命性的威胁，[①] 因此也不太可能影响管道的运营。

2. 印度

由于缅甸历史上曾被英属印度统治过一段时间，因此印度对缅甸有特殊的感情。印度一度坚决支持缅甸的民主运动，但是由于印度在缅甸战略利益的日益扩大而有所调整。缅甸民主化改革后，印缅之间又少了一个引起摩擦的重要问题，两国关系继续发展。印度发展对缅政治关系的地缘考虑如下：

首先，对中国的印度洋战略心存戒备。孟加拉湾和安达曼海一直被印度视为后院。印度设立远东海军司令部是为了拓展印度海军的核战略作战能力，同时挑战相距不足 190 海里、缅甸在科科群岛上的基地。[②] 印度对西方炒作的“珍珠链战略”深信不疑，缅甸的实兑港和科科群岛就是重要的“珍珠”。印度感到急需改善与缅甸的战略关系以冲破中国的包围政策。[③] 另外，印度还会利用靠近缅甸的安达曼群岛密切监视中缅油气管道的起点。

其次，加速推进“东向”战略。1991 年拉奥政府首次提出“东向”政策后，印度的“东向”步伐不断加快。[④] 缅甸是印度东进的首要门户，其战略意义不言而喻。虽然，印度的“东向”战略与中国的南下战略不一定是“零和”关系，但是二者依然存在利益碰撞的可能性。即使印度

---

① 李晨阳：“2010 年大选之后的中缅关系：挑战与前景”，《和平与发展》2012 年第 2 期，第 29—37、71 页。

② 龚明：“在石油天然气地缘政治角力中的中印缅甸关系研究”，《当代经济》2011 年第 4 期，第 78—81 页。

③ Sinha，Tuli（2009），Myanmar-China energy engagcment：imphaetions for Incha，IPSCSIS-Sue Brief December，NewDelhi Institzte of Pecce and Confliet Studies.

④ 韦健锋：“中国与印度在缅甸的地缘利益碰撞”，《亚非纵横》2014 年第 2 期，第 60—72、124—125、128—129 页。

拥有中缅油气管道的股份，也不能排除其对管道的潜在干扰。

最后，缓解中国对印度东北部的威胁。印度认为，其与缅甸西北部接壤的阿萨姆邦、那加兰邦、所谓的“阿鲁纳恰尔邦”（中国藏南地区）暴露在中国的“威胁”之下，如能与缅甸结盟，缅甸将成为一个有用的缓冲地。[①] 诚然两国结盟的可能性不大不过如若印度增强对缅北的影响力，那么将会给中缅管道带来一定的不确定性。

（三）西方大国：美国和日本

西方国家在缅甸问题上的利益基本一致，无非就是扩展民主、遏制中国以及扩大在该地区的影响力，美国和日本也是这样。

1. 美国

作为目前唯一的超级大国，美国的影响力无处不在，缅甸也不例外。缅甸的邻国泰国、新加坡等为美国的盟国，其他国家也多与美国友好。另外，美国在缅甸周边的军事存在也不容忽视。迪哥加西亚是美军在印度洋地区最重要的军事基地，美国借此增强了对北印度洋地区的干预能力，其战略轰炸机作战半径可以涵盖整个缅甸。美国在印尼、泰国、新加坡等国均有驻军，扼守了马六甲海峡。

为获取西方的认可和信任，缅甸军政府开启了民主化改革。此后，缅美关系全面改善。2012 年 11 月，奥巴马第二任期履新不久就访问缅甸，成为访问该国的首任美国在任总统。2013 年 5 月，缅甸总统吴登盛访美，成为 47 年来首位访问美国的缅甸国家元首。缅美峰会可以帮助缅甸摆脱国际制裁，获得更多的发展援助和和外国投资，也有利于树立政权的国际合法性。同时，在面对中国或其他国家时，内比都与华盛顿的关系也为缅甸增强谈判地位提供了筹码。[②] 美国重视缅甸的地缘政治考虑如下：

（1）美国的“印太[③]战略”。印度洋与太平洋地区正在成为一个世界

---

① 索尔·科恩：《地缘政治学：国际关系中的地理学》，上海社会科学院出版社 2011 年版，第 350 页。

② “China's Myanmar Strategy：Elections，Ethnic Politics and Economics”，Crisis Group Asia Briefing No. 112，September 21，2010.

③ 印太是个新概念，各国对其范围的界定不统一。笔者将其界定为东印度洋和西太平洋。

级的地缘战略中心，这里聚集了中国、印度等正在崛起的新兴大国，是全球经济最具活力的地区。它扼守着霍尔木兹海峡、马六甲海峡等全球最繁忙的海上能源、商业咽喉及海上通道，同时还是中国、印度、日本、美国等大国争夺地区领导权的博弈场所。此外，这里还存在诸多复杂、悬而未决的领土和领海争端。鉴于该地区在全球地缘战略中日益增长的重要性，奥巴马政府的“亚洲再平衡”战略将印太地区作为一个战略整体。[①] 美国的“印太战略”旨在防止该地区出现排斥或挑战美国的力量中心，确保美国印太地区的主导权。

虽然缅甸在本地区的影响力不大，但是其位于印太地区的核心位置，战略位置及其重要。随着美国“印太战略”的全面实施，美国在缅甸及其周边的影响力会大幅提高，中缅油气管道的不安全程度也会有所增加。

（2）遏制与围堵中国。随着中国的发展壮大，美国越来越担心中国会威胁到其霸权地位。美国对中国的遏制和围堵战略是一以贯之的，而美国与缅甸改善关系必然影响到中缅关系。在重大国际和地区事务方面，一旦中美双方意见不一致，缅甸不再是坚定地和中国站在一起，而是在中美之间谋求平衡，有时甚至倾向以美国为首的西方阵营。[②]

首先，遏制中国在缅甸乃至东盟的影响力。一方面，美国积极推动缅甸的民主进程，将自由主义民主人权目标与现实主义权力平衡战略结合起来。[③] 借助“民意”对缅甸新政府施加压力，妨碍中缅油气管道的运营。另一方面，通过介入缅甸民族和解进程增强对中缅边境的影响力。美国的这两手对中缅油气管道的干扰是直接而明显的。当然，阻止中国与东盟的区域整合也是美国重视缅甸的一个原因。其次，缅甸是美国围堵中国的缺口。军政府时期，中缅关系亲密无间，而美缅交恶，美国无法把缅甸拉入遏制中国的阵营。缅甸新政府的上台给了美国改变缅甸地

---

① 韦宗友：“美国在印太地区的战略调整及其地缘战略影响”，《世界经济与政治》2013 年第 10 期，第 140—155、160 页。

② 李晨阳：“2010 年大选之后的中缅关系：挑战与前景”，《和平与发展》2012 年第 2 期，第 29—37、71 页。

③ 李昕：“美缅关系改善对西南油气进口运输通道的影响”，《东南亚研究》2013 年第 2 期，第 74—80 页。

缘政治格局的契机。最后，阻击中国的两洋战略。美国的“印太战略”与中国的两洋战略存在重合，两国在这一地区的竞争不可避免。

无论是美国追逐地区主导权还是遏制中国的崛起，都会妨碍到管道的正常运行。总之，美国是影响管道的最主要外部力量。

二战期间，日本对缅甸“三十志士”进行政治、军事训练，此后“三十志士”大部分进入缅甸领导层。日本还帮助缅甸建立了自己的军队，在客观上推动了缅甸的独立运动。二战后通过战后赔款、政府援助开发项目、投资和贸易等方式，日本加强了与缅甸的双方交流，构建了让世人关注的“特殊关系”或“历史上的友好关系”。① 即使在1988年后，缅甸也与日本保持灵活接触。吴登盛新政府上台后，缅日双边关系迅速升温。2012年5月吴登盛访问日本，2013年安倍访问缅甸，两国领导人的互访进一步增进了日缅的政治联系。

安倍一直对价值观外交情有独钟。2006年，安倍第一次任首相时，与外相麻生提出“自由与繁荣之弧”。2013年，已是二度担任首相的安倍在访问印尼时，表示要推进价值观外交。缅甸的民主化为安倍提供了用武之地。日本发展对缅关系的地缘政治考虑如下：

首先，巩固日缅传统友谊，扩大在东南亚的影响力，保障日本海上生命线的安全。其次，抵消中国在缅甸的影响力，形成对华包围圈。最后，配合美国的“重返亚太”战略和人权外交。不过，日本外交以美日同盟为基础，受美国因素牵制较大，加上日本远非政治大国，对中缅油气管道的威胁有限。

综上，印度、东盟、美国、日本在平衡中国影响力问题上形成了统一战线，不过他们之间也存在一定竞争。

三、小结

缅甸新政府上台后，中缅油气管道的地缘政治特征不再像以前那样有利。从缅甸国内来看，部分当地民众反对管道的运营；缅甸政府外交

① 刘兵：“地缘政治视角下的中缅能源合作”，山东大学2012年硕士学位论文，第52页。

转型后不再努力保护管道。从国际来看，鉴于缅甸的地缘价值，周边大国和西方大国纷纷介入缅甸，给管道带来很多不确定因素。并且，改革后的民族和解进程也还没有实质性进展。总之，从地缘政治特征来看，中缅油气管道的前景还有待观察。

第二节　中缅油气管道的地缘经济特征

与地缘政治学的“硬控制”不同，地缘经济学认为国家或国家集团对某区域的控制主要是通过经济、文化、科技等领域的合作来实现的，军事、政治、外交等手段则处于次要地位。它所揭示的核心原理就是经济现象与地缘变量的关系，即国家或地区由于地域上的邻接性而产生的地缘经济关系。[①] 本节依然从国家和国际两个层次进行分析。

一、国家层次的经济特征

缅甸现在依然是农业国，经济发展水平较低，是联合国认定的最不发达的国家之一。

（一）缅甸的经济改革

2011 年 2 月吴登盛政府上台，启动了民主化改革进程。与此同时，经济改革也全面展开。改革前，缅甸国内经济凋敝，并受到国际制裁和封锁。因此，经济改革的目标在于重建停滞不前的经济并实现与全球经济的一体化。[②] 根据新宪法，缅甸经济改革的宏观方向是市场经济体制。新宪法第一章第三十五条明确规定，国家的经济制度为市场经济制度。下面将具体分析缅甸经济改革的主要举措和结果。

---

① 邱丹阳、冉波：“区域经济合作的地缘经济学解析”，《特区经济》2005 年第 9 期，第 45—47 页。

② Myanmar：The Politics of Economic Reform Crisis Group Asia Report No. 231，27 July 2012.

1. 主要举措

首先，改组政府。2012 年 5 月，吴丁昂敏乌副总统辞职是一个标志性的事件。人们普遍认为吴丁昂敏乌是旧商业精英的庇护人，是关键性改革的阻挠者，他的离职可能会使决策过程变得更容易，也为吴登盛总统推行其经济议程铺平了道路。① 其次，广泛推行私有化。缅甸国有企业效率低下，普遍亏损。新政府上台后决定大规模出售国有资产，推进私有化进程。再次，完善法律法规，扩大对外开放。颁布《经济特区法》，管理刚刚设置的经济特区。通过制定《外国投资法》，简化贸易手续，实行有管理的浮动汇率制等措施，扩大对外开放。最后，注重改善民生。新政府希望通过改善人民生活以获得民众对改革的支持。打“民生牌”是吴登盛政府的一大特点。②

2. 成效与问题

经过短短几年的改革，缅甸经济大有起色。首先，经济体制转型平稳顺利，市场经济制度逐渐建立。其次，经济发展进入快车道，各经济部门欣欣向荣，基础设施建设也大大加速。最后，缅甸的对外经济关系日益活跃，国际环境有利于缅甸经济的发展。

当然，缅甸经济改革还面临一些问题。首先，缅甸政府没能为经济改革制订一个清晰的路线图，这将给商业带来不确定因素，从而打击投资的积极性。③ 其次，新政府的改革政令在缅北难以得到有效贯彻。由于历史的原因和缅中央政府长期失控的结果，缅全国实际分割为由中央政府控制的和由少数民族特区政府控制的两大经济板块经济。④ 新政能否惠及缅北值得怀疑。再次，经济改革进程的主要障碍之一是在各个层面上都缺乏专家和技术能力，⑤ 无论是政府等公共部门还是私人企业都受到这个问题的困扰。最后，缅甸面临的制裁尚未彻底解除。吴登盛总

---

① Myanmar：The Politics of Economic Reform Crisis Group Asia Report No. 231，27 July 2012.

② 张党琼：“政治转型以来的缅甸经济改革：进展与展望”，《东南亚南亚研究》2014 年第 4 期，第 56—62、109 页。

③ Myanmar：The Politics of Economic Reform Crisis Group Asia Report No. 231，27 July 2012.

④ 李进军：“浅析缅甸当前经济困难的主要原因及影响”，《亚洲探索》2002 年第 4 期。

⑤ Myanmar：The Politics of Economic Reform Crisis Group Asia Report No. 231，27 July 2012.

统已经公开对一些西方国家没能撤销经济制裁表示反对。[①] 当然，缅甸还存在民族工业和基础设施落后等问题。

缅甸的经济改革对中缅能源合作的影响是多重的。从负面来看，缅甸的私有化进程难免波及缅甸国家石油与天然气公司（中缅油气管道的缅方持股公司），进而给中缅油气管道带来不确定性。此外，缅甸现在注重改善民生。客观来讲，管道主要是向中国供给石油和天然气，对缅甸民众生活改善的直接影响不大，当地民众是否欢迎值得思考。另一方面，缅甸经济改革的顺利推进可以加快缅甸的基础设施建设，提高工业水平和劳动力素质，这对中缅油气管道的后续运营有极大帮助。

（二）管道沿线的区位因素

前面提到管道的起点和沿线各邦，这部分将详细讨论影响管道的区位因素，包括自然因素和社会因素两方面。

1. 自然因素

（1）能源。石油和天然气管道所需的油气是有保证的。据路透社2014年6月17日报道，亚洲开发银行对53块陆地油气田和51块海洋油气田进行勘探后得出的调查报告显示，缅甸的石油储量为1.6亿桶，天然气储量为20.11万亿立方米。缅甸已探明的天然气储量在全球排名第41位，已探明石油储量排名第78位。[②] 缅甸油气资源主要分布在南部，中部和北部储量较小。就地区而言，缅甸是当前亚太地区用管道出售天然气的第一大国和天然气出口第四大国。[③] 另外，缅甸距离油气资源丰富的波斯湾较近。

（2）地形。缅甸和中国西南地形比较复杂，地势北高南低。虽然中缅油气管道较大程度上避开了掸邦高原和克钦邦的山地，但是很多地理

① Myanmar：The Politics of Economic Reform Crisis Group Asia Report No. 231，27 July 2012.

② 王晓苏："缅甸已探明天然气储量全球排名41"，《中国能源报》，http：//www.ccoalnews.com，2014年6月26日。

③ 内内埃："缅甸和中国之间的能源合作：缅甸的视角"，山东大学2014年硕士学位论文。

障碍是绕不过去的。中缅油气管道穿越皎漂港两大海沟，创造世界管道穿越的最深纪录，向东翻越若开山脉，越过伊洛瓦底江、米坦格河、南塘河等多条大河流，在中国境内横跨怒江、澜沧江和乌江等 26 条大江河，历经高山大河、地震活跃带、岩溶地貌、喀斯特地貌，建筑难度与风险堪称世界之最。[①] 除了施工难度，管道建设容易引起沿线生态环境的破坏。在后续运营阶段，既需要持续防止油气倒流，又要经受地质灾害的考验，管道维护成本必然很高。综上，中缅管道沿线的地形相当不利。

（3）气候。管道沿线气候条件相对有利。缅甸和中国西南地区为热带季风气候和亚热带季风气候，全年温和，修建和维护成本相对较低。不过，由于雨水充沛，河流众多，管道容易受到流水侵蚀。另外，台风也会不时地登陆缅甸，给管道造成一定损害。

2. 社会因素

（1）人力资源。缅甸劳动力资源丰富，且价格较低，不过素质整体不高。管道建设和运营所需的人力资源包括普通工人、专业技工和管理人员。以普通工人为例，中缅油气管道对普通工人的需求很大，这本来可以为当地民众提供大量的工作机会，但中国公司却招聘不到足够的合格的当地工人。[②] 这一方面是因为上文提到的整体性国家能力缺失，另一方面则归咎于不同的文化和生活方式。[③] 因此，中国公司被迫招聘中国工人参与管道建设，这又引起当地民众的不满。经济改革后，工人素质有所提高，但是期望仅仅几年就能普遍提高劳动者的技能是不现实的。

（2）陆路交通和工业基础。从整体上看，缅甸陆路交通落后。受地形影响，缅甸南北交通发达，东西不发达。与管道有关的陆上线路主要有曼德勒—南坎公路、缅北公路（始于曼德勒，经过腊戌和密支那）、仰光—密支那铁路及仰光—腊戌铁路等。很明显，目前的陆路交通不能

---

① 张跃：“安全——解读中缅油气管道的关键词”，《世界知识》2013 年第 11 期，第 31—33 页。

② Zhao Hong, “The China-Myanmar Energy Pipelines: Risks and Benefits”, ISEAS Perspective, May 2013.

③ Ibid.

有效保障管道的运营，因此中缅铁路的计划应运而生。2011 年 4 月，中国铁路工程总公司与缅甸铁路运输部签署备忘录，规定中缅铁路工程建设在三年内启动。规划中的中缅铁路连接中国昆明和缅甸皎漂，与中缅油气管道平行。然而 2014 年 7 月，缅甸铁路运输部发布消息称，中缅皎漂—昆明铁路项目遭到搁置。[①] 此外，缅甸铁路为米轨，跟中国铁路衔接难度大。

缅甸是个农业国家，工业基础薄弱。管道的建设和运营难以依赖缅甸的民族工业，期待中的相关下游工业的建立也是遥遥无期。[②] 即使是作为主要工业部门的油气业也面临着资金短缺、技术落后等突出问题。因为缺乏炼油设施，这个国家依然是纯粹的石油进口国。[③]

经济改革后的陆路交通和工业基础也很难立竿见影。

（3）社会习俗与生活方式。沿线居民不能一下子适应管道引发的改变。以若开邦为例，这里本来是一派田园风光，但是中缅油气管道打破了若开邦的宁静。工程所过之处，尘土飞扬，路边学校的孩子们咳嗽不已。到了雨季更是泥泞不堪，在工地上打零工的当地人需要不断搬来砖头和石板垫泥坑才能保持工程车辆不陷进去，周边村子的村民只能手拎拖鞋光脚挪步。[④] 如果没有适当准备和环境管理，来自离岸天然气项目的污染会破坏海洋生活，进而毁掉项目附近社区居民的生计。钻孔设备和天然气明火释放的气体也会污染空气。[⑤]

（三）缅甸的对外经济关系

军政府时期，缅甸长期受到西方的国际制裁，国际贸易和外来投资严重受挫，因而缅甸经济伙伴主要是东盟、中国和印度。在缅甸经济最为困难的阶段，中缅经济日益亲密，并于 2009 年达成关于建设中缅油气

---

① “中缅铁路项目搁浅探因”，《时代金融》2014 年第 28 期，第 43 页。

② Zhao Hong, “The China-Myanmar Energy Pipelines: Risks and Benefits”, ISEAS Perspective, May 2013.

③ Ibid.

④ 李毅、王宇、杨悦：“重申中缅油气管道”，财经网，http://magazine.caijing.com.cn/2013-06-16/112912267.html。

⑤ Banktrack, “Dodgy Deal: Shwe gas and pipelines projects”, March 4, 2014.

管道的政府协议。截至2010年7月31日，中国大陆和香港在缅投资达123亿美元，跃居外国对缅投资首位。[①] 2010年底，缅甸进行大选，民主化进程有了实质性的突破，缅甸的对外经济关系也发生了一些新变化。

1. 军政府与中缅油气管道

军政府时期，缅中经济关系持续发展。军政府同意中国的提议，主要是因为油气管道会拉动缅甸经济的发展，其具体的地缘经济考虑如下：

（1）减轻对泰国FDI和贸易的过度依赖。长期以来，泰国一直是缅甸最大的投资国和贸易伙伴，其投资领域和进口商品主要是天然气。自20世纪90年代中期建设了通往泰国的耶德那油气管道以来，缅甸所有的天然气都出口到了泰国，[②] 因而担心过度依赖泰国会影响自身的经济甚至政治安全。进入21世纪，中国经济腾飞获得举世瞩目，缅甸也把目光投向了这个北方大国。中国倡议的管道方案与缅甸不谋而合。无疑，中缅天然气管道会为缅甸提供天然气和其他商品出口的替代市场。[③]

（2）获得可观的经济收益。中缅油气管道的建设将增加缅甸的外汇收入，减少对华贸易赤字。[④] 按照协议，缅甸石油天然气公司在中缅原油和天然气管道项目中分别享有49.1%和7.37%的股权收益；缅甸政府每年还要收取1360万美元的油气管道路权费和每吨1美元总计高达2200万美元的原油管道过境费。[⑤] 此外，中缅天然气管道将按照缅甸的需求和消化能力，随时提供在总输气量20%以内的天然气分输，如果按照最大年输气能力120亿立方米计算，缅甸可以获得24亿立方米的天然气分输；中缅原油管道实现投产后，缅甸还可以每年下载200万吨原油。[⑥] 中国之所以能在众多的竞争对手中脱颖而出，除了中缅牢固的政

---

① “中国（含香港）跃居外国对缅甸投资首位”，中国驻缅甸使馆经济商务处，2010年12月10日，http://mm.mofcom.gov.cn/aarticle/zxhz/tjsj/201010/20101007188073.html。

② John Seaman, “Energy Security-Transnational Pipelines and China’s Role in Asia”, China and Transnational Pipelines, 2010.

③ Zhao Hong, “The China-Myanmar Energy Pipelines: Risks and Benefits”, ISEAS Perspective, May 2013.

④ Ibid.

⑤ 张跃：“安全——解读中缅油气管道的关键词”，《世界知识》2013年第11期，第31—33页。

⑥ 于景浩：“中缅油气管道助力缅甸经济发展”，《人民日报》2014年6月26日，第3版。

治关系，主要是因为中国经济技术实力雄厚、能源消费市场庞大以及最大限度地满足了缅甸的要求。

（3）推动能源行业的发展。缅甸油气资源储量丰富，但长期以来由于资金严重不足、地质条件差、开采难度大、技术落后和投资成本高等原因，这些能源得不到充分开发利用。[①] 中缅油气管道可以全面提升缅甸的能源勘探、开采、加工、输送水平，使缅甸成为本区域的能源出口大国之一。缅甸当然不会错失这样一个推动能源行业发展的机遇。

（4）带动沿线经济的发展。为了建设管道和其他主要基础设施（包括保障体系），中国发展银行和进出口银行同意向缅甸提供 42 亿美元的无息贷款。[②] 油气管道建设和运营具有溢出效应，其可以大幅改善沿线的基础设施状况，加速沿线的城市化进程，为当地提供大量的工作机会，甚至可以推动两大经济区的融合统一。如果溢出效应明显，缅甸投资环境将大为改善，外资会大量涌入缅甸。

2. 新政府的对外经济关系

新政府上台后，国际制裁压力逐渐减轻。在推动民主化进程的同时，吴登盛政权实行经济改革，大力吸引外资，发展对外贸易，对外经济关系趋于活跃。目前来看，缅甸的主要经济伙伴依然是中国、东盟（泰国为主）和印度。鉴于外资和贸易是经济关系中最重要的因素，而各国对缅投资和进口也主要集中在油气领域，因此这两项也是影响管道的重要因素。下面主要从这两方面分析缅甸与他国的经济关系。

（1）中国。2010 年起，中国取代泰国成为缅甸的主要经济伙伴（最大的贸易伙伴国和投资来源国）。2011 年 5 月，缅甸新政府与中国政府建立全面战略合作伙伴关系。然而，缅甸对中国的经济依赖是别无选择，缅甸政府对中缅经贸合作中出现的自然资源被过度开采、生态环境遭破坏等问题表现出不满。[③]

---

① 贺圣达、李晨阳：《列国志：缅甸》，社会科学文献出版社 2010 年版。

② Zhao Hong，“The China-Myanmar Energy Pipelines：Risks and Benefits”，ISEAS Perspective，May 2013.

③ 李晨阳：“2010 年大选之后的中缅关系：挑战与前景”，《和平与发展》2012 年第 2 期，第 29—37、71 页。

缅甸新政府实行对外开放后，不再像以前那样竭力保护中国的投资项目。在部分缅甸人民和非政府组织的要求下，新政府对前政府时期签订的投资项目进行了重新审查。此后，中国的大型投资项目命运多舛。2011年，缅甸单方面搁置密松水电站项目；莱比唐铜矿项目因为抗议而多次停工；2014年7月，中缅铁路项目搁浅。中缅油气管道项目同样面临巨大的风险。实际上，密松项目终止后，来自中国的投资骤减。2013—2014财年，中国大陆从缅甸的第一大投资来源降为第八且与前三名有较大差距。

表6—1　2010—2011至2013—2014财年缅甸外资来源状况①

排名	2010—2011		2011—2012		2012—2013		2013—2014	
	国家（地区）	所占比例（%）	国家（地区）	所占比例（%）	国家（地区）	所占比例（%）	国家（地区）	所占比例（%）
1	中国大陆	41.35	中国大陆	93.57	中国大陆	28.70	新加坡	56.98
2	中国香港	28.99	英国	2.15	越南	23.21	韩国	15.61
3	泰国	14.75	印度	1.57	新加坡	17.46	泰国	11.91
4	韩国	13.38	马来西亚	1.12	英国	16.39	英国	3.82
5	新加坡	1.53	巴拿马	0.56	中国香港	5.69	越南	3.46
6			韩国	0.55	日本	3.81	中国香港	2.90
7			越南	0.39	韩国	2.67	日本	1.48
8			日本	0.09	印度	0.81	中国大陆	1.39
9					荷兰	0.73	马来西亚	1.37
10					马来西亚	0.30	印度	0.63
11					泰国	0.09	法国	0.13
12					加拿大	0.07	卢森堡	0.13
13					文莱	0.07	阿联酋	0.10
14							文莱	0.06
15							老挝	0.02
16							澳大利亚	0.01

资料来源：缅甸国家计划与经济发展部（NPED）。

① 郑国富："缅甸新政府执政以来外资格局'大洗牌'与中国应对策略"，《对外经贸实务》2015年第1期，第36—39页。

据缅甸《Eleven Daily News》报道，2013—2014 财年，中国继续保持缅甸最大贸易伙伴地位，两国贸易额约 70 亿美元，其中缅甸进口约 40 亿美元，出口近 30 亿美元。[①] 虽然中国现在依然是缅甸最大的贸易伙伴国，但是随着缅甸的进一步开放，中国恐怕优势不再。

总之，由于缅甸的经济改革，缅中经济关系趋冷，这对中缅油气管道也有潜在的影响。

（2）东盟：泰国。无论从对缅投资还是双边贸易来看，泰国一直是缅甸的重要经济伙伴。与中国相同，泰国投资和进口集中在缅甸的能源领域。2013—2014 财年，泰国成为缅甸第三大投资来源国。据缅甸《Eleven Daily News》报道，2013—2014 财年，贸易额位居第二的是泰国，缅泰两国贸易额为 55 亿多美元。[②]

（3）印度。2010 年后，缅印经济关系在原有的基础上有所推进，两国贸易总额发展尤其迅猛。在缅甸对外贸易中，与印度贸易总额已位居第四（第一、二、三分别为中国、泰国、新加坡）。[③] 不过，印度对缅投资额不大，主要集中在油气行业。

缅甸对外经济关系改善，特别是大力吸引外资必然导致各国在缅甸油气领域的激烈争夺，这对管道的影响是显而易见的。

二、国际层次的经济特征

前面提到了缅甸重要的地缘位置，这也反应了缅甸地缘经济的优势。此外，作为东亚、东南亚、南亚三个区域最重要的陆上贸易航道，沟通东亚与印度洋地区的贸易桥梁，印度洋与太平洋必经的海上贸易要道，缅甸的资源中心位置又强化了其地缘经济地位。

基于缅甸地缘经济地位显著的考虑，中国决定与缅甸建设油气管道，

---

① 任琳：“中国在缅甸投资这些政治风险不得不防”，腾讯财经，2015 年 3 月 25 日，http：//finance. qq. com/a/20150325/034574. htm。

② 同上。

③ 肖蕾：“缅甸对外经济关系研究”，云南财经大学 2014 年硕士学位论文，第 58 页。

周边大国和域外大国也把目光投向缅甸。下文将分析缅甸国际地缘经济的中国因素及其他周边大国因素和西方大国因素。

（一）中国因素

1. 中国对管道的地缘经济考虑

（1）维护国家能源安全。中国已经超过美国成为世界上最大的能源消费国，对外依存度节节攀升，保障能源安全刻不容缓。众所周知，中国大部分进口原油需要通过马六甲海峡，而这里存在众多不安全因素：海盗、恐怖主义和美国的军事存在。为缓解“马六甲困境”，中国倡议的中缅油气管道在一定程度上避开了马六甲海峡的风险，也缩短了运输距离。不仅如此，在中国的能源安全中，缅甸扮演了日益重要的角色。[①] 缅甸本身能源丰富，加上与中国关系牢固（2010 年前），保障了这条能源大动脉的持续性和安全性。

然而，长期关注中缅管道项目的中国石油大学中国能源战略研究中心研究员马宏认为，“中缅油气管道对于破解马六甲困局作用微乎其微，2200 万吨的输油量无异于杯水车薪”。[②] 并且，一旦爆发冲突，固定的靶子（中缅油气管道）毕竟比移动的靶子（油轮）更容易受到攻击。

（2）带动西南地区的发展。中国西南地区地处内陆，油气资源匮乏，能源工业基础薄弱，很大程度上制约了经济的持续发展。中缅油气管道进入云南后，在贵州安顺实现油气管道分离，原油管道通向重庆，天然气管道则到达广西。很明显，油气管道将有力地拉动能源产业的发展，使西南地区成为能源供应的新基地。不仅如此，管道还为云南、贵州等省的经济结构调整提供绝佳的机会，使之获得发展经济的新增长点。发展地区性的石油加工业也将通过建设工作及随后的机构人员设置提供

---

① “China's Myanmar Strategy: Elections, Ethnic Politics and Economics”, Crisis Group Asia Briefing No. 112, September 21, 2010.

② 李毅、王宇、杨悦：“重申中缅油气管道”，财经网，2013 年 6 月 16 日，http://magazine. caijing. com. cn/2013 - 06 - 16/112912267. html。

大量的就业机会。[1]

（3）扩大对缅经济影响力，促进区域经济整合。云南在与东盟的经济合作中扮演着重要的角色。2009 年 7 月，胡锦涛总书记在云南考察时指出，要“不断提升沿边开放质量和水平，使云南成为我国面向西南开放的桥头堡”。[2] 中国希望中缅油气管道能够成为中国与缅甸甚至与整个东南亚之间的经济纽带，能源领域将成为中国与东盟经济合作的重要组成部分。油气管道项目还会为中国与缅甸、东南亚的经济合作和整合创造其他外溢的机会，[3] 打造中国—东盟自贸区的升级版。当然，扩大在南亚地区的经济影响力也在中国的考虑之内。

中国西南地区地处内陆，对外交通不便。从战略上来看，中国可以利用管道打通中国与印度洋的陆上贸易通道，使缅甸成为中国的“出海口”或“西南海岸”。届时，中国对印度洋地区的经济影响将会大为扩大，也会有利于 RCEP[4] 的圆满实现。

2. 来自云南的争议

一方面，中缅油气管道是由云南省政府主动向中央政府提议的，期望以此获得能源供给大省的地位，实现本省经济的跨越式发展。中央政府从全局来看待中缅油气管道，希望以此带动西南各省的发展，因此油气管道的终端都不在云南境内。这样以来，云南省政府可能会有落差。

另一方面，民间的反对角度则恰恰相反。云南民众普遍质疑，云南这一多民族的旅游大省是否应该发展石化工业，云南缺水高原的环境会不会因此恶化。2013 年 5 月 4 日，云南省昆明发生了反对昆明安宁 1000

---

① Andrew S. Erickson, Gabriel B. Collins, “CHINA’S OIL SECURITY PIPE DREAM: The Reality, and Strategic Consequences, of Seaborne Imports”, Naval War College Review, Vol. 63, No. 2, Spring 2010.

② 夏剑锋：“论中缅油气管道与中国石油安全”，《云南民族大学学报（哲学社会科版）》2012 年第 2 期，第 110—114 页。

③ Zhao Hong, “The China-Myanmar Energy Pipelines: Risks and Benefits”, ISEAS Perspective, May 2013.

④ RCEP 即“10 +6”，系区域全面经济伙伴关系的简称，由东盟十国发起，邀请中国、日本、韩国、澳大利亚、新西兰、印度共同参加，通过削减关税及非关税壁垒，建立 16 国统一市场的自由贸易协定。若 RCEP 谈成，将涵盖约 35 亿人口，GDP 总和将达 23 万亿美元，占全球总量的 1/3，所涵盖区域也将成为世界最大的自贸区。——编者注

万吨炼油石化工程的无中心组织者的示威行动。油气管道需要穿越横断山脉，而横断山也被称为植物的方舟，有大量珍稀植物，这个区域也居住着为数众多的少数民族。[①] 一些学者指出："无论在缅甸还是中国，中国企业习惯了与高层官员打交道，忽略民间社会和团体面对的严重挑战。如果项目不能按计划运行，中石油将会面临严重的债务压力和经济损失。"[②]

3. 2010 年后中缅关系的经济特征

缅甸民主化改革后，由于经济惯性，中缅经济关系继续升温。缅甸民主转型后，对外经济关系活跃，对中国的经济依赖减轻。这对中缅贸易的影响不大，但对中国投资方面的伤害却很大，上文中表格内的数据可以证明。中国认识到缅甸现在是一个相当不友好和高风险的投资地，对缅甸政府不再保护中国在该国的利益表示不满。在中国官员和企业看来，（改革后）缅甸方面缺乏持续性和可信性，会进一步损害投资者的信心。[③] 另一方面，中国在缅甸投资形象和贸易形象都在恶化。不过，也不应对中缅经济关系过于悲观。新政府一上台就与中国建立了全面战略合作伙伴关系。鉴于中国的地缘经济优势和经济实力，缅甸无意也不能抛弃中国，中国依然是缅甸的主要经济伙伴。

（二）周边大国：东盟与印度

1. 东盟

相对于政治或安全，东盟的经济一体化程度较高。缅甸与其他东盟九国经济关系非常密切，这种态势在其民主化改革后更加明显。投资方面，2012—2013 财年东盟国家对缅投资占到 40% 以上。贸易方面，2011—2012 财年，缅甸与其他东盟国家进出口贸易总额为 86. 61 亿美

---

① 周雷："中缅油气管道的'政治生态'"，《南风窗》2012 年第 8 期，第 47 页。

② Ying Hongwei, "Chinese investments in Myanmar The Sino-Myanmar oil and gas pipeline project could become a chess piece", http: //www. asienhaus. de.

③ Yun Sun, "Chinese Investment in Myanmar: What Lies Ahead?", Issue Brief No. 1, September 2013.

元，占到缅甸进出口贸易总额181.43亿美元的47.73%。[①]

东盟发展与缅甸的经济关系主要基于以下两点。其一，深化东盟经济一体化水平。面对经济大国（主要是中、美、日、澳、印）环伺，东盟只有增强自身实力，才能维护自身的经济独立性和地区影响力。东盟向来把欧盟作为楷模，增强东盟内部的经济整合。长期以来，缅甸经济落后拖了东盟的后腿。[②]一旦缅甸放弃孤立政策和西方取消对缅制裁，东盟与缅甸的经济关系自然会热络起来。中国与东盟都是区域经济整合的推动者，东盟深化与缅甸的经济关系对中缅油气管道干扰较小。其二，满足东盟的天然气需求。在能源问题上，东南亚国家中与中国在缅甸有竞争关系的主要是泰国。[③]缅甸的天然气资源是有限的，作为缅甸最大的天然气买家，泰国非常担心中缅天然气管道影响到缅甸向泰国供气。与上一点不同，东盟与中国在油气问题上存在零和博弈。

2. 印度

在发展对缅经济合作的力度方面，印度不如中国，[④]但却依然是缅甸的重要经济伙伴。缅甸转型后，印度加强了在缅甸的经济存在。印缅双边贸易发展迅猛，2010—2012年的贸易额分别为12亿美元和15亿美元、20亿美元，增幅巨大。在缅甸对外贸易中，与印度贸易总额已位居第四（第一、二、三位分别为中国、泰国、新加坡）。在投资方面，印度对缅投资额并不大。1988—2012年印度对缅实际投资为2.735亿美元，仅占到缅甸吸引外资总额的0.66%，位列第十。[⑤]印度注重发展同缅甸的经济关系主要是基于地缘经济战略和能源需求方面的考虑。

（1）推行东向战略，遏制中国的经济影响。东向战略不仅是政治和军事战略，还是印度的地缘经济战略。缅甸是印度东向战略的门户，是

① 肖蕾："缅甸对外经济关系研究"，云南财经大学2014年硕士学位论文，第54页。

② 马燕冰："缅甸政治经济改革前景及对中国影响"，《亚非纵横》2012年第3期，第45—51、60、62页。

③ 赵洪："中国—缅甸经济走廊及其影响"，《东南亚南亚研究》2012年第4期，第35—39、91页。

④ 李晨阳："2010年大选之后的中缅关系：挑战与前景"，《和平与发展》2012年第2期，第29—37、71页。

⑤ 肖蕾："缅甸对外经济关系研究"，云南财经大学2014年硕士学位论文，第59页。

印度与东盟国家甚至亚太国家的陆上桥梁。加强与缅甸的经济联系，便于印度同亚太国家加强联系，推动与各国的经贸合作。此外，印度对中国在缅甸的经济影响感到不安，希望通过加强印缅经济关系平衡中国的影响力。

（2）获取缅甸的油气资源。与中国类似，印度的能源储备相对缺乏，随着经济快速发展，油气的对外依存度逐年提高，印度也把目光投向了这个油气资源丰富的东部邻国——缅甸。由于种种原因，印缅的能源管道项目都没有成行。不过，许多印度人说缅甸表达了建设印缅管道的意愿，其（将之）视为推动天然气出口多元化和避免变得更加深深依赖中国的机会，所以缅甸政权努力寻找途径去促成（这件事）。[①] 而印度能源公司参股中缅油气管道，表明缅甸政府不想受制于任何国家，也表现出印度对缅甸能源领域的影响力。

（三）西方大国：美国和日本

西方国家在发展对缅经济关系时基本一致，其目的主要是扩展市场经济制度，遏制中国和介入东盟一体化进程。美国和日本则是典型的例子。

1. 美国

1989 年军政府上台后，美国与缅甸经济关系恶化，并推动联合国和盟国对缅甸进行经济制裁。2009 年美国正式提出“重返亚太”战略，调整对缅政策，缅甸的民主化转型则迎合了美国的政策调整。此后，美国逐渐放松了对缅甸的经济制裁，美缅经济关系升温。即使现在，美国也远非缅甸的重要经济伙伴，但是美国对缅甸经济的影响巨大。美国拥有取消对缅制裁的主动权，还可以通过影响日本、欧盟、东盟对缅甸经济施加影响。美国重视缅甸的地缘经济考虑如下：

（1）推广普世价值，遏制中国。冷战后，美国积极推广普世价值，其经济方面的表现就是市场经济制度。缅甸的市场化改革被认为是美国

---

① John Seaman, “Energy Security-Transnational Pipelines and China’s Role in Asia”, China and Transnational Pipelines, 2010.

模式的又一胜利。并且，推动缅甸的经济改革也能削弱中国在缅甸的经济影响力。

（2）印太战略。缅甸地处印太的枢纽位置，地缘经济位置十分重要，是沟通印度洋与太平洋的贸易要道和资源要道。

一方面，美国要主导亚洲经济整合的进程。近年来，亚洲经济一体化方兴未艾，“10 + 1”、“10 + 3”、“10 + 6”等经贸合作机制都没有美国的参与。其中，美国对2011年浮出水面的“10 + 6”非常警惕，生怕亚洲会形成排除美国的经贸集团。因此，美国高调重返亚太，推动TPP战略，主导亚洲经济的一体化。

另一方面，美国试图进一步控制印度洋能源通道。美国在缅甸的东西南三面都有军事存在，唯独缅甸没有。缅甸扼守中东、非洲到亚太地区的能源通道，美国希望通过与缅甸改善关系，完善对这一能源运输线的控制网。另外，缅甸丰富的油气资源也引起美国的浓厚兴趣。为回应缅甸的经济改革，奥巴马政府解除本国能源企业在缅甸的投资禁令，中国在缅甸的能源利益将会面临日益激烈的竞争和挑战。①

2. 日本

日本是1948年以来援助缅甸最多的国家，② 日缅经济关系密切。1989年后，美国发起对缅甸的制裁。即使在美国的压力下，日本仍然与缅甸保持了经济接触。缅甸转型后，日本更是名正言顺地加强对缅经济关系。不过，日本目前也不是缅甸的重要经济伙伴。这是由于日本长期与美国的制裁政策保持一致，日缅经济升温无法很快实现。日本的地缘经济考虑如下：

（1）巩固与缅甸的经济关系，扩大对东盟的经济影响力。缅甸充足的劳动力和丰富的物产，吸引了日本的目光，日缅传统经济联系和缅甸经济新政则为日本提供了良好的投资和贸易环境，日本很有可能在未来几年成为缅甸的主要经济伙伴之一。日本也试图以缅甸为跳板，获取东

---

① 李昕：“美缅关系改善对西南油气进口运输通道的影响”，《东南亚研究》2013年第2期，第74—80页。

② 贺圣达、李晨阳：《列国志：缅甸》，社会科学文献出版社2010年版，第433页。

南亚的资源和原材料，打开东南亚的市场，增强在东盟的经济存在。

（2）保障能源安全。日本经济发达，而能源匮乏，能源对外依存度很高。一方面，缅甸油气资源丰富，日本也想分一杯羹。另一方面，马六甲海峡同样是日本的海上生命线，日本希望增强对缅甸的介入提高能源通道的安全性。

综上，经济关系方面，除了东盟与中国存在合作的空间，印度、美国、日本与中国的竞争态势明显。能源方面，以上四国与中国的竞争则更为激烈。

三、小结

从地缘经济特征来看，中缅油气管道的风险不是很明显。与地缘政治特征不同，国际层次的地缘经济特征对管道影响更大。从缅甸国内来看，缅甸的经济改革和管道的区位因素都是有利有弊。从国际来看，缅甸对外经济关系多元化将会削弱对中国的经济依赖，而各国对缅甸油气资源的激烈争夺将会给管道带来一定挑战。

第七章
中缅油气管道的地缘政治经济影响

2013年7月28日，缅甸西南海岸的“丹瑞气田”天然气开始注入中缅天然气管道首站皎漂分输站，标志着由中国、缅甸、韩国和印度四方投资的中缅油气管道正式建成运营。[①] 中缅油气管道的建成不仅是历史上南方丝绸之路以及滇缅公路辉煌的延续，而且将在地缘政治经济上给中国、缅甸以及东南亚、南亚各国带来重大的影响。

第一节　中缅油气管道的地缘政治影响

中缅油气管道的建成运营给中国、缅甸以及美、印、俄、泰等国带来深刻的地缘政治影响。对中国来说，中缅油气管道有助于保持良好的中缅关系，以此确保中国西南边疆地区乃至于整个中国的安全与稳定；更重要的是，缅甸是中国重要的战略支撑，中国以缅甸作为战略支点能顺利进入印度洋，同时能消弱美国“C形包围圈”的影响。对缅甸来说，中缅油气管道使缅甸的地缘政治地位提高，增强其在国际上的影响力；对印、泰等国来说，中缅油气管道将改变各国在亚洲的博弈态势，从而

---

① 戴永红、秦永红：“中缅油气管道建设运营的地缘政治经济分析”，《南亚研究季刊》2015年第1期。

影响亚洲地缘政治格局。

一、中缅油气管道建设对中国的地缘政治影响

为了促进本国及周边国家的发展繁荣，作为中缅油气管道的倡导国、发起国、推动国，中国从国家层面的地缘政治经济利益和能源安全战略的角度出发，积极推动中缅油气管道的建成。进入21世纪以来，随着海盗猖獗和多国角逐马六甲海峡，对于严重依赖该海域运输进口石油的中国来说，石油运输安全问题日益突出。在中国政府以及国内学者研究、实地考察的努力下，中国政府作出了在中缅之间修建一条石油安全运输管道的战略部署，作为减少对马六甲海峡依赖的替代方案。因此，中缅油气管道的建设对中国地缘政治影响重大。

（一）缅甸对中国具有重要的安全意义，是中国的安全屏障和战略缓冲

缅甸邻国较多，西北与印度和孟加拉国为邻，东北与中国接壤，东南连接泰国与老挝；多面临海，西面为孟加拉湾，西南临安达曼海。正是缅甸邻国较多和多面临海的地理特点，使其对中国具有独特且重要的战略意义。

首先，缅甸这种独特的地理条件有被外部势力利用的可能性，以缅甸作为基地对中国进行颠覆或侵略活动，对中国构成威胁。如在19世纪，英国通过三次英缅战争将缅甸纳为其殖民地，并以缅甸为据点侵略中国西南地区，企图打通缅甸到中国西南边境的通道，在此基础上扩展其在中国西南地区的商业贸易，从而进一步侵略中国西南地区。

其次，缅甸独特的地理环境不仅能为外部势力利用进而威胁中国的安全，也是中国借以突破外部势力封锁和制裁的战略通道。二战期间，日军占领了中国东北、华北、华东、华中和华南广大地区，中国与外界的海上通道被封锁。为了摆脱被围困的不利局势，中英两国商定之后决定修筑滇缅公路，以支援世界反法西斯的中国战场。滇缅公

路的开通使盟国援华的大批物资得以顺利进入中国。据当时的统计，1939 年运货量为 2.798 万吨，1940 年为 6.1934 万吨，到 1941 年增至 13.2193 万吨。[①] 这为中国突破日军封锁、赢得抗日战争的最后胜利奠定了坚实的基础。

（二）保持良好可持续的中缅关系，有利于确保中国西南边疆的稳定

缅甸位于中南半岛，是中国非常重要的邻国之一，保持良好的中缅关系不仅是中国“睦邻”、“安邻”、“富邻”周边外交政策的重要体现，同时也为确保中国西南边疆的稳定提供了坚实的支柱。

首先，良好的中缅关系对于两国边境的稳定和谐具有重要的意义。中缅边界上有很多跨境杂居的少数民族，如位于云贵高原西部德宏傣族景颇族自治州就是一个典型的跨境民族聚集地。该州毗邻缅甸，州内定居着傣族、景颇族、阿昌族等多个跨界居住的少数民族，经过长期的融合，两国跨境杂居的少数民族之间已形成了深厚的民族认同和文化认同。中缅两国保持良好的关系不仅有利于两国在各个层面的交流与合作，而且有利于推动两国跨境杂居的少数民族之间的友好往来，从而促进中缅两国边境的稳定和谐、繁荣昌盛。

其次，中缅两国加强合作有利于促进难民问题、跨国犯罪等问题的顺利解决。缅甸国内民族众多，政治局势不稳，加上国外势力频繁插手缅甸国内政治，导致缅甸国内冲突不断。2009 年“果敢事件”爆发后，许多炮弹落入中国境内，给中国带来了巨大的损失；2015 年 3 月，缅北冲突持续升级，缅甸军机炸弹落入中国云南省境内，造成无辜平民伤亡。另一方面，“果敢事件”的爆发使大批缅甸难民越界逃亡中国，他们长期滞留中国境内，给中国政府和人民带来了不小的压力和负担。此外，缅甸是跨境犯罪（如走私贩毒）频发的地区，也是世界最大的毒品原产地之一，毒品犯罪屡打不绝。[②] 由于中缅两国之间有漫长的边境线，便

① 赵敬：“近百年来中缅两国人民的友好往来和相互支持”，《中国与亚非关系史论丛》，江西人民出版社 1984 年版，第 119 页。

② 陈利君：“现阶段中印缅关系的 SWOT 框架分析”，《南亚研究季刊》2012 年第 4 期，第 14 页。

于缅甸境内毒贩借道中国将毒品贩运到世界各地，这给中国禁毒工作带来了巨大的挑战。缅甸籍特殊群体贩毒活动近年来越发严重，在云南省临沧市2012年查获的312起特殊群体贩毒案中，就有205起是缅甸籍特殊群体贩毒案件，可见缅甸国内跨境犯罪猖獗。

一个稳定、统一的缅甸对中国来说是有利的。中缅两国不断加强交流、深化合作，有助于两国平心静气、合理合法地协商解决炮弹落入中国境内的事件和难民问题，同时有利于推动两国在打击跨境犯罪、走私贩毒等违法活动上共同携手，有效地祛除这些社会毒瘤，使以上问题给中缅两国社会稳定和经济发展产生的负面影响得到弱化。

（三）缅甸是中国重要的战略支撑，是中国出入印度洋的重要通道

从地缘政治的角度来说，缅甸沟通了东南亚、印度和中国，也是中国进入印度洋的重要桥梁，因此对中国具有重大的战略意义。一方面使中国进入印度洋发挥影响，在该地区掌握主动权；另一方面，中缅的合作可以对印度等妄图挑战、限制中国的国家产生一定威胁力，确保中国在该地区的利益。

首先，缅甸是中国在国际舞台上的重要盟友。中缅关系历史悠久、源远流长，缅甸是新中国最早建交的国家之一，是中国的好邻居、好兄弟，两国的友谊经过数十载的历练形成了深厚的胞波情谊。在国际社会中，缅甸也是中国的重要盟友。中国和缅甸都与西方主流社会所认可的发展模式不相容，这使中缅在一些国际事务上相互依靠、相互支持。自1998年9月缅甸军人政府成立以来，以美国为首的西方国家从政治和外交目的出发，开始对缅甸从政治、经济、安全和军事方面实行长达20年的制裁；中国是当今世界最大的社会主义国家，在意识形态上与西方国家存在根本冲突。虽然在全球化的浪潮下，社会主义国家与资本主义国家之间的对立已经弱化，但西方国家依然试图打压中国，限制中国的发展，不断渲染“中国威胁论”为自身谋利。西方国家对待中国和缅甸的态度都是孤立、封锁、制裁，并动辄以“人权”、“自由”、“民主”等问题进行攻击。中缅两国唯有相互支持，才能避免陷入孤立境地，使西

方国家控制中缅两国的企图破灭。

其次，缅甸是中国顺利进入印度洋的通道，是中国“两洋战略”顺利实施的桥头堡。缅甸正好处于中国和印度之间，其安全、稳定与中国息息相关。进入21世纪以来，长期困扰中印关系的边界问题、西藏问题、安全观念等有了一定的发展和突破，但竞争与合作相互交织、相互渗透依然是中印关系的主流。作为世界上两个人口大国，近年来中国和印度的迅速腾飞引起了世界的关注，也使印度一直怀揣的“大国梦”苏醒。从尼赫鲁时代开始，印度就明确提出要做一个“有声有色”的大国，战后几十年来，印度一直将实现大国地位作为努力追求的目标。在“大国梦”的指导下，印度不断发展经济、加强军事力量建设，还不顾世界各国的反对积极发展核力量，可见印度追求大国地位决心之坚定。

21世纪是能源的世纪，印度洋由于在国际海运和能源供应上的重要地位，成为全球地缘政治竞争的焦点地区，这也使作为印度洋大国的印度成为全世界目光聚焦之地。从传统意义上来说，中国是一个太平洋国家，但与此同时，中国在印度洋也有正当的利益存在。自古以来，印度洋就是连接中国与西方国家商贸活动的纽带，形成了闻名于世的“海上丝绸之路”。进入21世纪，中国在印度洋的利益的内涵更加丰富了：经济上，中国改革开放力度增加，外向型经济不断发展，印度洋作为资源富集区和国际黄金航线与中国的发展息息相关；安全上，中国是一个海陆复合型国家，西部边疆地区紧靠印度洋国家，因此印度洋北岸地区的稳定直接关系着中国西部边疆地区的安全；政治上，处理好与印度洋国家的关系是中国的政治诉求，同时提升在该地区的影响力、增强话语权、塑造一个负责任的大国形象也是中国在印度洋地区实现政治利益的需要。

印度是南亚地区实力最强的国家，因此印度一直以来都将印度洋视为“印度的海洋”，毫不掩饰自身对印度洋独占和控制的野心。对于任何试图染指印度洋的国家和行为，印度都坚决维护自身对印度洋的特权，这也给中国和东南亚等在印度洋有正当利益的国家造成了困难和挑战。中国受海陆位置的限制，没有与印度洋直接相连的陆地，这对中国“两洋战略”的实施是一个巨大的难题。从地理位置上来看，缅甸处于中国、印度以及印度洋这三点的中心位置，中国借助缅甸的地理优势将能顺利打通进入印度洋的通道，追求中国在印度洋正当的利益，保证中国“两洋战略”的顺利实施。

（四）中缅关系的良好发展有助于削弱美国“C形包围圈”的影响

“C形包围圈”是指以美国为首的西方国家对中国构筑的包围、限制的战略圈，该包围圈由海上包围圈和陆地包围圈两部分组成，其中海上包围圈以日本为起点、印度为终点，陆地包围圈以印度为起点、中亚为终点，以此从海陆两部分形成对中国包围封锁的“C形包围圈”，目的是防范潜在对手，为美国控制亚欧大陆、称霸全球扫清障碍。

冷战结束后，美、苏在印度洋地区的争霸格局被打破，取而代之的是美国、印度、中国在印度洋权力格局的三足鼎立之势。三个大国在印度洋地区既有共同利益，又有利益冲突，三国关系表现为相互竞争与相互合作并存。中国近年来经济发展迅猛，综合国力不断增强，美国、印度等国借机大肆渲染“中国威胁论”，试图丑化中国在国际上的形象，以此来打压中国。同时，美国和印度在核科技、反恐、海洋安全等领域的合作也不断深化，对中国产生制衡作用。虽然在印度洋控制权的争夺上，美、印之间的矛盾才是主要矛盾，但短期内，美、印联手限制中国的策略将不会弱化。美国不断加强与印度的联系，一方面为了能够成功控制印度洋，另一方面为了构造“C形包围圈”，对中国进行围堵。在“C形包围圈”中，印度既是海上包围圈的终点，又是陆地包围圈的起点，具有枢纽的作用，在美国的“C形包围圈”战略中具有不可替代的作用。

中缅关系的良好发展不仅符合中国与周边国家和睦相处、平等互利的外交精神，同时有助于弱化美国“C形包围圈”对中国产生的不利影响，突破美国等西方国家精心构造的限制、包围中国的密网，打破中国在包围圈中被孤立的不利境地，使中国能更好地发挥自己的影响力，维护国家的正当利益。另外，美国和日本欲将缅甸打造成为钉入中印之间的楔子，以挑起中印两国斗争从中坐收渔翁之利，中缅关系的深化使美日的企图不能得逞，为中国国内政治、经济的平稳发展营造了一个良好的周边环境。

二、中缅油气管道建设对缅甸的地缘政治影响

能源既是国际政治竞争中的重要目标，又是达到某一战略目标的有效且必要的手段，能源因素在国际政治格局的塑造和变动过程中起着决定性的作用。[①] 随着油气资源消耗量的急剧增加，石油、天然气成为各大经济体相互争夺的对象。而油气资源丰富的国家也以此为“武器”与各国展开博弈，从而实现国家利益的最大化。布热津斯基在其《大棋局：美国的首要地位及其地缘战略》一书中指出：“地缘政治支轴国家的重要性不是来自它们的力量和动机，而是来自它们所处的敏感地理位置以及它们潜在的脆弱状态对地缘战略棋手行为造成的影响。”[②] 众所周知，缅甸就是这样一个集能源优势和地缘战略地位于一体的国家。近年来，缅甸周边国家为寻求战略突破及其经济发展所带来的油气资源的短缺，使得缅甸的地缘战略地位显著上升，从而为缅甸以油气资源为“武器”在周边各国之间开展平衡外交奠定了良好的基础。

自 1988 年 9 月缅甸军政府执政以来的 20 多年里，以美国为首的西方国家对缅甸从政治、经济、军事和安全领域实施制裁，其目的在于：推行西方的政治体制和价值观，输出“人权”“民主”观念，实现称霸世界的战略目标。但近年来，随着在中国的地缘战略地位的提升，缅甸也成为美国、印度和日本等国积极拉拢的对象，企图借助缅甸来制衡中国。缅甸在地区和国际事务中的地位上升。

多年来，美国、印度和日本等国利用中国海陆复合型的地理特征，企图在中国周边地区部署棋子，从而对中国形成海陆包围圈，以此来遏制和牵制中国发展壮大。中缅油气管道从酝酿到策划再到顺利建成，缅

---

① 孔凡君：“能源政治与能源外交专题”，《中国地质大学学报（社会科学版）》2014 年第 2 期。

② ［美］兹比格纽·布热津斯基，中国国际问题研究所译：《大棋局：美国的首要地位及其地缘战略》，上海人民出版社 1998 年版，第 55 页。

甸自身又增添了事关中国能源安全的战略价值，从而在地区和国际事务之中增加了影响力和话语权。美国、印度和日本等国意识到缅甸在中国能源安全战略的重要价值，进一步加大对缅甸的拉拢力度，试图借缅甸之手阻碍中缅油气管道的运营，威胁中国的能源安全，从而更好地借助缅甸达到制衡中国的目的。

从美国方面来看，2011 年 11 月 30 日—12 月 2 日，美国国务卿希拉里访问缅甸，成为 50 多年来首次踏上缅甸国土的美国国务卿，这次访问被外界称为“破冰之旅”。2012 年 1 月，美国宣布与缅甸互派大使；2 月，美国宣布一项对国际金融机构禁止与缅甸合作的豁免令；7 月，美国总统奥巴马宣布批准美国企业对缅甸进行投资；9 月，昂山素季对美国进行了长达 17 天的访问，并受到奥巴马的接见；9 月末，缅甸总统吴登盛在纽约出席了第 67 届联合国大会后对美国进行访问，成为 46 年来首位访美的缅甸最高领导人；11 月 19 日，奥巴马在连任美国总统后对缅甸展开了历史性访问，成为美国历史上第一位访问缅甸的在任总统，这打破了美国总统上任访问战略盟友的传统。

从印度方面来看，缅甸在印度对外战略中占有重要地位。缅甸不仅是印度油气资源的重要来源，同时也是印度进入东南亚、抗衡中国影响力的重要支撑点。因此进入 2000 年以来，印度主动寻求改善与缅甸的双边关系，高度重视与缅甸的交流与合作，以抗衡中国在缅甸的影响力，抵消中国“南下”对印度构成的负面冲击。2010 年 3 月，印缅两国政府宣布两国已签署了合作协议，印度将投资 13.5 亿美元开发缅甸的油气资源；7 月，缅甸和平发展委员会主席丹瑞率团访问印度以加强同印度的安全与经济关系，印度顶住国际压力，以高规格接待了访问团；2012 年 5 月，印度总理辛格访问缅甸，使印缅关系更加紧密，这是印度总理 25 年来首次访问缅甸。

从日本方面来看，日本频频给予缅甸好处，不仅有政治上的考虑，还有经济上的需求。中国在缅甸存在巨大的影响力，对于日本来说，攻克缅甸这个“堡垒”，将其拉拢到自己的阵营内，有助于削弱中国在缅甸的地位，使中国周边环境更加恶化。此外，日本国内市场狭小，与缅甸加强合作关系有利于日本企业进驻缅甸，推动日本经济的发展。2012年4月，缅甸总统吴登盛28年来首次访日，日本免除了缅甸约37亿美元的债务，并时隔20多年重新启动日元低息贷款援助；2013年年初，日本安倍内阁副首相兼财务相麻生太郎访问缅甸，主动加强与缅甸的战略性外交关系，日本向缅甸提供了首批日元贷款，为日本企业进入缅甸市场提供了支持；2013年5月24—26日，日本首相安倍晋三首次访问缅甸，日本向缅甸提供规模高达910亿日元（约合56亿元人民币）的政府开发援助（ODA），并免除约2000亿日元的债务。①

从美国等西方大国最初对缅甸展开政治、经济、军事等方面的制裁，到各国频繁访问缅甸、对缅甸进行经济上的援助和扶持，不难看出，缅甸在国际上的地位发生了巨大的变化。中国在缅甸有着重大利益存在，中缅油气管道运营使缅甸增加了在中国能源安全战略中的砝码，这也是缅甸地缘政治地位提升、一跃成为国际社会关注的焦点的重要原因。

首先，改变在政治和安全上过度依赖中国的局面，积极同周边国家开展合作。近年来，缅甸在国际、国内形势的影响之下，于2011年完成了军政府向民主政府的过渡。与此同时，曾经对中国全方位、高程度的依赖所引发的缅甸官员对本国经济、政治安全的担忧，也有所缓解。②缅甸在地缘上是连接东亚、东南亚及南亚的重要桥梁，是印度“东向战略”的重要桥头堡，是东盟向西发展的重要跳板，也是中国南下印度洋最便捷的陆上通道，更是三个全球最具活力的经济板块所争取的能源通道，其近海油田的天然气为中国、印度、东盟的经济发展提供了能源的保障。目前，缅甸正稳步提高对泰国、中国的的天然气供气量，同时积极开拓东盟、亚洲甚至是欧洲市场，这些举措不仅为缅甸的油气出口提供了更广阔的市场前景，也使缅甸获得了与域内外大国博弈的筹码。事实上，缅甸新一届民选政府正是利用手中的能源牌，既争取西方国家的

① 戴永红、秦永红：“中缅油气管道建设运营的地缘政治经济分析”，《南亚研究季刊》2015年第1期。

② 范宏晓、刘伟民：「中国とミャンマーの経済貿易関係」、『立命館経済学』第58卷，2009年7月号，第99—118页。

支持与援助，又在与中国的谈判中最大程度争取自身的利益，最终获取国家发展的政治、经济资本。

其次，利用油气资源的开发、油气管道的修建以及油气的购买和过境等项目使中、印、泰等周边国家激烈争夺，从而使利益最大化，平衡各国在缅甸的影响。目前世界能源格局依然是卖方市场占据主导，市场的广泛度决定了卖方价格协定的空间大小。因此，缅甸在保证原有油气合作的基础上，积极开拓新的油气市场，尤其是着重于东南亚的新兴经济体和欧洲的发达经济体。通过放开油气市场的准入，加强对油气资源勘探、开发、运输、精炼等各环节的监管，以缅甸政府主导的天然气公司作为协调各方的对象，最大程度上维持有序竞争，争取价格朝着有利于实现缅方利益最大化的方向发展。目前，缅泰、中缅油气管道已经投入运营，与印度的油气管道正在协商当中，港口建设也在稳步推进，缅甸油气资源的出口之路已经在既有市场的保障下逐步进入国际市场，争取在国际定价机制中保证自身利益的最大化。

最后，在亲华与反华之间赢取“小国”的政治资本。中国崛起是21世纪世界权力核心的最大变局，是世界由一超多强向多极世界演变的标志性事件。因此，中国的崛起势必会对原有的权力中心发起冲击，也势必会引起一场新老集团的权力拉锯，而这场围绕中国的拉锯事实上也在中国的周边体现得无处不在。南海的岛争已经逐渐演化成为东盟小国在美日支持下挑战中国底线的政治冒险，但冒险的同时也争取到了西方反华势力的大力援助。缅甸的地位则更为微妙：首先，缅甸重要的地缘地位本身就具有极高的战略价值；其次，缅甸作为中国的传统友好邻邦，在数十年制裁阶段通过对中国的依靠维持了国家的基本稳定和发展；再次，缅甸当前正经历民主转型的阶段，西方国家对于缅甸作为中国西南后方的战略地位给予了充分的肯定，不遗余力地在缅甸树立民主的典型，试图通过民主之春在中国的西南后方立起所谓的“民主基地”。因此，缅甸在亲华与反华之间有所骑墙，以两边逢源来实现两方获利，最终通过外交平衡最大限度地保障本国的利益。

三、中缅油气管道建设对美、印、俄、泰等国的地缘政治影响

中缅油气管道的建成深化了中缅两国的关系，有利于保证中国西南边疆的稳定和安全，保证中国出印度洋通道顺畅，提升了缅甸的地缘政治地位，这些对中缅两国地缘战略的运行具有重要的意义。与此同时，中缅油气管道的建成也对美国、印度等国家产生地缘政治影响。

冷战后，美国的战略是在全球维持其霸主地位，在区域范围内遏制强国的崛起。进入21世纪，随着印度洋作为世界贸易、能源通道的重要性不断提升，其在美国全球战略中的地位也相应提高。近年来，美国将自身在太平洋的利益和在印度洋的利益结合起来，重新建立起“印度—太平洋”航线安全在美国外交战略中的地位。美国在印度洋的战略目标主要是：保持美国在印度洋的主导地位，防止其他大国崛起挑战其霸主地位；稳定印度洋局势，确保印度洋海上交通线畅通；继续控制印度洋的战略要冲，维护其在该地区的利益。但是，当前的印度洋势力格局并非由美国一家说了算，印度一向将印度洋视为自家门口，对进驻印度洋的各国都抱有提防、敌视的心理，而中国在综合国力发展越发强大之后也开始追求在印度洋的正当利益，这对美国企图占据印度洋主导地位的战略形成很大的冲击。美国和印度在对抗中国上有一致的利益，同时美国利用印度希望得到其援助的心理积极拉拢印度对抗中国，使美印在印度洋的矛盾有所缓解。中缅油气管道建成之后，一方面中国拥有顺利进入印度洋的通道，对美国利用盟国控制的马六甲海峡的依赖程度降低；另一方面，中国在印度洋的利益将增大，这意味着中国将更加积极参与印度洋事务，维护自身在印度洋的正当权益，对美国主导印度洋事务的地位将是一个不小的挑战。中缅油气管道的建成对美国精心构筑的“C形包围圈”造成一定的破坏，使包围圈出现漏洞，也使美国孤立、包围中国的企图不能得逞，这对中国打破美国的战略封锁、维护国家主权和正当利益带来积极的意义。可以预见的是，中国和美国在印度洋势力的争夺将会愈演愈烈。

印度一直将印度洋视为自家门口，独霸印度洋不仅是印度追求政治、经济和安全利益的战略支柱，也是印度实现其大国梦想的既定国策。任何国家对印度洋的染指都将威胁到印度独霸印度洋的目标，印度将不遗余力地排挤、驱逐进驻印度洋的势力。现今，争夺印度洋势力范围的主要是美国、印度和中国三个大国。中印自1950年建交以来，双边关系一直曲折发展，在边界争端、西藏问题、安全问题等方面矛盾重重，加之中国近年来迅速崛起，给邻国印度带来不小的压力。印度不愿看到一个比自己强大的近邻在身边不断壮大，对其来说，中国的崛起是潜在的威胁，同时中国的富强将打击其大国梦想。印度虽然是中缅油气管道四个投资国之一，但对中国进入印度洋的战略相当排斥。印度和美国都不希望中国在印度洋站稳脚跟，在对抗中国这一点上有共同的利益，加上印度与美国靠拢可以得到美国的援助，因此美印在印度洋的矛盾让位于美印与中国的矛盾，在印度洋上形成共同限制、制衡中国的态势。中缅油气管道的运营使中国可以利用缅甸这一通道进入印度洋，这与印度试图独霸印度洋的战略相互抵触，印度将不惜一切代价制衡中国在印度洋的势力范围。

俄罗斯对于缅甸一直是一种比较超然的态度，但并不代表其对该区域无动于衷。俄罗斯作为继承苏联大部分遗产的地区大国，无论是历史还是现实都一直无法暗藏作为世界帝国的野心。近年来，俄罗斯经济的发展和军事的壮大都依靠石油天然气的大量外销，天然气的价格关乎俄罗斯当前的国家命运，更与其大国梦想息息相关。缅甸作为天然气出口大国，其天然气的产量和价格势必会对国际天然气价格产生影响，进而对俄罗斯的能源战略产生制衡。因此，俄罗斯看待缅甸的价值更多地是停留在其商业价值的领域。

泰国作为缅甸的邻国，也是东盟中的重要核心成员，其经济的发展和能源的匮乏促使其对缅甸天然气产生严重依赖。泰国是最早与缅甸进行油气贸易的国家，泰缅油气管道正常运行并有油气供给量不断增加的趋势。泰国也是缅甸的重要投资来源国和商业伙伴，泰国经济的发展和泰缅关系的稳定攸关缅甸的未来。此外，缅甸作为东盟中相对比较边缘的国家，亟需泰国的支持与帮助，亟需在东盟的多边舞台上占得立足之地。

可以看出，中缅油气管道的建成运营使中国顺利获得进入印度洋的出海口，同时也对美国和印度在印度洋的利益形成冲击。由于美印在制衡中国这一点上有共同利益，在短期内，美印联合限制中国在印度洋的发展将会是印度洋势力范围争夺的主旋律，这也进一步要求中国实施“两洋战略”应具有全局性和灵活性。

第二节　中缅油气管道的地缘经济影响

中缅油气管道的建成运营对中国、缅甸以及亚洲各国地缘经济发展有极大促进作用。对中国来说，中缅油气管道对中国“大西南经济圈”具有拉动作用，促进地区经济发展；有利于打破“马六甲困局”，确保中国海上石油运输线的安全畅通；有利于中国拓展与东南亚各国的能源合作以及推动中国运输业、建筑业、化工业等相关产业的发展。对缅甸来说，中缅油气管道将带动外国资本、先进技术进入缅甸，带动缅甸石化工业发展，从而有利于缅甸借助中缅油气管道开展油气外交，提高在国际上的地位，推动缅甸经济的发展。对亚洲各国来说，中缅油气管道使中国、韩国、印度、缅甸四个投资国获得经济收益，同时影响中亚、东南亚的油气贸易，将中亚、东南亚和南亚更紧密地联系在一起，推动亚洲经济繁荣发展。

一、中缅油气管道建设对中国的地缘经济影响

（一）对中国“大西南经济圈”的拉动作用

“大西南经济圈”主要包括中国西南地区的六个省份，分别是川、滇、黔、桂、藏、渝。这一地区由于多山的地理条件，交通不便，改革开放前基本处于封闭状态，发展相对较落后。改革开放后，在国家西部

大开发的推动之下该地区发展势头迅猛，GDP增长位居全国前列。但近年来，由于油气资源短缺，“大西南经济圈”工业发展一直处于止步不前的状态，要解决制约西南地区经济发展的这一瓶颈，就必须改善其油气供给现状。中缅油气管道修建的战略考量之一就是加大对中国西南地区油气资源的供给，促进地区经济发展，把西南地区打造成为对外开放的新前沿地带。中缅油气管道的修建可以从以下三个方面来拉动西南经济的发展。

首先，加快油气相关产业的发展。众所周知，西南地区处于全国油气供应链的尾端，油气资源短缺，没有油田和炼油厂，也没有与之相关的工业。因此，在煤、电、油、运这四大制约西南地区经济发展的瓶颈中，油气资源高居榜首，但中缅油气管道的建设将改变这一现状。有数据显示，中缅油气管道建成后，中国西南地区每年将新增炼油能力2000吨、成品油1277吨，其中汽油310万吨、柴油840万吨、煤油127万吨、生产合成树脂153万吨、基本有机原料177万吨。以云南为首的西南地区将逐步形成“油气管道加炼化基地”的工业新格局，彻底改变“油荒”及工业生产落后的局面，从而提升西南地区的整体竞争力。

其次，加强跨境基础设施建设，加快西南地区发展步伐。中国西南地区同南亚、东南亚国家有着漫长的边界线，有着建设跨界基础设施的独特优势，例如新疆的阿拉山口、云南的瑞丽是解决“马六甲困局”的国家能源大通道的要塞；广西是除辽宁外唯一一个同时拥有沿边、沿海、沿江地理优势的省份，也是西南乃至整个西部民族地区唯一一个拥有出海口的省区。[①] 但是西南地区由于多山多峡谷的地形限制，并没有将这种区位优势转化为经济优势。然而中缅油气管道修建克服了大量的工程难点，未来中国可以以此为鉴加强西南各省同周边国家在交通、通信及管道领域的合作，提升对外开放水平。

最后，加快融入东南亚、南亚的各种区域性经济合作组织。随着国际经济的发展，各国融入国际社会的程度越来越深，各种国际组织如雨后春笋般蓬勃发展，其中区域经济组织更是异军突起，成为区域内各国

① 黄云：“试论民族地区跨国运输通道的现实意义”，《中国民族》2010年第9期。

进行经济合作的重要舞台。在东南亚的经济合作组织中，中国同东盟、大湄公河次区域组织（GMS）的合作已初见成效。而中国正在打造的“孟中印缅经济走廊”，将中国同该地区的经贸合作推向了新的高度。东南亚、南亚地区资源丰富，又紧邻中国西南边陲，对面临能源需求不断增长的中国来讲，同该地区各国在能源与经贸方面的合作将成为中国西部大开发、提升“大西南经济圈”整体实力的重要引擎。中国以中缅油气管道的修建为契机，加强与区域组织的合作，将能源合作的范围推向东亚，逐步打造同周边各国能源合作的新工程。

中国经济的发展目前是“东高西低”的格局，西部地区的相对发展滞后成为进一步释放经济活力的重要阻碍。西南地区受限于能源的瓶颈，四川、云南、重庆的经济发展一直受制于“油荒”的困扰，如果能够除去经济发展的“紧箍咒”，西南地区的发展将会成为中国经济版图的新一级，中国西部大开发的战略也将被彻底激活，因此西部的发展是关乎全国一盘棋的重要节点。中缅油气管道的建成和运营除了上文中所提及比较具体的经济收益，更大程度上是落实国家战略的需要。早在建国初期，西南地区就作为国家的二线、三线承担着国家的战略安全纵深，攸关着是否能实现国家持久发展的需要。改革开放的今天，虽然和平与发展是世界的主题，但西南地区依然在国家安全上扮演着特殊的角色。大西南地区工业体系的完整、经济发展的可持续性不仅是西部大开发、地区协同发展的需要，更是攸关国家安全的底线和原则。

（二）有利于打破“马六甲困局”

从国家层面上讲，中缅油气管道的建设有利于从心理上缓解对“马六甲困局”的战略忧虑，同时以实际行动向企图破坏中国海上石油通道安全的国家发出战略威慑，从而保障中国能源安全，再者中缅油气管道的建设也是中国走向印度洋的战略初探。近年来，中国经济飞速发展的同时，能源的对外依存度也随之上升。中国社科院《世界能源中国展望（2013—2014）》报告认为，中国能源对外依存度在 2015 年将上升到 11%，2020 年接近 26%。石油对外依存度将由 2011 年的 55% 左右上升到2015年的60%；天然气对外依存度在2015年将上升到35%，2020年接近40%。自1993年中国成为石油净进口国以来，中国油气进口量逐年攀升，截至2015年5月中国已经超越美国成为全球第一大石油进口国。中国的油气进口主要来自中东、非洲地区，这就决定了中国不得不将石油从波斯湾经过印度洋再经马六甲海峡运输到南海，这条中国能源的海上生命线承担着中国80%的石油进口。但事实上，这一由新加坡、马来西亚及印度尼西亚共同管理的马六甲运输通道暗藏着巨大的安全隐患，也就是人们俗称的“马六甲困局”。

首先，该海域的海盗及恐怖主义活动猖獗是和平时期影响马六甲海峡安全的主要威胁。马六甲海峡位于马来半岛与苏门答腊岛之间，西岸是印度尼西亚的苏门答腊岛，东岸是新加坡、西马来西亚和泰国，面积为6.5万平方公里，海峡长度为900公里，呈东南—西北走向，其南口宽只有65公里，向北逐渐加宽。随着经济的发展，马六甲海峡来往的船只急剧增加，有数据显示，过往船只每年高达8万—10万艘（即每天200—300艘），占世界海上贸易的1/4—1/3的份额。马六甲海峡的繁荣引来了众多海盗前来“淘金”。据统计，近年来，70%以上的劫船事件发生在亚洲公海，尤其是马六甲海峡。每天经过马六甲海峡的客货轮有50%以上可能成为海盗抢劫的对象。同时一些国际恐怖分子与当地海盗相互勾结，加大了海峡的危险性及治理难度。

其次，在非和平时期，美国及海峡沿岸各国可以利用有利的地形封锁海峡对中国形成遏制。马六甲海峡是沟通太平洋与印度洋的国际水道，是连接中国和印度最短的海上航道，也是亚洲与大洋洲的十字路口，还是亚洲、大洋洲、非洲、欧洲之间的海上交通枢纽，直接扼住东亚国家的能源咽喉，其地理位置与经济、军事地位非常重要。近年来美国以打击国际恐怖主义和海盗为名，加强在马六甲海峡的军事布局。在菲律宾、新加坡、印度洋等的军事基地成为美国控制马六甲海峡的重要军事力量，一旦中国的“海上生命线”被切断，依赖庞大石油进口的国内工业将面临沉重打击，中国的经济也将面临灭顶之灾。在近年对马六甲海峡的控制中，各主要国家都有自己的利益盘算。美国设想在印度岛屿上安装侦察设备，专门用于跟踪过往的中国船只。日本则提出“亚洲海盗对策地域协定”，根据协定建立一个“海盗情报共享中心”，并同印度联合举行确保马六甲海域安全的大规模海上训练。印度则积极购买 P3C 预警机等先进侦察设备，试图对马六甲附近海域进行全程监控，积极加强在马六甲海峡的安全保障能力。

最后，路途遥远，石油运输成本高。从中东石油产地运送石油到中国东部港口的海上航线距离大约为 1.449 万公里，而从缅甸港口城市建设管道到中国境内的云南昆明，将比从马六甲海峡运输到广州再运至西南地区缩短 1200 多公里，大大降低了能源的运输成本。此外，中国油轮运输能力十分有限，有数据显示，中国海上船运的 70% 左右由外国油轮承担，[①] 这不仅增加了石油运输成本，而且增加了石油运输的风险，因为一旦爆发政治危机，外轮不可避免地因受到经济制裁而停运。相比之下，日本的国油国运运输量占本国总进口量的 80%—90%，而美国则为 70%。[②] 因此，本国油轮的运力不足将成为制约中国油气资源运输安全的突出方面。

中缅油气管道的建设将改变中国石油进口高度依赖马六甲海峡的单一局面，促进能源进口布局的合理化，从而进一步保障能源安全。然而中国要想改变被外界势力所困扰的被动局面，就必须主动寻求突破口，走向印度洋。印度洋对中国具有极其重大的战略意义，是中国最重要的国际贸易通道及海上能源通道。中国货物进出口量的几乎一半要通过印度洋运往世界各地，而中国进口的石油几乎绝大部分都要经过印度洋。中国要走向印度洋关键就在于缅甸，因为它是中国通往印度洋最便捷的陆上通道。从目前的印度洋战略格局来看，除美国在迪戈加西亚岛建立了军事基地外，世界其他大国还没有插足这一海域。然而，目前印度的海军实力还没有强大到足以控制印度洋。随着经济的发展和实力的增长，中国在这一海域的战略利益会越来越多，为了更好地保护国际贸易通道

---

① 彤新春：“试论新中国海运事业的发展和变迁（1949—2010）”，《中国经济史研究》2012 年第 2 期。

② 徐铭辰：“能源需求与中国能源外交的三层空间”，《中国地质大学学报（社会科学版）》2014 年第 2 期。

通畅及本国客货船的安全，中国应该以中缅油气管道的修建为契机，尽快建立在印度洋的立足点。

在2003年11月召开的中央经济工作会议上，中国首次将金融和石油问题列为关系到国家经济安全的大事，胡锦涛总书记在会上表达了对中国进口石油80%需要通过马六甲海峡这一现状的担忧。为了打破“马六甲困局”，中国中央政府积极制订计划和方案，如在泰国地峡开凿克拉运河，将中国南海与印度洋连接；在克拉运河路线下铺设水下油气管道；修建亚际铁路系统将石油运往中国；修建从巴基斯坦直达中国新疆的中巴输油管道。但由于地势、气候、与相关国的多边关系复杂等因素，以上方案并没有取得实际的进展。在国内学者积极研究下，打破“马六甲困局”的方案有了实质性进展，即在中缅之间修建一条石油安全运输管道，以确保中国能源运输的安全。该方案在得到缅甸政府积极回应之后逐渐步入实施阶段，给相关国家带来巨大的利益。

（三）有助于中国拓展与东南亚的能源合作

东南亚国家是中国的近邻，包括越南、老挝、柬埔寨、缅甸、印度尼西亚、马来西亚、新加坡等11个国家，该地区与中国一样，都是世界上经济发展最快、最具有发展活力的地区。东南亚地区油气资源丰富，20世纪90年代已探明的石油储量约为21.9122亿吨，已探明的天然气储量约为5.0006万亿立方米。[①] 其中印度尼西亚、马来西亚、越南和文莱油气资源储量大，2006年统计，印度尼西亚的石油剩余探明储量为5.89亿吨；2011年2月，据印尼能源和矿产资源部长透露，印尼的天然气储量已达27.9亿立方米。截至2012年1月，马来西亚已探明石油储量为5.456亿吨，已探明天然气储量为2.35亿立方米；越南的石油储量约为6亿桶；文莱的天然气储量约为3964立方米。[②] 此外，缅甸也是一个油气资源富饶的国度，根据缅甸官方在2014年1月公布的数据，其石油

① 戴永红主编：《中印海外能源战略研究：地缘政治经济的视角》，时事出版社2014年版，第142页。

② 同上书，第149页。

探明储量约为1.6亿桶，天然气探明储量约为6372亿立方米，有近2/3的油气区块仍未勘探，可见缅甸国内油气资源储量之巨大。但由于缅甸经济水平低，基础设施不健全，开发资源的技术落后，阻碍了缅甸的发展壮大。中国不仅有经济和基础设施优势，还具有技术优势，正好与缅甸形成优势互补。缅甸丰富的自然资源、庞大的市场规模成为中国经济发展不可或缺的重要助力，缅甸也是中国出口产品和产业转移的重要目的地。

中国石油进口近一半来自中东地区，近1/3来自非洲。随着国际环境不断变化，油气市场环境、投资领域和市场格局也在发生相应的改变，加上美国在2012年高调宣布“重返亚太”，将战略中心转移到亚太，发挥离岸平衡手的作用，使中国的石油市场受到不小的干扰，给中国石油能源安全带来更多的挑战。中国和东南亚各国是睦邻友好的邻居，中缅油气管道的建成运营将使中国和东南亚各国在能源合作上更加紧密。中国与东南亚各国在能源上的合作比单纯的中缅能源合作具有更高的战略价值，中缅油气管道能很好地充当中国与东南亚国家能源合作的桥梁，如东南亚的石油大国印度尼西亚就明确表示要加强与中国的能源合作，这能使中国在复杂多变的国际和地区局势中成功开辟更多的能源通道，为中国能源进口多元化战略服务。

（四）有利于中国相关产业的发展

云南省是中国通向东南亚和南亚的重要通道，战略地位十分重要。2009年7月，国家主席胡锦涛在考察云南之后，提出将云南建设成为中国面向西南开放的重要桥头堡，即实施“桥头堡战略”，这是推进中国向西南开放、实现睦邻友好的客观需要。但云南省作为中国对外开放的出口，对石油的依赖程度非常大，因此中缅油气管道的建成对“桥头堡战略”的实施具有举足轻重的意义。从经济角度来看，油气产业的发展能很好地带动运输产业、建筑业、化工产业、重型加工业等行业的迅速崛起。一方面，中缅油气管道的建成有利于边境旅游业和边境贸易的发展。云南省、四川省自然风光优美、各具特色，旅游资源十分丰富，深受外国游人青睐。中缅油气管道将促进边境旅游业壮大，带动云南、四川等地旅游业的发展繁荣。更重要的是，中缅油气管道对云南等地的商品贸易有着极大的推动作用，使中国成功打入东南亚市场，加速中国与东南亚国家贸易关系的进程，推动中国西南地区脱贫致富，使中国西南地区进入发展的新时代。另一方面，中缅油气管道经过云南省，云南不仅可以在原材料、人力资源、产业调整等方面获得较大的资金支持，还可以充分利用管道沿线带来的地理优势推动自身经济的发展。另外，中缅油气管道的建成对四川、重庆等地相关产业的发展也具有不可估量的推动作用。四川、重庆的石油冶炼厂可以通过从缅甸进口的石油进行规模化生产，为该地区化工产业和其他相关产业的发展提供动力。中缅油气管道的建成使中国部分产业间接受益。中国国内资金雄厚、技术先进，在中缅油气管道所带来的积极影响下，中国经济定会迎来一个划时代的改变。

二、中缅油气管道建设对缅甸的地缘经济影响

首先，缅甸借助中缅油气管道开展油气外交，成为亚洲主要能源国家。亚洲是世界上经济最活跃、最具发展潜力的地区，也是油气资源消费量最大的地区之一。中国、印度、日本都是油气资源消费大国，且主要依靠从中东、北非等国进口石油和天然气来满足国内经济发展的需求。中缅油气管道的建设使缅甸成为亚洲地区能源供应的新主力。缅甸的油气资源储量十分丰富，也是世界上最早开采石油的国家之一。1962 年，缅甸军政府执政后对油气工业实行国有化，国家成为油气资源的唯一所有者，此时缅甸的石油勘探开采主要是由国内的石油天然气公司垄断，国家不允许外资进入缅甸的油气工业；直到 1988 年，缅甸政府才颁布一系列吸引外商投资的法律法规，开始依赖外国技术和资金来振兴缅甸的油气工业，规定缅甸油气资源的开发形式包括分成协议（PSCs）、提高采收率协议（IORs）和恢复开发生产协议（RSF）三种合作方式，同时给予外国投资者许多特别优惠政策，以此吸引外商进驻缅甸，推动缅甸油气工业的发展壮大。截至 2010 年的缅甸拥有 34 条输油输气管道、19 处近海油气田和 3 处远海油气田，已探明的天然气储量为 2. 54 万亿立方

米，原油储量 32 亿桶，居世界第十位。[①]

中缅油气管道的建设为缅甸与亚洲各国的合作搭建了桥梁，将极大地带动外国资本、先进技术进入缅甸进行油气勘探开发活动，带动缅甸石化工业的发展，这对经济相对滞后、资金稀缺、技术落后的缅甸来说可谓意义重大。缅甸的油气资源丰富，一旦石化工业发展起来，一方面将满足国内对能源的需求，扭转每年需要从国外进口大量柴油和汽油的局面；另一方面能够利用自身得天独厚的资源优势，惠及亚洲其他国家，成为亚洲主要的能源出口国之一。缅甸在今后能够作为亚洲能源供应的主力国，其油气资源既可以向北输入中国，也可以向东输入泰国等中南半岛国家，还可以向西输入印度次大陆。缅甸能够利用自身富饶的油气资源积极开展油气外交，在国际和地区事务上将更有话语权和影响力，占据更多主动权，增添维护自身国家利益的砝码，从而使政治经济利益得到最大化。

其次，中缅油气管道的建设将振兴缅甸经济，从而提升缅甸在亚洲的经贸地位。缅甸虽然自然条件优越，资源丰富，但其经济结构以农业、林业为主，工业非常落后。缅甸经济发展程度低，资金短缺，技术落后，基础设施不健全，且长时间受西方国家制裁，经济十分困难，是世界上最不发达的国家之一。2010 年前，中国在缅甸的投资一直少于泰国和新加坡，自双方在 2010 年签署中缅油气管道、密松水电站和莱比塘铜矿项目之后，中国对缅甸的投资幅度增加。三个项目总投资额为 80 亿美元，远远超过中缅双方之前合作的规模。

中缅油气管道是继中哈原油管道、中亚天然气管道和中俄原油管道之后的第四大能源大通道，由来自四国六方共同投资建成。[②] 中缅油气管道的建成给缅甸带来了巨大的经济效益。一方面，根据中缅油气管道的协议，缅甸可以分得 20% 的天然气份额和 200 万吨原油。缅甸虽然资

① Nicola M. Black，“Blood Money：A Grounded Theory of Corporate Citizenship Myanmar（Burma）as a Case in Point”，A thesis submitted in fulfillment of the requirements for the degree of The University of Waikato，2009，p. 216.

② 戴永红、秦永红：“中缅油气管道建设运营的地缘政治经济分析”，《南亚研究季刊》2015 年第 1 期。

源丰富，但由于基础设施、开采技术等条件的限制，国内资源相当吃紧，因此从中缅油气管道得益的份额可以缓解缅甸国内油气短缺的现状。按照管道的设计标准，缅甸每年向中国供应 120 亿立方米的天然气，到 2019 年还将增加到 240 亿立方米，中国成为缅甸最大、最稳定的资源买家，确保缅甸稳定的财政收入来源。① 此外，中缅油气管道公司每年向缅甸支付 1.5 亿美元的过境费用，按管道合同 20—30 年计算，缅甸就可以获得多达 30 亿—45 亿美元的过境费。② 另一方面，中缅油气管道公司承诺每年拨付 200 万美元用于公司在当地社会责任项目的发展。据资料显示，中缅油气管道项目通过中石油以及东南亚天然气管道有限公司和东南亚原油管道有限公司已经向缅甸累计投入了约 2000 万美元的巨额资金，专门用于改善管道沿线地区教育、医疗、电力等方面基础设施建设水平。截至 2013 年，中缅油气管道项目已在缅甸援建了 45 所学校、2 所幼儿园、3 家医院、21 个医疗站，为马德岛居民修建了一座大型水库，为若开邦捐赠了 1000 万美元，以用于建设输电线路，缓解当地居民用电问题。除了直接收益，管道的开工建设还给缅甸带来了数万人次的就业机会，培训了一大批工程专业技术人才，带动了餐饮、物流、旅游等行业发展，隐性价值难以估量。③ 此外，根据中缅两国协议，中国将在缅甸曼德勒援建日产量 5.6 万桶的炼油厂以及液化天然气加工厂等项目，这表明中缅油气管道的建设产生"溢出效应"，即中缅油气管道的建成不仅可以缓解缅甸国内油气资源紧缺的压力，还能改善缅甸基础设施不健全的情况，为国内创造更多就业机会，解决劳动力过剩的问题，带动管道沿线经济发展，促进沿线城市化进程，同时可以带动石油炼化、储运和销售等与能源相关的一系列产业的发展，从而拉动缅甸整体经济的发展。值得一提的是，中缅油气管道的建成有利于促进缅甸旅游业的发

① Zhao Hong, "The China-Myanmar Energy Pipelines: Risks and Benefits", Perspective, May 15, 2013, p. 2.

② Teshu Singh, "China and Myanmar: The Great Game of the Gas Pipeline", Institute of peace and Conflict Studies, http://www.ipcs.org/article/india/china-and-myanmar-the-great-game-of-the-gas-pipeline-4102.html, November 4, 2014.

③ "造福缅甸 中缅共赢"，中华人民共和国国务院新闻办公室，http://www.scio.gov.cn/ztk/xwfb/2013/24/10/Document/1338023/1338023.htm。

展。缅甸旅游资源丰富，具有许多独特的自然风光，加之宗教氛围浓厚，宗教景观比比皆是，这样的自然景色与文化景观深度结合的特色深深吸引着外国游客。中缅油气管道的建成对缅甸的旅游业有极大的推动作用，从而为缅甸整体经济的繁荣作出不小的贡献。因此，中缅油气管道可以说是一个惠及民生、中缅共赢的巨大工程，不仅使缅甸国内资源短缺的压力有所缓解，还为缅甸经济的振兴奠定了基础，解决了国内基础设施不健全、劳动力过剩等问题，带动油气管道沿线产业化、城市化的形成，从而提高缅甸在亚洲经贸中的整体地位。正如时任缅甸副总统吴年吞所说："中缅油气管道不仅是参与投资的四个国家互惠共赢的项目，而且将使缅甸的经济、工业化和电气化得到提高，对缅甸的长期发展具有重要意义。"①

三、中缅油气管道建设对亚洲各国的地缘经济影响

中缅油气管道的建成不仅给投资国带来巨大收益，还将中亚、东南亚和南亚地区联系在了一起，促进亚洲的经济繁荣。中国作为中缅油气管道的主要投资国和推动国，将利用中缅油气管道推动周边国家的共同发展，使中亚、东南亚地区一起进入和平、繁荣、发展的新时代。

首先，中缅油气管道的建设能给中国、韩国、印度和缅甸四个投资国带来经济收益。在中缅油气管道股权结构构成上，中国占股50.9%，韩国占股29.2%，印度占股12.5%，缅甸占股7.4%。可以看出，中国所占股份已经超过中缅油气管道全部股份的一半，是当之无愧的大庄家。从地理位置上看，韩国并没未从中缅油气管道输送的油气资源中直接受益，但其以第二股东的身份也可以在中缅油气管道的收益中获得可观的分红，加之其与美国是同盟关系，倘若中缅油气管道由于西方大国的阻碍而出现问题，其定会为了维护自身利益充当协调者的角色，这为中缅油气管道的安全运营增加了一道保障。印度虽然一直在印度洋"平衡中

① "中缅油气管道投产通气"，http://www.yzcn.net/news/headline/2013/0729/332989.shtml。

国”，希望削弱中国来维护其在印度洋的大国利益，但在经济利益面前，印度仍会从理性角度出发，避免意气用事而错过中缅油气管道这个绝佳的投资机会。印度作为中缅油气管道第三大投资国，既能从中获得不小的红利，也能在一定程度上保证其不会充当破坏中缅油气管道正常运营的捣乱者。缅甸投资中缅油气管道的股份虽然只占7.4%，但除了这部分红利之外，缅甸还能坐享管道运营税收、土地租金、油气过境费等巨大好处，同时带动国内就业，促进国内城市化、工业化，使未来20年经济年增长幅度有望达到7%—8%。

其次，中缅油气管道的建成对中亚、东南亚的油气贸易格局也带来一定的影响。中缅油气管道的建成运营不仅给直接投资国中国、韩国、印度和缅甸带来经济效益，同时也会产生辐射效应，对中亚、东南亚等国带来积极作用，影响油气贸易格局。近年来，中国不断壮大，经济发展进入快车道，这使身处中国周边的东南亚、中亚国家感到威胁，“中国威胁论”在这些国家和地区非常有市场，加之中国和部分东南亚国家存在海洋主权分歧，这些国家担心中国会发展成为军事强国，对其产生军事威胁。但在长期的相处中，中国以一个负责任大国的身份推动与周边国家的共同发展，使周边国家在中国的崛起中受益。随着原油管道基本完工，中国炼油能力所能辐射的范围将会扩展到东南亚地区。东南亚、中亚一些国家油气资源比较丰富，但该地区的经济一直不发达，中缅油气管道把中国和中亚、东南亚各国紧密地联系起来，增强各个国家共同合作、共同发展的可能性。中缅油气管道建成之后，中亚、东南亚油气资源丰富的国家可以通过该通道将本国的资源输送到其他国家和地区，更加方便快速，并节约了运输成本；国内油气资源紧缺的国家也可以通过中缅油气管道解决自己国内能源进口、供应的问题，大大降低了运输风险和成本。此外，中国和东盟等国家积极开展了一系列示范性工程，都取得了不错的成效。如云南炼厂的千万吨炼油项目预计2015年年底或2016年年初建成达产，届时可以消化1000万吨来自中东和非洲的原油。炼出来的成品油将可以覆盖一直受困于高额运费的云贵高原以及经常闹“油荒”的重庆。此外成品油还可以通过中缅油气管道“反哺”炼油能力薄弱、经济发展面临瓶颈的东南亚国家，如缅甸、泰国等。目前中缅油气管道所经过的曼德勒、若开邦都处于经济迅速发展的阶段，尤其是工业产业的发展都亟需大量的成品油及相关的衍生制成品来为进一步的跨越提供能源保障，中国强大的炼油能力能够在满足自身西南地区的同时，将成品油及相关下游产品提供给东盟的其他国家，既能为中国国家创汇，同时也能促进东南亚地区的经济发展，更有利于中国—东盟的一体化发展。

有分析指出，中缅油气管道将中国与东南亚、南亚对能源的供给需求通过油气网络结合得更加紧密，有利于地区的共同发展。事实上，东盟内部也有着强烈的发展意愿，尤其是对于“东西经济走廊”建设有着迫切的需要。东南亚半岛的国家大多成南北方向罗列拼接，本国基础交通设施的建设也大多是南北方向铺设，经济发展的资本流动也随着道路的流动方式在南北之间进行扩张。但是，东南半岛的东西方向的发展却严重缺乏联动性与完整性。对此，东南亚国家深有认识，并于21世纪初提出构建“东西经济走廊”以促进半岛国家之间的联系与发展，但建设进程却严重滞后。滞后的具体原因，一是由于“东西经济走廊”建设缺乏实力大国的介入，缺乏地区大国的整合调度。东盟十国分布较为分散，且为经济规模相对较小的国家，没有绝对的地区大国为经济发展提供强有力的资金保障，没有绝对的权力实体对地区的纷争进行协调处理，“东西经济走廊”的建设处于一种“各自为政”的困难局面，且这种局面是内生性的，无法从内部加以解决，需要外部力量加以介入。中国作为东盟的邻国、世界第二大经济体、世界上最大的发展中国家，无疑是这种外部力量的最好选择，而中缅油气管道的建设正好可以成为中国加入“东西经济走廊”建设的一大契机。二是由于经济发展面临能源缺乏的制约。东南半岛的大部分国家资源并不丰富，只有位于东西两端的越南和缅甸拥有比较丰富的油气资源。在工业化的今天，油气资源是决定一国工业发展程度的重要制约因素，如果没有油气资源的保障，国家的工业化便无从谈起。因此，油气管道在东南半岛的互联互通便显得尤为重要，但东南各国由于财力有限往往只能勉强满足本国发展需要，根本无力着眼于整个地区的协同发展，无力在国家与国家之间铺设大规模的油气管道。中国凭借强大的国家实力、技术储备有能力在东南亚之间打造油气的“丝绸之路”，中缅油气管道就应该成为东南油气互联互通合作的典型。此外，中国可以以中缅油气管道作为南北枢纽，分别构建缅泰、缅孟、缅柬、中老能源通道，通过交通、油气等基础设施的联通来实现东亚、南亚、东南亚三大板块的协同发展，整合“一带一路”、“孟中印缅经济走廊”，最终构建区域一体化的经济共同体。

第八章
中缅油气管道运营的前景

第一节　中缅油气管道面临的挑战

1988年缅甸军政府上台之后，西方国家开始对缅甸采取严厉的制裁孤立政策，希望迫使其重归民主之路。而中国政府遵循不干涉各国内政的原则，承认了缅甸军政府，并对其进行了大量经济援助与投资，双方延续了自和平共处五项原则建立以来的胞波友谊。在政治上，双方不断给予对方支持，缅甸一直奉行“一个中国”政策，并对中国的南海政策给予理解；而中国也在国际上反对任何对缅甸的制裁行动，在2007年1月否决了联合国针对缅甸的全面制裁协议。虽然双方在某些特定领域存在分歧，不过总体上保持了友好合作的态势，中国与缅甸签署了大量合作项目，包括中缅油气管道项目、密松水电站项目等。2010年缅甸大选之后，中国与缅甸新政府建立了全面战略合作伙伴关系，标志着中缅关系进入了一个新的阶段。

但在2011年9月缅甸总统吴登盛忽然单方面宣布暂停中缅密松水电站项目，这被很多媒体解释为中缅关系的拐点。缅甸国内也存在很多声音，要求把中缅油气管道项目变为“第二个密松水电站”，中国在缅甸的合作项目受到了全面政治化的冲击。同时，缅甸内部中央政府与民族地方武装的持续冲突也给中国边境地区造成了严重的影响，2015 年 3 月 13 日缅甸军机炸弹落入中国境内，造成多人伤亡。而缅甸与西方特别是美国关系的改善，则加剧了中国对这一传统友好伙伴的疑虑。中缅关系似乎呈现出不可挽回的恶化趋势。但是也有学者指出，中缅关系并没有到完全破裂的阶段，缅甸在未来仍然会与中国进行友好合作，只是双方都需要重新调整对彼此的政策。[①] 中缅油气管道未来能否继续运行，取决于未来中缅双边关系的走向。在这轮中缅关系的调整中，中国在缅甸的利益不可避免地会受到冲击，那么就十分有必要分析目前中国在缅甸的主要利益是什么，中缅关系究竟面临哪些挑战。

目前，中国在缅甸的主要利益包括：中国在缅甸拥有大量经济合作项目、中国对缅甸的战略目标和边境稳定与安全。而缅甸内部复杂的政治进程、国外势力的介入以及中国以往对缅政策的失误共同构成了此次冲击的原因。

一、部分经济合作项目的不良影响

本部分主要讨论中国政府以往对缅政策的失误和中资企业在缅的不良影响，即中国的自身因素。许多中缅合作项目包括跨境油气管道项目都受到了这些失误和不良因素的影响，需要中国政府和企业进行反思和调整。

（一）“中国式发展”视角

由于中国在崛起中特别重视稳定的价值和经济的第一性，因此政府在解读发展中国家政策时容易从自身思路出发，这就使得在解读缅甸政治走向的时候出现了偏差。

这一点特别体现在中国对缅甸民主化进程的误读上。大多数人认为，民主在一个国家发展初期会引发混乱，因此不适合发展中国家早期的发展。所以在缅甸民主化初期，部分学者认为，2010 年的大选更多是政府

① 李晨阳：“2010 年大选之后的中缅关系：挑战与前景”，《和平与发展》2012 年第 2 期。

寻求自身合法性的依据，缅甸政府内部的权力格局不会发生变化。一位政府分析人士在2010年大选后认为，“吴登盛是一个传统的人物，他在新政府中更多是维持稳定与权力均衡，而不是一个带领国家走向民主的领袖”。① 同时如果缅甸政府要想获取更大的合法性，那么改善经济就是唯一的出路。而中国在缅甸的投资尽管存在争议甚至遭到某些民众的反对，但是却能为当地政府带来大量的经济收益，因此中国的投资不应该受到排斥。

因此当出现密松水电站项目以及莱比塘铜矿项目因为民众大规模抗议而被迫暂停时，中国方面显得很不理解。中国没有意识到民主派已经成为影响政府决策的一支重要力量，也没有看到缅甸内部不断兴起的资源民族主义，单一只考虑为当地政府增加经济收益是无法得到缅甸民众支持的。

（二）公共外交缺失

由于中国国内政府权力的特殊地位，中国以往谈论外交主要讨论的是政府层面的交往，缺乏与其他国家民众的交往，认为只要处理好两国政府间的关系就可以解决所有问题。这就导致虽然两国政府关系密切，但是两国普通民众对彼此缺乏了解，一旦出现政府更迭就非常可能影响到双边关系。

在缅甸这次转型中，虽然中缅之间曾经有过非常友好的合作时期，但是双方仅仅局限在政府层面，中国对缅甸的援助和投资缅甸普通民众缺乏了解。所以当资源民族主义兴起后，中国的投资瞬间就从朋友变成了资源掠夺者。而在中国国内则出现了“缅甸的背叛”的声音，双方民间交往的缺失成为中缅关系脆弱的一大重要因素。当前习近平总书记提出的“亲诚惠荣”周边外交策略以及“国之交变为民相亲”的周边外交政策正是对这一缺陷的修正。

---

① SUN YUN, “China's Strategic Misjudgement on Myanmar”, Journal of Current Southeast Asian Affairs, 2012/1.

（三）接触对象单一

中国由于奉行不干涉内政原则，外交对象局限于他国政府，缺乏与反对派势力的接触。1990 年缅甸大选后，由昂山素季领导的最大反对党全国民主同盟在议会选举中获得压倒性多数胜利，中国政府曾向昂山素季发表贺电，但随后遭到缅甸军政府抗议，从此中国政府不再接触昂山素季及其领导的反对派势力，这就造成中国在这次缅甸变革中缺乏对民主派势力的影响。

（四）投资功利化

按照中国商务部的统计，截至 2013 年末，中国对缅甸直接投资存量 35.7 亿美元。中国在缅甸投资主要集中在油气开发、油气管道、水电资源开发、矿业开发等领域。[①] 也就是说，中国在缅甸的投资主要都集中在自然资源和能源开发领域，而这些领域并不能直接提高当地民众的生活水平，相反开发所涉及的征地和污染导致当地居民生活受到不利影响。对于加工制造业等能显著带动当地就业的领域，中国的投资份额明显偏少。云南大学缅甸研究中心在 2013 年做了一组问卷调查，结果表明缅甸 65% 的受访民众认为中国对缅甸的投资和援助的主要目的是为了开发缅甸的资源，只有 2% 的人认为中国的主要目的是帮助缅甸的经济发展，其余 19% 则持中国既想开发缅甸资源，也想帮助缅甸的经济发展的观点。[②]

（五）企业责任意识缺乏

由于中国在缅甸的特殊地位，加上缅甸法律方面的不健全，许多中国企业在缅甸经营存在法律意识淡薄、不尊重当地风俗习惯、不注重与当地民众沟通、认为只要和政府搞好关系就不存在问题的想法。针对上

---

① 中国商务部《对外投资合作国别（地区）指南（缅甸）》，2014 版，第 30 页。

② 卢光盛、李晨阳、金珍：“中国对缅甸的投资与援助：基于调查问卷结果的分析”，《南亚研究》2014 年第 1 期，第 18—19 页。

述问题中国方面作出了整顿，许多中国企业开始进行民生投资，比如中缅油气管道的中方公司中国石油集团东南亚管道公司到2013年12月已经投入2000多万美元，包括援助111个公益项目，其中仅援建学校和医疗站就各达67所和23所。[①] 同时为了给缅甸创造就业机会，为其培养技术人才，整个中缅油气管道工程在施工高峰期雇佣的当地员工达到6000多人，超过在缅参建人员总数的60%。缅甸员工在这一过程中不仅学到了操作技术，同时能获得高于当地收入水平的报酬。[②] 负责密松水电站项目的中电投云南国际电力投资有限公司虽然受到项目暂停的影响，但是其前期为缅甸项目移民建设的安置住房项目以及教育奖学金项目都没有停止。尽管中资企业开始改变以往的工作方式，加强了与当地民众的沟通交流，但是由于以往造成的负面影响还没有消除，因此缅甸民众还存在对中资企业的排斥心理。

二、中国对缅战略目标

中国对于缅甸的战略目标主要包括：第一，能源运输通道；第二，通往印度洋的重要大通道；第三，由于缅甸外交地位的稳固，中国希望获得其在外交领域的支持。但是由于缅甸自身因素以及外部大国势力的介入，上述目标的实现不可避免受到部分冲击。

（一）缅甸因素

首先，近代以来缅甸也一直承受被殖民的命运。直到20世纪40年代，缅甸才彻底获得独立，而在整个独立过程中，民族主义的发展壮大对缅甸人民的独立战争起到了积极的作用。理性的民族主义对于维护国家主权和领土完整，反对外来侵略和干涉有着正面的价值意义。但是1988年军政府上台后，面对西方严厉的制裁，为了保证其统治的合法

---

① 马晓霖：“中缅油气管道：兼具战略和标本意义”，《华夏时报》2015年4月16日。

② 孙广勇、于景浩：“中缅油气管道：缅甸新机遇”，《人民日报》（海外版）2013年1月29日。

性，军政府向民众宣传自身作为制裁受害者的形象，民族主义成为其反对外部制裁的旗帜，民族主义开始逐渐发展为排外主义，这使得缅甸对于所有外国力量都怀有戒心。

其次，中国是缅甸的邻国，综合国力也远远超过缅甸，缅甸不可避免地会对中国产生恐惧，正如缅甸前总理吴努曾经说过，“中国好比大象，缅甸好比绵羊，大象会不会发怒，无疑会使绵羊常常提心吊胆”。而且中国虽然以不干涉内政为原则，在缅甸军政府备受孤立的时刻给予武器出口、经济援助，甚至在联合国利用否决权防止针对缅甸人权的决议通过。但是中缅之间并非没有矛盾，历史上的“缅共”问题曾经一度成为中缅关系发展的重要障碍。疑虑和恐惧并没有从缅甸对华的看法中彻底移除。

再次，虽然有一种观点认为，缅甸是中国的“卫星国”，但事实上，缅甸在制定外交政策时一直都是以自身的国家利益为中心，其支持中国更多是由于其自身所处的外交和经济困境。随着目前缅甸外交局势的好转，其外交政策也开始出现平衡中国影响力的考虑。一方面是由于缅甸与中国、印度两个大国相邻，同时其也已成为东盟成员国，要想维护自身利益不受侵害，必须转变自己“一边倒”的政策；另一方面，平衡中国的影响力，也是缅甸改善自身与西方国家以及东南亚国家关系的一种手段，从而增强外交地位，带动自身外国投资的多元化，吸收更多国外投资。

最后，目前缅甸正在经历的民主化进程也对中缅关系造成一定的负面影响。自从1988年军政府上台以来，中国一直秉承不干涉内政的原则，继续和缅甸发展友好合作关系，经济政治上的合作使得中国成为缅甸军政府最重要的支持者。但是随着缅甸国内对军政府的不满越来越严重，缅甸的民主派把中国也作为抨击的对象，将其对政府的不满部分地转移到了中国政府的身上。同时由于政府开始把一部分民主派力量纳入国家决策系统，他们当中很多人曾留学欧美，在理念看法上更倾向于西方，以往政府内部的知华派力量受到削弱。

（二）美国因素

美国在缅甸的主要目标包括推进缅甸的民主化进程，努力使其转化为拥护西方价值观的国家，同时希望缅甸在国家战略选择上不会完全倒向中国。

缅甸军政府掌握政权后，美国开始了长达多年的孤立和经济制裁措施，试图迫使缅甸重新回到民主的道路上。但是这一系列举措的结果却是缅甸与中国的迅速走进，中国填补了美国在缅甸留下的权力真空。奥巴马政府上台后，美国开始对缅甸进行政策调整，也即开始了从孤立制裁到务实性接触的转变。

这一转变中有一部分原因就是针对中国在地区范围内不断扩大深化的影响力作出的回应。由于长年的经济封锁，缅甸不得不与中国展开紧密的经济与安全合作，中缅之间的贸易投资逐年递增，中国成为缅甸的主要投资国，并且投资重点主要集中于能源和基础设施。中缅油气管道的建设更是成为加深中缅经济能源合作的又一大项目，一旦建成使用，中国将成为缅甸最大的天然气出口国，而能源产业一向是缅甸为数不多的获取外汇的重要途径，这将使缅甸对中国的依赖加深。不仅在缅甸，中国在东盟的影响力也在不断上升，从批准《东南亚友好合作条约》（TAC）到之后的亚洲金融危机的应对以及中国—东盟自贸区的建立，中国通过一系列努力使周边国家逐渐放松对中国的警惕，并且欢迎中国作为一个负责任的大国推动区域的发展与稳定。但另一方面，中国这一系列举措也动摇了美国在东南亚的影响力。东亚作为未来数年世界经济的主要增长区域，美国对该区域影响力的下降将有损于其国家利益。

而且随着中国综合实力的提高，美国开始越来越清晰地感受到中国版“门罗政策”的压力，上海合作组织的建立被很多学者认为是中国开始驱逐美国势力的重要一步。2011 年 7 月提出的新丝绸之路计划以及建立亚洲基础设施投资银行的倡议，则成为中国谋求构建符合自身发展的新世界秩序的开端。中国成为挑战美国对“世界岛”影响力的最大竞争对手，能否继续保有对“世界岛”的领导权将决定美国未来能否继续维持世界单极地位，因此美国将不遗余力地投入各种经济、外交、军事资源平衡中国对周边区域的影响力。

而美缅关系的改善使得缅甸在未来将开始谨慎地寻求中美平衡，增加中国获取外交支持的难度。另外由于美国采取了大量民间外交的政策，比如增加人道主义援助，提供赴美奖学金项目等，这对未来缅甸民众增加对美式价值的认同提供了契机，同时也削弱了其对中国的认同感，会影响缅甸未来的政治发展。

（三）印度、欧盟、日本和东盟因素

印度对缅甸采取建设性接触政策主要是由于新德里在缅甸存在多重利益。首先，缅甸与印度的东北部接壤，而东北部一向是印度分裂势力活跃的地方，因此印度一直希望能与缅甸进行军事合作，打击分裂势力。其次，因为中印之间长期无法建立互信，印度对于中国在缅甸的影响力一直十分忌惮，所以希望通过加强与缅甸的接触，平衡中国的影响力，应对所谓的“中国威胁”。再次，印度为了发展自身经济，从20世纪90年代开始实施“东向”政策，而缅甸由于其特殊的地理位置，成为印度通往东南亚的陆路必经之地。[①] 最后，随着经济的发展，印度和中国一样开始需要大量能源，但由于本身缺乏石油和天然气资源，所以缅甸丰富的天然气资源也成为新德里希望获得的战略资源。虽然印度希望加强与缅甸的关系，但由于其内部对于缅甸复杂的态度影响了对缅政策的连贯性和主动性，因而目前其对于缅甸的影响力仍然有限。

欧盟在缅甸的主要目标是推动缅甸的人权和民主建设，针对中国的成分相对较少。作为美国在缅甸问题上的盟友，欧盟在美国改变对缅政策后也作出相应调整，一些主要欧洲大国的外长开始访缅，同时宣布解除部分对缅制裁。但是由于缅甸长期受到孤立，其国内基础设施极其落后，加上法律不健全，外国公司短时期很难对缅甸进行大量投资，因此欧盟对缅甸经济的影响力短时期仍然无法与中国相比。

---

① PV Rao, eds, India And ASEAN: PARTNERS AT SUMMIT, The Institute of Southeast Asian Studies, 2011, pp. 356 - 361.

日本的对缅政策不同于其他国家，主要原因在于其担心中缅关系过近将影响其在印度洋海上交通线的安全，因此其是第一个承认缅甸军政府并给予援助的主要发达国家。东京一直试图通过制裁加援助的政策，使缅甸政府与中国保持适当距离。但由于日本在缅投资有限，因此其影响力对中国的威胁也有限。

东盟虽然希望加强缅甸融入东盟，主要是防止缅甸完全倒向中国，从而影响东盟的一体化，进而削弱其在东亚特殊的政治位置，但由于与中国存在巨大的政治经济联系，东盟并非完全希望与中国对立，仍然希望能够加强与中国的经济联系，以带动各国经济的发展。

因此有学者认为，虽然印、欧、日和东盟都在缅甸加强经济影响力，并且在一定程度上与美国的“务实性接触”政策相契合，削弱了中国在缅甸以往绝对的经济影响力，但是由于上述四者均有各自的战略考虑，与美国并非完全一致，因此其与中国也存在部分合作空间，对中缅关系的影响也是有限的。①

三、边境稳定与安全

由于中国与缅甸互为邻国，因此边境稳定涉及到中国的国家安全利益。一旦缅甸内部出现战乱，那么就可能出现大量难民通过边境涌入中国的情况，这对于中国来说将造成极大的人道主义负担，同时带来边境地区的安全问题。在2009年8月的果敢冲突中，大概有3.7万名难民涌入中国，并造成多名中国公民伤亡，很多在果敢投资的中国企业损失惨重。

虽然缅甸内部中央与各民族地方武装的冲突属于其国家事务，但是这一冲突却成为影响中缅关系的一个重要因素。首先由于中国的很多投资项目集中在能源和自然资源领域，而这些自然资源大部分分布在少数民族地方武装控制的区域，中央与地方利益分配不均导致双方经常在税

---

① 李晨阳：“2010年大选之后的中缅关系：挑战与前景”，《和平与发展》2012年第2期，第35页。

收方面产生矛盾，一旦发生冲突，不仅投资项目可能无法进行，还可能会造成中方人员伤亡，给中国方面带来巨大的经济损失。比如中国的密松水电站项目就处在克钦邦，属于克钦独立军的管辖范围。而且这些中国项目也成为民族地方武装要挟缅甸中央政府和中国政府的重要砝码。

其次由于很多民族地方武装的前身是缅共曾经领导的人民军，而且很多少数民族与中国存在跨境民族的关系，因此他们与中国存在密切的社会经济联系。这使得缅甸政府担心，一旦缅甸政府与“民地武”发生冲突，中国可能会对此进行政治或军事干涉。虽然在2009年的果敢事件中，中国在理解缅甸政府的立场下促成了以和平方式解决争端的结果，但缅甸总体上相信中国不会以“民地武”问题干涉缅甸。但是随着中缅关系出现波动，中国国内也存在利用缅甸内部冲突保护中国利益的声音，因此缅甸政府内部仍然对中国持有疑虑。

第二节　中缅油气管道面临的机遇

尽管前文分析了中缅油气管道已经不再是一条简单的跨境能源运输通道，而是成为中缅关系未来发展的一个重要象征，其所受到的影响因素来自各个方面，但由于缅甸自独立以来一直以维护自身国家利益为最高目标，因此当目前其国内民主化进程开始后，面对逐渐打开的外交形势，缅甸政府开始显现出“去中国化”的倾向，防止自身成为大国博弈的牺牲品。

正是因为缅甸国内从未认同缅中是某种“命运共同体”，因此当面对变化的国际环境，缅甸政府作出了牺牲中国利益的决定。但是由于缅甸特殊的地理位置，其与中国的关系不可能完全反转，继续维持友好合作关系仍将是未来缅甸政府的唯一选择。特别是中缅油气管道的建设，使得中缅的相互依赖进一步加深，缅甸成为中国未来通往印度洋的重要潜在通道，西方及周边国家都对此表示了极大关注，因此缅甸如果想获得国家发展的机遇就必须有效利用这一契机。

反观中国，由于过去某些政策的负效应，其失去了在中缅关系“蜜月期”加强中缅纽带建设的机会。但是这也成为中国重新调整周边外交思路的一个契机，未来随着中国综合国力的不断提升，周边国家不可避免地将受到这一趋势的冲击，“中国威胁论”正是这一过程的产物。如何调整外交思路，使得中国能够平稳地通过这一崛起过程，缅甸成为其中一个检验中国智慧的试验场。

综上所述，围绕中缅油气管道未来命运的外交博弈，将给各当事国一次前所未有的在外交决策和经济发展领域的调整机遇。

一、缅甸

目前，缅甸最大的优势在于其特殊的地理位置。缅甸位于中南半岛西部，其北部和东北部与中国的西藏和云南接壤，西部与印度和孟加拉国接壤，东部与老挝和泰国为邻，加上南临安达曼海，西南濒孟加拉湾，因此对于周边大国特别是中国和印度来说具有重要的战略价值。对于中国来说，由于中国经济越来越依赖于大量进口能源，特别是来自中东地区的石油资源，因此对于海上交通线安全的关注加上所谓的“马六甲困局”使得中国开始将注意力投向印度洋，缅甸由此成为中国进入印度洋的重要通道。而对于印度来说，缅甸与其东北部地区接壤，也是其通往东南亚地区的重要陆上通道，因此缅甸关系到其国家安全的维护和“东向”战略的实施。同时伴随着中国的快速崛起，美国也开始将大量外交资源投入到亚洲安全网的构建中，缅甸作为中国西南部的重要邻国，自然成为美国企图遏制中国的重要对象之一。

所以对于现阶段的缅甸来说，利用地缘优势成为其摆脱外交孤立和实现国家发展的重要机会。

（一）打破外交困局

由于军政府的上台，缅甸长期受到西方的经济制裁，因此在外交上采取“一边倒”的策略，通过支持中国，获取必要的政治经济援助。但这并非没有代价，缅甸丰富的自然资源成为中国公司重点开发的对象，由于当时中资企业过度功利化，对缅甸造成了许多环境破坏，当地居民也没有能够享受到经济发展的红利。而在外交领域，缅甸在南海问题上不得不采取与多数东盟国家不一致的立场，导致其在东盟中的地位受到损害。

但是这一切都随着中国的崛起和缅甸内部民主化而发生改变。由于中国在缅甸影响力的扩大，印度没有采取和西方一致的立场，而是承认了缅甸军政府，并与其发展外交与经济关系。而东南亚其他国家也出于各自的国家利益以及对东南亚安全利益的考虑，不主张孤立缅甸，而是将缅甸融入到东盟之中，试图通过东盟这一多边平台对缅甸施以影响。而缅甸国内民主化的推动使得西方有理由对其实施接触政策，放松对其的制裁，缓解其对于中国的过度依赖。通过接触政策，西方一方面能够推动缅甸国内的民主化进程，另一方面也能防止缅甸继续实施向中国“一边倒”的外交政策。

对于上述所有外部因素的考虑使得缅甸政府能够有效打破以往长达数十年的外交困局，稳固自身的外交地位，同时通过更好地融入东盟，能够在与大国（比如中国、美国、印度）开展外交活动时更具有主动权。

（二）促进国家发展

如前所述，虽然中国在缅甸处于被西方国家封锁孤立的时期对其进行了大量投资，但不可否认的是，中国企业在缅甸的投资过于功利化，社会责任意识淡薄，因此造成了缅甸民众对中资企业普遍的不满。

但是，随着缅甸民众持续的抗议和西方对缅甸制裁的解除，中国政府开始感受到来自缅甸国内和西方的压力，继而开始反思以往投资的不足，要求前往缅甸投资的中国企业承担社会责任，努力与当地民众建立友好的关系，这才有了后来中资企业在缅甸的民生投资以及各种优厚的补偿项目。可以说，今后的大型中资企业在缅投资都会十分注意在环境保护和当地民生上进行非常合理的补偿，这对于缅甸的经济发展无疑十分有利。

而且随着西方制裁的解禁，很多来自西方的投资同样将进入缅甸，这对于缅甸增加投资多元化无疑是非常重要的。尽管中国在缅甸的投资无论是在数量还是经验上都占有巨大优势，但是中国与西方投资的竞争将使缅甸成为最大的经济受益者。如果缅甸政府能够把握住这段黄金时期，那么其所获得的投资项目无疑将对国家未来的发展十分有利，同时付出的代价也将最小化。

（三）“民地武”问题

缅甸国内复杂的民族问题导致国内存在多支民族地方武装，他们与政府军经常由于利益分配不均等原因发生冲突。此次中缅油气管道建设中，缅甸政府提出派军队对管线进行保护，沿线地区的控制权交由政府，这无疑损害了地方少数民族的利益，引发了巨大争议。

缅甸政府一直以来都试图解除所有民族地方武装的军队，但是由于一直无法取得决定性的军事胜利，目前仍然存在多支实力强劲的地方武装。而且战乱的发生往往会引发涌向周边国家的难民潮，这对相关国家来说无疑是巨大的安全压力。因此中国一直希望各冲突方能够通过和平谈判来解决分歧，但是谈判往往面临很多无法克服的矛盾，所以缅甸政府在中国和西方都在努力建设与缅甸的友好关系时，无疑可以在解决“民地武”问题上拥有一定的自主权。

（四）政府能力建设

缅甸长期的军人执政造成政府腐败严重，管理能力严重低下，中国在缅甸的很多工程都受到政府腐败的负面影响。但随着缅甸民主化进程的推进以及与西方国家关系的改善，其政府能力建设也被提上工作议程。比如美国亚洲协会出版的《目前现状与缅甸未来的可能性：美国政策选项》政策报告中指出，缅甸必须实现一定程度的法治，政府决策需要理性且具有连续性，同时有一个诚实、富有效率的文官系统来进行操作。[①]由于缅甸要获取西方的投资，那么政府就必须要实行一定的行政改革以满足西方对于善治的要求。而从长远上看，政府能力的提高对于未来缅

---

① Asia Society Task Force Report, Current Realities and Future Possibilities in Burma/Myanmar: Options For U. S. Policy, March 2010, pp. 32 – 33.

甸的经济发展同样具有重要的促进作用。

二、中国

虽然中国曾经的政策失误造成目前中缅关系出现波动，但也要看到中国早期在缅甸进行了大量的投资，在缅甸具有其他国家无法迅速赶超的优势。而且地缘上的联系使得缅甸仍将与中国保持友好合作的关系。面对目前变幻莫测的局势，中国通过修建中缅跨境油气管道增强了双方之间的依赖性，这对于中国来说同样也是一个调整外交的机遇。

（一）经济发展

按照中缅油气管道的规划，中国通过管道可将从中东购买的原油直接输送到西南省份，从而避免经过马六甲海峡。在运送原油的同时，管道还可以把缅甸开采的天然气输送到中国，解决西南地区的能源短缺困境。众所周知，中国的西南省份是缺油省，汽油等制品需要从沿海省份调运，其消耗的运输成本巨大。同时西部也是中国经济不发达的地区，如何在能源缺乏的区域发展经济是一个必须要解决的问题。而中缅油气管道则成为解决这一问题的一项重要举措。首先管道建成后，云南省将成为原油进入中国的西南部入口，通过云南将石油运往西部其他省份将大幅度缩小运输成本。同时按照规划，云南还将建设一个1000万吨/年的大型石化精炼厂，从而大幅带动云南的工业和经济发展。

（二）调整外交思路

新中国建立以来，中国一直秉持不干涉内政的原则，积极与世界各个国家发展友好关系。不干涉内政一方面表达了中国对于他国主权和政府的尊重，一方面也是当时保护自身主权和内部事务不受外国干涉的表达。这条原则在当时甚至之后相当长一段时期，使中国在外交上获得了大量来自发展中国家的支持。

但是随着中国经济的不断发展，中国在海外的投资迅速增加，庞大的海外投资已经成为中国未来必须保护的国家利益。那么如何对这些海外投资进行保护就无法避免地要涉及不干涉原则。此次中缅关系波动同样涉及如何保护在缅投资的问题，比如中国在缅甸投入巨资的密松水电站被缅方单方面叫停，莱比塘铜矿几经叫停并被多次调查。中国在缅甸还有其他很多投资，它们当中有的受到当地民众抗议的冲击而被迫停止，有的则因为政府军和“民地武”的冲突而受到巨额损失。如果继续坚持不干涉内政原则，那么保护海外投资就十分困难，保护的手段也十分有限。但是目前中国正处于崛起的阶段，如果贸然放弃不干涉内政原则，很有可能使得“中国威胁论”在周边国家进一步强化。因此如何调整外交思路成为中国目前崛起中必须解决的问题，而缅甸则成为中国调整外交思路进而实践的最佳试验场。未来中国在海外的投资必然将继续大幅增加，比如中国现阶段提出的“一带一路”计划，如何应对外国国内发生的各种特殊事件导致可能出现的中国海外资产受损，将成为检验未来大国外交智慧的重要一步。

（三）建立周边外交关系新模式

由于缅甸是东盟的成员国之一，中国对缅甸未来政策的调整将自然而然地影响到对东盟其他国家的政策。如何有效地发展与东盟国家的关系，对中国未来崛起的外部环境能否稳定起到重要作用。

中国对于东盟的主要政策目标是：希望东南亚国家成为中国和平、稳定、友好的伙伴邻国，通过与它们的合作，进一步增强与对方国家之间的政治、经济联系，提升中国的对外形象，实现中国的和平崛起。但是从当前中国与东盟国家的关系上看，离上述目标还有很大距离。首先在政治上，东盟国家虽然积极与中国保持接触，比如建立了“10+1”、香格里拉对话会等机制，但是总体上其对华仍然持有“中国威胁论”的观点，并没有完全信赖中国。在南海问题上，许多东盟国家不断向美国表示，希望美国介入，防止中国在南海“恃强凌弱”。其次在经济上，尽管中国在2009年就已经成为东盟的最大贸易伙伴，东盟很多国家也希望继续加强与中国的经济合作，利用中国的快速发展带动本国经济，但是对华经济依赖性的增强也让很多东盟国家感到必须加强与其他周边大国（比如印度）的联系，以平衡中国影响力。最后在军事上，东盟国家由于对中国的不信任，在安全问题上基本依赖美国，通过租借基地使美国能够在东南亚对冲中国的影响力。同时利用与中国的争端挑起局势紧张，吸引美国的注意力。

东盟的对华政策可以归结为“全面接触、充分利用、加强制衡”，[①]在此次缅甸国内政策调整中同样能看到这一想法的身影。因此如果能够利用此次对缅政策的调整，认识到以往政策中“中国中心主义”、单纯以经济推动双边关系等思路的失误，重新构建中国与东盟国家的关系，不管是中国对缅甸还是对东盟政策的调整，都将对中国能否和平崛起起到重要作用。中国目前不可能仅仅依靠自身的政治、经济实力强行推动与东盟关系的发展，东盟同样需要考虑要构建什么样的关系最适合未来的发展。中国与东南亚国家地理上相隔很近，双方如果出现冲突，只会造成共同利益的受损。中国此刻必须借缅甸问题的契机，重新规划与周边国家未来的关系模式。

第三节　中缅两国的应对策略

按照前文所分析的那样，虽然中缅油气管道对于双方都具有重要的经济和政治意义，但是由于缅甸国内外复杂的政治因素，管道未来的命运存在诸多变数，这一结论同样适用于未来的中缅关系，中缅油气管道曲折的建设过程已经成为中缅关系未来发展的象征。随着中国在缅影响力的逐渐削弱，中国对于缅甸未来的战略规划将面临重大调整，中国在缅甸的巨额投资如何保护以及缅甸中央与“民地武”冲突造成的边境难民问题等，都将成为严重制约中缅关系发展的主要因素。

当然我们也要看到，虽然目前中缅关系处于转型期，但是如果双方

---

① 曹云华主编：《东南亚国家联盟：结构、运作与对外关系》，中国经济出版社 2011 年版，第 165 页。

能够及时理性地作出判断和调整，构建更加理性的双边关系，那么未来中国与缅甸仍然可以维系传统的胞波情谊。同时，中国借此机会也可以重新反思和调整以往针对发展中国家的外交政策，改变以往只重政府、不重视公共外交的缺陷。中国作为崛起中的大国，必须处理好与周边发展中国家的关系，特别是提出“一带一路”战略计划，更需要谨慎地调整自身的外交方针以应对未来可能出现的种种不利情况。

因此，中缅双方在处理油气管道以及未来双边关系的问题上应该积极理性应对，相互理解对方的立场，在互利合作的立场下谨慎地作出决策。

一、缅甸方面

在此次中缅关系的调整中，缅甸政府的主要目标包括：第一，利用平衡中国的影响力，获取更大的外交自主权，实现国家利益的最大化；第二，彻底解决国内民族武装割据的问题。

中缅油气管道在客观上的确加深了中缅双方的相互依赖性，同时与西方关系的解冻使缅甸获得了一个重新调整与中国关系的机会。以往的缅甸由于受到西方的制裁孤立，不得不依赖于中国的援助和经济投资，而代价则是允许中国企业对其自然资源和能源进行开发，同时在外交场合支持中国的特定地区政策。不过随着民主化进程的深入，缅甸的外交困局逐渐打开，外交选项有所增加，对中国的依赖开始减少，但这并不意味着缅甸可以获得完全的外交自主权。首先，中国在缅甸拥有重要的战略设施，中缅油气管道是中国所规划的四大能源运输通道之一，为此投入了巨大政治经济资源。而且中国也是缅甸继续其平衡外交的基石，如果没有中国的持续支持，其将丧失同西方交易的重要筹码，因此维持与中国的友好关系仍然将是其最重要的外交目标之一。缅甸还必须要认识到中国对于其未来能否稳定快速发展具有重要的意义。如果中缅彻底交恶，那么缅甸将面临一个强大且怀有敌意的大国，这对于其国家安全来说将是巨大的安全压力。而且中国目前正在推进“一带一路”计划，如果缅甸能够抓住机遇，那么将能够享受到中国经济发展的红利，这对于缅甸政府获取合法性具有重要作用。其次，西方的经济援助与投资存在两个缺陷：一是短时期内不可能取代中国对缅甸的投资，缅甸民主派要想短时间内依靠西方投资改变缅甸无法实现；二是西方的经济投资带有明显的政治目的和不稳定性，对于长期存在排外情绪的缅甸政府来说，一旦政治民主化进程出现问题，双方存在冲突的可能性，而这将直接影响援助投资项目能否落实。

因此缅甸要想实现上述目标，就必须认识到中国在缅甸的关键利益必须要得到尊重，即：边境稳定、能源运输、经济合作项目利益。

（一）理性谨慎地调整缅中关系

缅甸国内一直存在对中国未来可能干涉缅甸内部事务的担心，特别是在缅甸内部中央和民族地方武装的冲突问题以及外交自主权上。中国在缅甸拥有巨大的投资，并且具有将缅甸打造为中国西南能源运输通道的战略设想，这使得缅甸开始试图利用西方和周边其他大国的势力来平衡中国的影响力，以避免成为中国的“附庸国”。

但是缅甸要认识到与西方关系的改善虽然可以帮助其获取西方的政治经济支持，不过背后大多具有针对中国的政治目的。因此缅甸政府虽然可以利用西方的支持谋求一个更加平等、自由的外交地位，但也要防止自身完全成为西方遏制中国的棋子。特别是在某些争议问题（比如南海主权问题）上，缅甸政府虽然需要加强与东盟其他国家的关系，但也要谨慎地采取不支持使冲突升级的决定。联想到中国对于未来缅甸发展的重要性，即使目前缅中关系由于缅甸内部的政治冲突出现波动，但是未来缅甸政府也必须努力与中国保持友好合作关系。

（二）推动民族和解

缅甸内部拥有135个民族，其中除缅族外的少数民族基本分布于缅甸国家的边缘山区。当年昂山将军为了实现缅甸的统一，与各少数民族签署了《彬龙协议》，给予了少数民族地区高度的自治权。但是当缅甸联邦政府成立后，中央不再承认少数民族管辖地区拥有自行决定是否脱离联邦的权利，而且试图推行大缅族主义，这引发了中央与“民地武”的长年冲突。尽管冲突方多次签署停火协议，但是由于存在巨大的不信任感，因此缅甸内部的和平往往十分脆弱。近年来随着缅甸自然资源的开发，对资源开发征税成为缅甸政府的重要财源，而这些自然资源主要分布在少数民族武装控制的地区，当地政府希望获取相应的补偿，但是因为税收分配不均，加上中央试图控制资源地区，推动民地武军队改编，因此武装冲突再次爆发。

缅甸内部的武装冲突会产生巨大的难民潮，这对于中国来说将产生巨大的边境安全压力，同时威胁到中国在冲突地区的投资项目，所以缅甸政府需要尽量努力实现以和平的方式实现民族和解。目前缅甸中央与“民地武”之间的主要问题包括：第一，权力和利益分配存在分歧；第二，双方之间缺少互信，造成民地武不愿意解除武装、缅甸国内军队林立的现象。

针对以上两个问题，首先各冲突方需要遵循《彬龙协议》的精神，中央应允许各个少数民族地区在国家政治中享有充分自治，并且各个少数民族地区人民享有缅甸国家公民所享有的各项权利。同时各“民地武”应该支持缅甸的国家统一，不谋求独立，服从中央对于特定领域的权威。针对利益分配的问题，中央政府应该考虑资源开发地民众的补偿问题，给予相应份额的利益补偿，努力实现国家各地区的均衡发展。

在各方缺乏互信的情况下，强制试图解除各“民地武”的武装只能加剧冲突，因此各方首先应通过谈判，确定“民地武”解除武装后的利益保护机制，通过法律的形式实现对“民地武”利益保护的制度化，这是建立互信的基础。只有建立了互信机制，各少数民族才有可能放弃与中央的军事对抗。

二、中国方面

缅甸是中国的重要邻国，中缅之间延续着胞波友谊，但由于中国自身政策的失误以及缅甸国内外复杂因素的作用，中缅关系出现波动。虽然我们应该乐观地看到，未来由于地缘政治作用的加强，缅甸与中国的关系仍将保持友好合作的状态，但中国方面必须重新修正以往的对缅政策，改变缅甸普通民众对华的不良印象。

（一）对缅政策回归理性

缅甸民主化进程开始后，缅甸开始在外交上展现出一定的自主权，对于中国的某些地区政策不再给予积极的支持。特别是2011年缅甸政府单方面宣布暂停密松水电站项目，使中国方面损失惨重，中国国内出现了“缅甸背叛了中国”的声音。但是回顾历史，缅甸从一开始就是因为外部孤立而被迫倒向中国的，其对国家利益的维护从来没有因为中国而作出妥协。随着缅甸外交地位的稳固，其维护国家利益的立场更加坚定，手段也更加多元。随着中国的崛起，美国、日本、印度以及众多东盟国家开始对华产生战略疑虑，缅甸意识到其特殊的战略地缘价值，通过打“中国牌”实现自身的国家利益最大化，对此中国应该理性看待周边国家利用大国矛盾获取自身利益的行为，不应让“背叛”这种情绪出现在决策程序中。

（二）总结对缅投资政策的经验教训

不可否认，1988年中国在遵循不干涉内政的原则下承认了缅甸军政府，并且之后成为缅甸最大的援助国，中国企业也成为少数获准开发缅甸自然资源和能源的外国企业。但是中国在缅甸的特殊地位使得其在缅甸连续出现政策失误：对缅甸政治意愿的误判、公共外交的缺失以及中国企业的负面行为，为此有必要对以往的政策进行修正。

1. 改变“中国中心主义”

中国对缅甸民主化进程的多次误判，从根本上说是由于分析者在看待缅甸问题时是按照中国改革开发的经验来分析的。由于对稳定以及优先发展经济的重视，中国理所当然地认为缅甸也会走中国式的改革道路，但是问题却由于密松水电站的暂停而显现。中国的分析者缺乏对缅甸的深入研究，没有从缅甸自身的角度思考问题，仅仅觉得只要能够实现中国政府和缅甸政府同时获利就没有问题，体现出中国学者对缅甸民意影响的不重视。

2. 大力开展亲民外交

中国之所以在此次缅甸民主化运动中被众多缅甸民众视为来自国外的资源掠夺者而非援助缅甸的建设者，其中一个重要原因就是中国在缅甸不重视民众外交，这当然是由于缅甸曾经是一个军政府，民众的意愿往往对政策的制定没有影响，但是随着政府的民主化改革，民众的看法开始能够影响政府的决定，中国政府对此必须予以重视。

如果提到如何改善，那么学习美国在缅甸开展的援助政策是十分有意义的。2010 年美国亚洲协会“美国对缅政策任务小组”出版的对缅政策报告书——《缅甸目前现实和未来可能性：美国的政策选项》中提到，促进缅甸民主进步的具体措施应包括五个方面：第一，扩展华盛顿与缅甸军政府之间的交流途径，并且积极扩大民间交流；第二，在人道主义、民主推动以及政府善治等领域加强援助；第三，实施以促进缅甸改革为取向的经济政策；第四，加强与缅甸邻国和周边国际组织的合作；第五，在需要之时，继续在特定领域推动制裁。①

在扩大交流方面，美国提出加强利用富布赖特和汉弗瑞奖学金计划，把未来的缅甸政治精英送到美国学习；继续资助美国之声和自由亚洲广播，让更多缅甸人了解外部世界；鼓励美缅双方学者互访，增强交流。中国在这几个方面都可以借鉴学习：利用奖学金项目吸引缅甸未来的政治精英来华，培育缅甸未来的知华派；在缅甸设立报纸和广播，让缅甸民众了解中国的对缅政策和意图；中国政府和各研究机构应该加强与缅甸各学术团体的交流，了解缅甸不同群体的政治需求。

美国在缅甸的援助政策中还包括医疗援助和推动政府治理水平的提高两个部分，这对于中国政府具有格外重要的借鉴意义。2013 年云南大学的卢光盛和李晨阳教授在缅甸的调查中就发现，很多缅甸民众认为，

---

① Asia Society Task Force Report, Current Realities and Future Possibilities in Burma/Myanmar: Options For U. S. Policy, March 2010, pp. 30 – 46.

中缅之间的大型合作项目只是中国单方面谋求自身经济利益，而非缅甸民众最急需的。关于中缅油气管道项目，48%的受访者不认为是互利共赢的项目，22%的人认为虽然缅甸也能获得巨大的利益，但是也非缅甸最急需的。而在修建昆明到皎漂的交通建设项目上，55%的受访者认为该段交通建设对缅甸不是最急迫的。① 从结果我们可以看到，缅甸民众目前更倾向于能够直接改善自身生活条件的援助项目，中国应相应调整一部分援助项目，以回应这部分需求。

同时中国被缅甸民主派责难，其中一个原因是支持军政府。而军政府已成为专制和腐败的代名词，中国虽然秉持不干涉他国内政的原则，但是中国在缅甸的援助项目却可能由于缅甸政府的腐败出现“援非所需”。例如在掸邦的南坎，有9个村庄的86户村民迟迟没能拿到土地补偿金，使得很多当地人误以为是中国不给钱就动工，其实中国支付的补偿金只能由当地政府转交，但是由于腐败，补偿款最后只剩原来的30%，搬迁安置工作因此出现问题。② 因此中国政府必须以某种方式推动缅甸政府实现善治，比如在项目征地补偿时就应该成立中缅双方委员会，共同实施和监管补偿款的发放，及时做好沟通解释的工作。

3. 外交原则的转变

目前中国在缅甸拥有巨额投资，同时缅甸的稳定将影响中国邻近省份的安全，因此中国有必要思考是否需要对不干涉原则进行调整。比如刚才提到的中国政府推动缅甸政府实现善治，这在某种程度上就是一种“干涉”，中国必须要思考目前什么程度的干涉符合国家利益。北京大学的王逸舟教授提出过“创造性介入”，即在尊重当事国自主权利的基础上，积极合作，积极发挥作用。③

中国在缅甸的“民地武”问题上曾经作出过尝试。在2011年缅甸政

① 卢光盛、李晨阳、金珍：“中国对缅甸的投资与援助：基于调查问卷结果的分析”，《南亚研究》2014年第1期，第6页。

② 李天星：“西南通道：中缅管道承载厚望”，《中国石油企业》2012年第9期，第53页。

③ 王逸舟：“打造中国外交‘升级版’创造性介入世界”，共识网，2013年10月14日，http：//www.21ccom.net/articles/qqsw/zlwj/article_2013101493539.html。

府军与克钦独立军的冲突中，正是中国方面派出特使，并参与历次会谈才促成和平协议的签订。中国方面的协调对于缅甸政府与主要“民地武”的和谈具有一定作用。

但是仅仅如此还不够，对于未来缅甸变幻莫测的政治发展，中国必须厘清未来如何对待一个可能与中国走得不太近的政府。因此中国目前必须考虑明确底线，对相关重大问题予以威慑。美国的“胡萝卜加大棒”政策对于中国来说具有学习意义，即使是面对一个关系友好的国家，也要告诫其在某些原则立场上不可逾越。

参考文献

一、中文图书

1. 张文木：《世界地缘政治中的中国国家利益分析》，山东人民出版社 2013 年版。

2. 张学斌：《经济外交》，北京大学出版社 2003 年版。

3. 贺圣达、李晨阳：《列国志：缅甸》，社会科学文献出版社 2010 年版。

4. ［美］索尔·科恩：《地缘政治学：国际关系中的地理学》，上海社会科学院出版社 2011 年版。

5. 曹云华：《东南亚国家联盟：结构、运作与对外关系》，中国经济出版社 2011 年版。

6. 吴磊：《中国石油安全》，中国社会科学出版社 2003 年版。

7. ［美］兹比格纽·布热津斯基著，中国国际问题研究所译：《大棋局：美国的首要地位及其地缘战略》，上海人民出版社 1998 年版。

8. ［印］贾瓦哈拉尔·尼赫鲁著，齐文译：《印度的发现》，世界知识出版社 1958 年版。

9. ［美］罗伯特·D. 卡普兰著，吴兆礼、毛悦译：《季风：印度洋与美国权力的未来》，社会科学出版社 2013 年版。

10. 汪戎：《印度洋地区发展报告（2014）：印度洋地区国际关系》，社会科学文献出版社 2014 年版。

11. 赵敬：《近百年来中缅两国人民的友好往来和相互支持》，《中国与亚非关系史论丛》，江西人民出版社 1984 年版。

12. 戴永红：《中印海外能源战略研究》，时事出版社 2014 年版。

二、中文杂志报刊

1. 陈利君："建设孟中印缅经济走廊的前景与对策"，《云南社会科学》2014 年第 1 期。

2. 文富德："孟中印缅经济走廊建设的必要性分析"，《印度洋经济体研究》2014 年第 1 期。

3. 杨思灵、高会平："孟中印缅经济走廊建设问题探析"，《亚非纵横》2004 年第 3 期。

4. 刘务："缅甸独立后的外交政策演变及中缅关系的发展"，《当代亚太》2010 年第 1 期。

5. 刘务："缅甸外交政策的新调整：从对华友好到大国平衡外交"，《东南亚研究》2007 年第 2 期。

6. 李晨阳："希拉里访缅与中缅关系"，《世界知识》2011 年第 24 期。

7. 马燕冰："印缅关系的发展及对中国的影响"，《亚非纵横》2009 年第 6 期。

8. 马燕冰："缅甸大选后的外交形势及其政策趋势"，《和平与发展》2011 年第 2 期。

9. 杜兰："美国调整对缅甸政策及制约因素"，《国际问题研究》2012 年第 2 期。

10. 陈利君："现阶段中印缅关系的 SWOT 框架分析"，《南亚研究季刊》2012 年第 4 期。

11. 李益波："印缅关系：从疏远到合作"，《东南亚研究》2006 年第1期。

12. 李晨阳："2010年大选之后的中缅关系：挑战与前景"，《和平与发展》2012年第2期。

13. 张良福："跨国管道流淌的并非只是油和气，更有地缘政治新变化"，《世界知识》2013年第5期。

14. 张敏、刘养洁："中国能源进口通道的合理性分析"，《经济研究导刊》2015年第12期。

15. 王疆戈："世界油气管道现状"，《中国石化》2004年第7期。

16. 吴崇伯："缅甸石油天然气产业发展与外资对缅甸油气资源的开发"，《创新》2013年第1期。

17. 迟愚、安娜："缅甸油气勘探开发潜力及对外合作前景"，《国际石油经济》2014年第11期。

18. 李妙华、朴光姬："缅甸的天然气工业及其开发项目"，《中外能源》2014年第5期。

19. 刘务、贺圣达："油气资源：缅甸多边外交的新手段"，《南亚研究》2013年第3期。

20. 刘务、贺圣达："缅甸完成民族国家构建所面临的挑战和机遇"，《南亚研究》2014年第1期。

21. 孔志坚："缅甸油气资源开发的地缘政治博弈及其对我国的影响"，《东南亚南亚研究》2009年第4期。

22. 夏剑锋："论中缅油气管道与中国石油安全"，《云南民族大学学报（哲学社会科学版）》2012年第2期。

23. 刘才涌："缅甸油气产业开发现状与外国参与情况评析"，《南洋问题研究》2014年第2期。

24. 谢静："缅甸民主化进程及影响因素研究"，山东大学2013年硕士学位论文。

25. 廖亚辉："缅甸油气产业现状与挑战"，《能源情报》2014年第4期。

26. 廖亚辉："缅甸油气产业动荡中前行"，《中国石化》2013年第8

期。

27. 林婷婷：“中国和缅甸外资立法对比之研究”，《法制与社会》2014年第9期。

28. 冀亚锋、冯凯、李瑞贤：“缅甸油气勘探开发中的环境问题研究”，《中国安全生产科学技术》2014年第2期。

29. 王登科、陈丙先：“缅甸能源政策目标及其评价”，《东南亚纵横》2011年第7期。

30. 王倩：“缅甸联邦油气勘探投资风险分析”，《江汉石油职工大学学报》2013年第2期。

31. 内内埃：“缅甸和中国之间的能源合作：缅甸的视角”，山东大学2014年硕士学位论文。

32. 米良：“试析缅甸大选以来外国投资制度的变化”，《云南大学学报（法学版）》2014年第1期。

33. 蔺佳、戚凯：“缅甸外交政策调整与中缅能源合作”，《国际关系研究》2014年第3期。

34. 龚伟：“中缅能源合作的前景及挑战”，《商业经济》2015年第3期。

35. 龚明：“在石油天然气地缘政治角力中的中印缅甸关系研究”，《当代经济》2011年第4期。

36. 王晓梅：“从中缅油气管道看中国能源安全战略选择”，《国际经济合作》2013年第10期。

37. 李家真：“对外投资面临的政治风险及其对策研究——以中国对缅甸投资为例”，《今日中国论坛》2013年第1期。

38. 申林：“缅甸政制变革对中国国家安全的影响”，《云南行政学院学报》2013年第1期。

39. 杨振发：“中缅油气管道运输的若干国际法律问题”，《昆明理工大学学报》2011年第4期。

40. 薛辉、杨学青：“中缅管道途径典型地质灾害影响区域的设计与建设”，《油气储运》2013年12期。

41. 谢士法、梁立营：“美国对缅甸政策的调整及其对中缅关系的潜在影响”，《石家庄铁道大学学报（社会科学版）》2011 年 2 期。

42. “中缅天然气管道干线全线建成投产”，《华北国土资源》2014 年 1 期。

43. 王伯安、张德盛：“中国石油经济安全评价指标体系设计”，《科学学与科学技术管理》2010 年 1 期。

44. 赵宏图：“‘马六甲困局’与中国能源安全再思考”，《现代国际关系》2007 年 6 期。

45. 卢光盛、金珍：“缅甸政治经济转型背景下的中国对缅投资”，《南亚研究》2013 年第 3 期。

46. 卢光盛、李晨阳、金珍：“中国对缅甸的投资与援助：基于调查问卷结果的分析”，《南亚研究》2014 年第 1 期。

47. 张跃：“安全——解读中缅油气管道的关键词”，《世界知识》2013 年第 11 期。

48. 亨凯：“缅甸若开邦民族冲突背后”，《南风窗》2012 年第 13 期。

49. 李昕：“美缅关系改善对西南油气进口运输通道的影响”，《东南亚研究》2013 年第 2 期。

50. 谢念亲：“缅北民族冲突对中国的影响”，《唯实》2014 年第 8 期。

51. 孙广勇、于景浩：“走访深山中的南掸邦军总部”，《环球人物》2014 年第 3 期。

52. 戴永红、秦永红：“中缅油气管道建设运营的地缘政治经济分析”，《南亚研究季刊》2015 年第 1 期。

53. 林开彬：“缅甸独立以来的地缘政治环境与外交政策选择探析”，《赤峰学院学报（汉文哲学社会科学版）》2011 年第 4 期。

54. 何跃：“缅甸政局中的地缘政治因素”，《东南亚纵横》2008 年第 11 期。

55. 韦健锋：“中国与印度在缅甸的地缘利益碰撞”，《亚非纵横》

2014 年第 2 期。

56. 程晓勇："东盟超越不干涉主义？——基于缅甸问题的考察与分析"，《太平洋学报》2012 年第 11 期。

57. 范宏伟："东盟对缅甸'建设性接触'政策评析"，《国际问题研究》2012 年第 2 期。

58. 韦宗友："美国在印太地区的战略调整及其地缘战略影响"，《世界经济与政治》2013 年第 10 期。

59. 刘兵："地缘政治视角下的中缅能源合作"，山东大学 2012 年硕士学位论文。

60. 邱丹阳、冉波："区域经济合作的地缘经济学解析"，《特区经济》2005 年第 9 期。

61. 张党琼："政治转型以来的缅甸经济改革：进展与展望"，《东南亚南亚研究》2014 年第 4 期。

62. 李进军："浅析缅甸当前经济困难的主要原因及影响"，《亚洲探索》2002 年第 4 期。

63. 郑国富："缅甸新政府执政以来外资格局'大洗牌'与中国应对策略"，《对外经贸实务》2015 年第 1 期。

64. 肖蕾："缅甸对外经济关系研究"，云南财经大学 2014 年硕士学位论文。

65. 赵洪："中国—缅甸经济走廊及其影响"，《东南亚南亚研究》2012 年第 4 期。

66. 孔凡君："能源政治与能源外交专题"，《中国地质大学学报（社会科学版）》2014 年第 3 期。

67. 黄云："试论民族地区跨国运输通道的现实意义"，《中国民族》2010 年 9 期。

68. 彤新春："试论新中国海运事业的发展和变迁（1949—2010）"，《中国经济史研究》2012 年第 2 期。

69. 徐铭辰："能源需求与中国能源外交的三层空间"，《中国地质大学学报（社会科学版）》2014 年 2 期。

70. 马晓霖："中缅油气管道：兼具战略和标本意义"，《华夏时报》2015 年第 4 期。

71. 李天星："西南通道：中缅管道承载厚望"，《中国石油企业》2012 年第 9 期。

72. 吴芳芳："中国对外投资合作中的企业社会责任问题研究"，《产业与科技论坛》2013 年第 4 期。

73. 戴旭："日本在钓鱼岛'明修栈道'在缅甸'暗度陈仓'"，《环球时报》2013 年 1 月 16 日。

74. 毛四维："印度'不结盟 2.0'反对联美制华"，《联合早报》2012 年 3 月 30 日。

75. 李侃如："中美领导人个人关系能近到哪一步"，《南方周末》2013 年 11 月 3 日。

76. 李晨阳、瞿建文、吴磊："破解'马六甲困境'之中国方案分析"，《参考消息》2004 年 8 月 5 日。

77. 王强："中缅能源管道：破局印度洋"，《商务周刊》2009 年 5 月 25 日。

78. 林锡星："中国新石油通道的两难选择"，《新闻周刊》2004 年第 29 期。

79. 孙广勇、于景浩："中缅油气管道：缅甸新机遇"，《人民日报》（海外版）2013 年 1 月 29 日。

80. 国际危机组织："缅甸：和平新倡议"，《亚洲报告第 214 号》2011 年 11 月。

三、英文图书

1. M. Rahman，H. Rahman，BCIM Economic Cooperation，Prospects and Challenges，Center for Policy Dialogue，September 2007.

2. Wayne Bert，"Burma，China and U. S. A"，Pacific Affairs，Vol. 77，No. 2 ，Summer 2004.

3. Yun Sun, "Myanmar in Sino-China Relations, Great Powers and the Changing Myanmar", Issue Brief No. 3, June 2014.

4. K. M. Paniker, The Future of India and South East Asia, Bombay, Allied Publishers, 1945.

5. John Seaman, Energy Security, Transnational Pipelines and China' s Role in Asia, Asian Center, French Institute of International Relations, April 2010.

6. For earlier Crisis Group reporting on Myanmar, see CrisisGroup Asia Briefing No. 105, The Myanmar Elections, May 27, 2010.

四、英文期刊

1. Asma Masood, "India and the BCIM: Should the 'I' stand up?", Foreign Policy Journal, June 6, 2013.

2. Ian Holliday, "Rethinking the United States' Myanmar Policy", Asian Survey, Vol. 45, No. 4, July/August 2005.

3. Renaud Egreteau, "India's Ambitions in Burma: More Frustration Than Success?", Asian Survey , Vol. 48, No. 6, November/December 2008.

4. David Scott, "India' s Grand Strategy for the Indian Ocean : Mahanian Vision", Asia—Pacific Review, Vol. 13, No. 2, 2006.

5. Marie Lall, "India—Myanmar Relations: Geopolitics and Energy in Light of the New Balance of Power in Asia", Working Paper of institute of South Asia Studies, National University of Singapore, No. 29, January 2, 2009.

6. Benjamin K, "Energy policy and cooperation in Southeast Asia: the history, challenges, and implications of the trans-ASEAN gas pipeline (TAGP) network", Energy Policy, June 6, 2009.

7. Ali, Saleem H, "The Strategic Logic of Pipelines: Toward 'Rational

Regionalism' ", Doha: The Brookings Institution paper, 2010.

8. Stevens, Paul, "Oil and Gas Pipelines: Prospects and Problems", NBR Special Report 23, September 2010.

9. Bo Kong, "The Geopolitics of the Myanmar-China Oil and Gas Pipelines" in "Pipeline Politics in Asia, The Intersection of demand, Energy Markets, and Supply Routes", NRB Special Report 23, September 23, 2010.

10. U Kyaw Nyein, "Country report for Myanmar, Ministry of Energy, Union of Myanmar".

11. EarthRights International, "The Burma-China Pipelines: Human Rights Violations, Applicable Law, and Revenue Secrecy", Situation Briefer No. 1, March 2011.

12. Yun Sun, "Chinese Investment in Myanmar: What Lies Ahead?", Issue Brief No. 1, September 2013.

13. "China' s Myanmar Strategy: Elections, Ethnic Politics and Economics", Crisis Group Asia Briefing No. 112, September 21, 2010.

14. Yeon Jung Li, "Misguided Defensive and Offensive Realism Based on the Sino-Myanmar Pipeline Project", Current Southeast Asian Affairs 30, 2011.

15. Zhao Hong, "The China-Myanmar Energy Pipelines: Risks and Benefits", ISEAS Perspective, May 2013.

16. Zhao Hong, "China-Myanmar Energy Cooperation and Its Regional Implications", Journal of 18, Current Southeast Asian Affairs 30, No. 4, 2011.

17. Myanmar: The Politics of Economic Reform, Crisis Group Asia Report No. 231, July 27, 2012.

18. Banktrack, "Dodgy Deal: Shwe gas and pipelines projects", March 4, 2014.

19. John Seaman, "Energy Security-Transnational Pipelines and China's

Role in Asia", China and Transnational Pipelines, 2010.

20. Andrew S. Erickson, Gabriel B. Collins, "China' s Oil Security Pipe Dream: The Reality, and Strategic Consequences, of Seaborne Imports", Naval War College Review, Spring 2010.

21. Nicola M. Black, "Blood Money: A Grounded Theory of Corporate Citizenship Myanmar (Burma) as a Case in Point," A thesis submitted in fulfillment of the requirements for the degree of The University of Waikato, 2009.

22. PV Rao, "India And Asean: Partners At Summit", The Institute of Southeast Asian Studies, 2011.

23. Asia Society Task Force Report, "Current Realities and Future Possibilities in Burma/Myanmar: Options For U. S. Policy", March 2010.

24. Andrew Marshall, "The Soldier and the State", Times, October 19, 2009.

25. "The European Union is worried about U. S. return to Asia", the Global Times, March 28, 2012.

26. Storey, Ian, "China a major player in S-E Asia pipeline politics", The Strait Times, September 23, 2009.

27. Thomas Fuller, "Ethnic Groups in Myanmar Want Peace but Gird for a Fight", New York Times, May 10, 2009.

28. Crisis Group interviews, "Rakhine activist, Yangon; and KIO officials", Kachin State, June 2010.

五、文献网址

1. Lynne M. Tracy, "The United States and the New Silk Road", US Department of State, October 25, 2013, http://www.state.gov/p/sca/rls/rmks/2013/215906.htm.

2. Jonathan D. Pollack, Jeffrey A. Bader, "Return to the Asia Rebalance", Brookings, January 23, 2014, http://www.brookings.edu/re-

search/papers/2014/01/asia-rebalance-us-china-relationship-pollack-bader.

3. Saibal Dasgupta, "Plan for economic corridor linking India to China approved", The Times Of India, December 20, 2013, http://timesofindia.indiatimes. com/world/china/Plan-for-economic-corridor-linking-India-to-China-approved/articleshow/27669821. cms.

4. Rahman Jahangir, "The potential of BCIM economic corridor", Financial Express , April 2, 2014, http://www. thefinancialexpress-bd. com/2014/04/02/26527.

5. "China, Bangla to push for progress on BCIM ahead of PM`s visit", Business Standard, October 20, 2013, http://www. business-standard. com/article/politics/china-bangla-to-push-for-progress-on-bcim-ahead-of-pm-s-visit – 113102000395_ 1. html.

6. Jurgen Haacke, "Myanmar: Now a Site for Sino-US Geopolitical Competition?", October 7, 2014, http://www. lse. ac. uk/ideas/publications/reports/pdf/sr015/sr015 – seasia-haacke-. pdf.

7. "Unrest in Kachin: China's Mixed Blessing", Asia Sentinel, March 6, 2013, http://www. asiasentinel. com/politics/unrest-in-kachin-chinas-mixed-blessing/.

8. "Japan Writes off debts and signs investment MOUs, Trade Bridge Consultant ", http://tradebridgeconsultants. com/news/government/japan-writes-off-debt-signs-investment-mous/.

9. Song Qingrun, "EU, Myanmar in tango of tangled interests ", Global Times, July 25, 2013, http://www. globaltimes. cn/content/799189. shtml.

10. "The EU's Limited Adjustment of Policies Towards Myanmar", China Daily, 2012, http://www. chinadaily. com. cn/hqgj/bmoz/2012 – 04 – 29/content_ 5798189. html.

11. "Myanmar and the EU trade grew 41. 5 percent", Chinese Embassy in Myanmar, accessed September 23, 2014, http://www. mofcom. gov. cn/

article/i/jyjl/j/201403/20140300528881. shtml.

12. "The EU will provide $ 120 million annual economic assistance to Myanmar", accessed September 23, 2014, http: //news. sina. com. cn/w/2013 - 11 - 14/213028712405. shtml.

13. "China, Myanmar pledges friendship and cooperation", http: //news. xinhuanet. com/english/china/2014 - 06/27/c_ 133444002. htm.

14. Megan Slack, "President Obama meets with U Thein Sein of Myanmar", The White House Blog, https: //www. whitehouse. gov/blog/2013/05/20/president-obama-meets-president-thein-sein-myanmar.

15. Kurt M. Campbell, "U. S. Policy Toward Burma", Statement Before the House Committee on Foreign Affairs, Washington, D. C., October 21, 2009, http: //www. state. gov/p/eap/rls/m/2009/10/130769. htm.

16. "Join local and international industry experts at he Myanmar Oil & Gas, Myanmar-Oil Gas", http: //www. myanmar-oilgas. com/home. aspx.

17. Ying Hongwei, "Chinese investments in Myanmar The Sino-Myanmar oil and gas pipeline project could become a chess piece", http: //www. asienhaus. de.

18. Teshu Singh, "China and Myanmar: The Great Game of the Gas Pipeline", Institute of peace and Conflict Studies, http//www. ipcs. org/article/india/china-and-myanmar-the-great-game-of-the-gas-pipeline - 4102. html.

19. 李毅、王宇、杨悦："重申中缅油气管道"，财经网，http: //magazine. caijing. com. cn/2013 - 06 - 16/112912267. html。

20. 孟浩："德国之声：中缅油气管道让缅甸很'有气'"，大公网，http: //News. takungpao. com/hkol/digest/2013 - 01/1418828. html。

21. "李克强在第十二届全国人民代表大会第二次会议上作政府工作报告"，共产党员网，http: //news. 12371. cn/2014/03/05/ARTI1393988642134163. shtml。

22. "李克强会见来华出席中印战略经济对话的印方主席"，中国新闻网，2014 年 3 月 19 日，http: //www. chinanews. com/gn/2014/03 - 19/

5971111. shtml。

23. “习近平：中印要加快推进孟中印缅经济走廊建设”，凤凰财经网，2014 年 9 月 18 日，http：//finance. ifeng. com/a/20140918/13126422_ 0. shtml。

24. “中印战略合作伙伴关系未来发展愿景的联合声明”，新华网，2013 年 10 月 23 日，http：//news. xinhuanet. com/politics/2013 - 10/23/c_ 117844273. htm。

25. “习近平会见印度总理莫迪”，新华网，2014 年 7 月 15 日，http：//news. xinhuanet. com/world/2014 - 07/15/c_ 1111610544. htm。

26. 张丹、和晓莹：“孟中印缅四国建立政府机构推进合作机制”，中国日报网，2013 年 12 月 19 日，http：//www. chinadaily. com. cn/hqgj/jryw/2013 - 12 - 19/content_ 10857006. html。

27. “印倡议共建中印缅孟经济走廊　四国心气渐高”，环球网，2013 年 5 月 24 日，http：//finance. huanqiu. com/world/2013 - 05/3965684. html。

28. 吕鹏飞、李宁：“建设孟中印缅经济走廊是共赢选择”，人民网，2014 年 7 月 31 日，http：//paper. people. com. cn/rmrb/html/2014 - 07/31/nw. D110000renmrb_ 20140731_ 1 - 03. htm。

29. “孟加拉国总理哈西娜：积极推动和落实孟中印缅经济走廊建设”，人民网，2014 年 6 月 10 日，http：//world. people. com. cn/n/2014/0610/c1002 - 25125403. html。

30. 林锡星：“日本援助缅甸别有玄机”，http：//blog. sina. com. cn/s/blog_ 63ec24f50102epop. html。

31. 赵成：“习近平主席会见吴登盛总统”，人民网—人民日报，2013 年 4 月 6 日，http：//politics. people. com. cn/n/2013/0406/c1024 - 21031332. html。

32. 丁宁：“习近平同缅甸总统吴登盛会谈，支持推进缅北和谈进程”，国际在线，2013 年 4 月 5 日，http：//gb. cri. cn/27824/2013/04/05/2625s4074670. htm。

33. 鲁宁："中缅油气管道背后的四国庄家"，2014 年 12 月 16 日，http：//opinion. m4. cn/2013 - 08/1210858. shtml。

34. "中缅油气管道投产通气"，http：//www. yzcn. net/news/headline/2013/0729/332989. shtml。

35. "非常规油气开发的影响和启示"，中国石油新闻网，2013 年 12 月 18 日，http：//dqsh. cnpc. com. cn/News/zzxw/sybk/syzs/ktkf/201312/20131218_ C394. html。

36. "美欧国家启动投资缅甸能源领域磋商"，中国驻缅甸大使馆经济商务参赞处，http：//mm. mofcom. gov. cn/article/ztdy/201203/20120308000243. shtml。

37. "缅甸探明天然气储量 8. 1 万亿立方英尺"，中国驻缅甸大使馆经济商务参赞处，http：//mm. mofcom. gov. cn/article/ztdy/201311/20131100378674. shtml。

38. 迟愚："缅甸油气开发前景"，《石油观察》2015 年 3 月 19 日，http：//oilobserver. com. cn/brilliant-opinion/article/1501。

39. "缅甸 2014—2015 财年吸引外资同比增长一倍"，中国驻缅甸大使馆经济商务参赞处，2015 年 4 月 24 日，http：//mm. mofcom. gov. cn/article/ztdy/201504/20150400951441. shtml。

40. "中缅天然气管道缅甸段分输站全部投入使用"，http：//mil. news. sina. com. cn/2015 - 04 - 11/1457827509. html。

41. "新加坡 Sembcorp Utilities 公司将投资缅甸最大独立燃气电站"，新浪财经，2015 年 4 月 29 日，http：//finance. sina. com. cn/roll/20150429/105322072745. shtml。

42. "缅甸的矿产资源分布"，http：//www. kms88. com/news/html/2010/0227/20100227104100 25292. shtml。

43. "缅甸联邦能源部长谈外国企业在缅投资商机"，中国驻缅甸大使馆经济商务参赞处，http：//mm. mofcom. gov. cn/article/ztdy/201504/20150400953020. shtml。

44. "缅甸计划在沿海再建 2 个深水港"，中国驻缅甸大使馆经济商务参赞处，2012 年 9 月 7 日，http：//mm. mofcom. gov. cn/article/ztdy/201209/20120908326757. shtml。

45. “缅甸石油与天然气公司与印度和新加坡公司签署能源合作协定”，中国驻缅甸大使馆经济商务参赞处，2006 年 12 月 23 日，http：//mm. mofcom. gov. cn/article/jmxw/200612/20061204116387. shtml。

46. “缅甸石油与天然气公司与澳大利亚公司签署合作协定”，中国驻缅甸大使馆经济商务参赞处，2006 年 11 月 15 日，http：//mm. mofcom. gov. cn/article/jmxw/200611/20061103750303. shtml。

47. “缅甸议会通过新外国投资法”，中国驻缅甸大使馆经济商务参赞处，2012 年 11 月 2 日，http：//mm. mofcom. gov. cn/article/ddfg/201211/20121108415098. shtml。

48. “2015—2016 财年缅甸经济增长目标为 9. 3%”，中国驻缅甸大使馆经济商务参赞处，2015 年 5 月 7 日，http：//mm. mofcom. gov. cn/article/jmxw/201505/20150500964161. shtml。

49. “缅甸在石油天然气领域加强与国外公司合作”，环球网，2014 年 3 月 24 日，http：//china. huanqiu. com/News/mofcom/2014 - 03/4927226. html。

50. “缅甸仰光石油和天然气峰会展览”，http：//www. myanmar-oil-gas. com/getattachment/Home/Myanmar-OG-post-show-report - 31 - 07 - 2014. pdf. aspx。

51. “缅甸新能源法将对天然气开采量设限”，中国商务部，2014 年 10 月 14 日，http：//www. mofcom. gov. cn/article/i/jyjl/j/201410/20141000759197. shtml。

52. 任琳、牛恒：“一带一路投资政治风险研究之缅甸”，http：//www. 21ccom. net/articles/world/zlwj/20150318122380. html。

53. 李智源、白荷菲：“中巴关系对一带一路战略实施的重要意义”，http：//www. 21ccom. net/articles/world/zlwj/20150529125250. html。

54. “The Petroleum Act 1934”，印度电力上诉法院网站，2008 年 6 月 5 日，http//aptel. gov. in/pdf/PETROLEUM%20ACT. pdf。

55. “Ministry of Electric Power”，缅甸能源部网站，2007 年 6 月 4 日，http：//www. energy. gov. mm。

56. 亚洲开发银行：“转型中的缅甸：机遇与挑战”，《世界日报》2012 年 8 月 20 日，http：//fmit. biz/post/report/5ed5498cec2945fb8056e780102829d6。

57. 丁刚、李宁：“缅甸政局进入复杂敏感期”，http：//news. xinhuanet. com/2013 -03/20/c_ 124478789. htm。

58. “缅甸政府军占领果敢附近有中国石油和天然气工程”，http：//gb. cri. cn/27824/2009/08/28/2585s2605756. htm。

59. “中国破解‘马六甲困局’的战略选择”，《参考消息》2004 年 8 月 5 日，http：//ck. hqck. net/arc/jwbt/ckxx/2015/0615/200228 _ 32. html。

60. 中华人民共和国驻缅甸联邦共和国大使馆经济商务参赞处，http：//mm. mofcom. gov. cn/article/zxhz/tjsj/200508/20050800294703. shtml。

61. 孙广勇：“中缅天然气管道开始向中国通气”，环球网，http：//world. huanqiu. com/depth_ report/2013 -07/4180911. html。

62. “中国（含香港）跃居外国对缅甸投资首位”，中国驻缅甸大使馆经济商务参赞处，http：//mm. mofcom. gov. cn/aarticle/zxhz/tjsj/201010/20101007188073. html。

63. 王晓苏：“缅甸已探明天然气储量全球排名 41”，《中国能源报》2014 年 6 月 26 日，http：//www. ccoalnews. com。

64. 李毅、王宇、杨悦：“重申中缅油气管道”，财经网，http：//magazine. caijing. com. cn/2013 -06 -16/112912267. html。

65. 任琳：“中国在缅甸投资　这些政治风险不得不防”，腾讯财经，http：//finance. qq. com/a/20150325/034574. htm。

66. “造福缅甸中缅共赢”，中华人民共和国国务院新闻办公室，http：//www. scio. gov. cn/ztk/xwfb/2013/24/10/Document/1338023/1338023. htm。

67. “中缅油气管道投产通气”，http：//www. yzcn. net/news/headline/

2013/0729/332989. shtml。

68. “王逸舟：打造中国外交‘升级版’创造性介入世界”，共识网，2013 年 10 月 14 日，http：//www.21ccom.net/articles/qqsw/zlwj/article_2013101493539.html。

后记

本书是四川大学缅甸研究中心全体师生集体智慧的结晶，是协同工作的成果。戴永红负责全书的策划、提纲的拟定和最后的统稿。云南云东燃气公司的董事长力行为本书的框架设计和资料分析提供了许多建设性的建议。本书各章的具体分工如下：绪言（第一节李红梅，第二节戴永红、秦永红、刘红朝），第一章（刘红朝），第二章（王俭平），第三章（解世红），第四章（王俭平），第五章（刘婷婷），第六章（刘金卫），第七章（曾凯、瞿平），第八章（王栋梁、李洋）。在此，对以上各位作者的辛勤劳动深表谢意！

在本书付梓之际，我们深感《世界油气管道的地缘政治经济研究——以中缅油气管道为例》这一课题还有许多理论与实践问题需要探索，但受时间和水平的限制，本书不妥之处在所难免，诚望各位读者不吝指教，并谨向支持、关心和帮助本书撰写及出版的各界人士表示衷心的感谢！

图书在版编目（CIP）数据

世界油气管道的地缘政治经济研究：以中缅油气管道为例/戴永红，力行主编．—北京：时事出版社，2015.12
ISBN 978-7-80232-914-0

Ⅰ.①世…　Ⅱ.①戴…②力…　Ⅲ.①石油管道—地缘政治学—区域经济学—研究—中国、缅甸　Ⅳ.①F426.22②F433.762

中国版本图书馆 CIP 数据核字（2015）第 277370 号

出版发行：时事出版社
地　　址：北京市海淀区万寿寺甲 2 号
邮　　编：100081
发行热线：(010) 88547590　88547591
读者服务部：(010) 88547595
传　　真：(010) 88547592
电子邮箱：shishichubanshe@sina.com
网　　址：www.shishishe.com
印　　刷：北京昌平百善印刷厂

开本：787×1092　1/16　印张：16.5　字数：240 千字
2015 年 12 月第 1 版　2015 年 12 月第 1 次印刷
定价：88.00 元